文典古籍丛书

曹元弼礼学研究

聂涛 ◇ 著

中国博士后科学基金资助项目（2023M731740）
金陵科技学院『十四五』市级重点学科『中国语言文学』阶段性成果

安徽师范大学出版社
ANHUI NORMAL UNIVERSITY PRESS

·芜湖·

图书在版编目(CIP)数据

曹元弼礼学研究 / 聂涛著 .— 芜湖：安徽师范大学出版社，2023.11
ISBN 978-7-5676-6373-2

Ⅰ.①曹… Ⅱ.①聂… Ⅲ.①曹元弼(1867-1953)—礼仪—研究 Ⅳ.①K892.9

中国国家版本馆 CIP 数据核字(2023)第 165018 号

曹元弼礼学研究

CAOYUANBI LIXUE YANJIU

聂　涛◎著

责任编辑：蒋　璐　　　　　　责任校对：李慧芳
装帧设计：王晴晴　汤彬彬　　责任印制：桑国磊
出版发行：安徽师范大学出版社
　　　　　芜湖市北京中路2号安徽师范大学赭山校区

网　　址：http://www.ahnupress.com/
发 行 部：0553-3883578　5910327　5910310(传真)
印　　刷：苏州市古得堡数码印刷有限公司
版　　次：2023年11月第1版
印　　次：2023年11月第1次印刷
规　　格：700 mm×1000 mm　1/16
印　　张：18.25
字　　数：281千字
书　　号：ISBN 978-7-5676-6373-2
定　　价：65.00元

凡发现图书有质量问题,请与我社联系(联系电话:0553-5910315)

序

　　《仪礼》，又名"礼""士礼""礼经""礼古经""礼记"，汉为"五经"之一。高堂生、后仓、戴德、戴圣、庆普先后传习，郑玄《仪礼注》、贾公彦《仪礼疏》是注释《仪礼》之杰作。开元以来，《仪礼》式微，研读者少，殆将废绝。荆公变法，变乱旧制，废罢《仪礼》，遗本宗末，《仪礼》不列于"九经"。朱子以《仪礼》为主，编纂《仪礼经传通解》，杨复《仪礼图》、李如圭《仪礼集释》、魏了翁《仪礼要义》、敖继公《仪礼集说》等，皆一时之选，《仪礼》研究，略胜于前。郑《注》贾《疏》，原本单行，明代陈凤梧始合刻为《仪礼注疏》十七卷，闽本、监本、毛本、武英殿本、四库本《十三经注疏》相继翻刻，脱文误句，往往有之。清代汉学复兴，顾炎武以石经校勘，监本《仪礼》，脱误尤甚。张尔岐《仪礼郑注句读》、江永《礼书纲目》、盛世佐《仪礼集编》、卢文弨《仪礼注疏详校》、金曰追《仪礼经注疏正讹》、阮元《仪礼注疏校勘记》、张惠言《仪礼图》、胡承珙《仪礼古今文疏义》、凌廷堪《礼经释例》、胡培翚《仪礼正义》等，训诂经文，精发古义，汇校异同，总结礼例，厥功甚伟。然诸本错讹，无从是正，《仪礼》经例，隐而不明。

　　晚清之际，曹元弼温经复礼，号复礼老人，校释《仪礼》，条辨经例，为《礼经校释》《礼经学》。曹氏《定隐庐日记》曰："人有礼则安，无礼则危。以礼存心，其安何如？人心之危，惟礼可以安之。诚意正心，无体之礼也。"《复礼堂日记》曰："无礼必败，行道有福。""'复礼'二字，顾名思义，瞬存息养，须臾弗离，自今伊始，终吾身而已矣。""治《礼》数十年，克复之功，尚未实践，老已至矣，敢不勉乎！"可见其对礼学之重视。曹氏幼从其母学习胡氏《仪礼正义》，谓贾氏《疏》"条理详整，而剥蚀丛残，沈霾千载，平心读之，顺其上下，推其本意，正讹补脱，乙衍改错，不下千余处，为贾《疏》后校而后贾免于诬"。于胡氏《正义》，"取其所引各说异于注者，推其致误之由，为《正义》订误，而后经义不为异说所淆。校订既有端绪，欲删合贾胡之书，贯穿经传，捃摭秘逸，撰《礼经纂疏》，先为《十七篇释疑》"，后"取'后校''订误'及'释疑'未成稿合编之，补其阙略，去其未安，写成二十二卷，名《礼经校释》"。校者，校经注疏之讹文；释者，释经注疏之隐义。《礼经学》分明例、要旨、图表、会通、解纷、阙疑、流别，揭示要旨，解疑释惑。明例称"礼有礼之例，经有经之例，相须而成。凌氏释礼例，而未及经例，然经例不明，则圣人正名顺言、决嫌明微、精义所存，不著不察。……故治礼者必以全经互求，以各类各篇互求，以各章各句互求，而后辞达义明，万贯千条，较若画一"，为《仪礼》经文五十例，多有发明。要旨就《仪礼》十七篇仪节先后、礼意宏旨、教化之道阐发。图表有宫室图、冠服图、冕弁冠服图、妇人服表、丧服表，辅以文字，解释名物礼制。会通发挥"六经同归，其指在礼"之说，以礼会通群经。解纷有《胡氏培翚〈仪礼非后人伪撰辨〉》《奠菜祭祢辨》等文，考辨疑难，使读者"深求圣作明述之原，以得乎修己治人之道"。流别分《礼经》注解传述人、礼经各家撰述要略、历代用礼功效，著录《仪礼》要籍，指示门径。光绪皇帝上谕谓《礼经校释》"疏通证明，持论颇多可采"，南书房奏称"体例较为明晰，其治经一以郑贾为宗，而间采唐宋诸儒及国朝诸家之说，折衷以求其是，略无门户之见"。

聂涛曾师从台湾大学文学院赵飞鹏教授、叶国良教授，以"清代《仪礼》校勘学研究——以卢文弨、阮元、曹元弼为讨论中心"为题撰写论文，获得博士学位，就职于金陵科技学院。二〇二一年底至南京师范大学文学院博士后流动站，来学礼堂研读礼学。他朴实敦厚，刻苦勤奋，喜好经学，专治《礼经》，在从事"曹元弼《礼经校释》整理与研究"的基础上，撰写曹氏礼学研究系列论文，对《礼经校释》《礼经学》之成书背景、校勘成绩、解经特点和经学思想，条分缕析，讨论考辨，时有新见，言之有据。近汇编为《曹元弼礼学研究》一书，乃学界首部研究曹氏礼学之作，于经学、礼学和文献学研究，不无裨益。聂君潜心礼学，富有心得，礼学于中华文明之传承、民风民俗之演进，意义重大，是则余之厚望也！

二〇二三年十月十二日王锷于桂香书屋

目　录

绪　论

一、曹元弼相关研究及动态

曹元弼（1867—1953），字谷孙，又字师郑，一字懿斋，号叔彦，晚号复礼老人，苏州府吴县（今苏州市）人。早年肄业江阴南菁书院，与唐文治、张锡恭及从兄曹元忠等交善。光绪二十一年（1895）殿试登科，授内阁中书。是年十月入张之洞幕府，先后为金陵书局总校、两湖书院经学分教、湖北存古学堂经学总教、江苏存古学堂经学总教。辛亥革命后，以遗民自居，闭门著书，笺释群经，间授生徒。著有《周易学》《周易郑氏注笺释》《周易集解补释》《古文尚书郑氏注笺释》《礼经校释》《礼经学》《孝经学》《孝经郑氏注笺释》《复礼堂文集》等。曹氏一生虽遍注群经，但以礼学为其学术体系之核心则毋庸置疑。

中华民族的礼仪传统积淀了人与人、人与社会、人与自然和谐相处的经验与秩序，形成一种标志中国特殊性的生活方式。尤其《仪礼》作为礼学经典之一，以西周社会生活为主体背景，内容涉及冠婚、乡射、朝聘、丧祭诸方面，对中国礼仪文明的形成具有不可忽视的作用，在学术研究领域中具有重要价值。然而，《仪礼》因文本的古奥难读，经历了从汉到清初不断转衰的过程，直到清中叶方始出现转机，众多礼学著作纷纷面世，再次焕发出生机，无论是对《仪礼》的文本校勘抑或是对礼学议题的探讨，都达到了传统社会的高峰，成为学术史上独特的现象。

曹元弼身处晚清，遭逢世变，其治学宗旨与路径自有别于乾嘉诸老之所在。简言之，其"以礼经世"与"汉宋兼采"的风格更为明显。作为晚清经学一大宗师，曹氏基于自己的学术主张和学术理念，走出了一条别具特色的治学道路。具体而言，其以礼为核心，借由礼教大义的弘扬维持纲常名教，以求斯文不坠。礼学，是曹元弼整个经学思想的主体，其以"复礼堂"名其文集，无论是早年所撰的《礼经校释》，还是中年的《礼经学》，抑或晚年所授《礼经大义》，其对"礼"的强调和发挥，上溯于乾嘉学者研治三礼之学的历史传统，近接曾国藩、黄以周为代表的晚清礼学运动，在清代礼学发展史上具有总结的地位。

作为晚清最重要的经学家之一，曹元弼是近来学界关注的热点，学界在文献整理、生平与交游、经学专书与学术思想等各个方面都取得了不俗的成绩，解决了一定的问题，这主要表现在两个方面：

其一，曹元弼著作与生平资料已得到部分整理。目前曹元弼全集《复礼堂遗书》已全部影印出版，其代表性著作如《礼经学》《礼经大义》《孝经学》《周易集解补释》《孝经郑氏注笺释》《周易学》《孝经集注》和《复礼堂述学诗》等也先后得到整理。此前，台湾文史哲出版社已影印了《复礼堂文集》，林庆彰先生主编的"民国时期经学丛书"亦影印了其《周易学》等四部著作。生平研究方面，除早年王欣夫撰写《吴县曹先生行状》①一文外，近年陆续出版《曹元弼学术年谱》《曹元弼的生平与学术》《曹元弼友朋书札》《南菁书院与近世学术》以及《曹元弼日记》等资料②，进而基本解决了曹氏生平事迹以及与唐文治、梁鼎芬、王欣夫等人的交游

---

① 王欣夫：《吴县曹先生行状》，见卞孝萱、唐文权：《民国人物碑传集》，团结出版社1995年版，第522—526页。

② 宫志翀：《曹元弼学术年谱》，见干春松、陈壁生：《曹元弼的生平与学术》，中国人民大学出版社2018年版，第3—145页；干春松、陈壁生：《曹元弼的生平与学术》，中国人民大学出版社2018年版；崔燕南：《曹元弼友朋书札》，上海人民出版社2018年版；吴飞：《南菁书院与近世学术》，生活·读书·新知三联书店2019年版；曹元弼著，李科整理：《曹元弼日记》，凤凰出版社2020年版。

问题①，以上成果为曹氏经学与礼学研究的后续开展提供了一定的文献基础和背景材料。

其二，曹元弼经学与学术价值得到初步的探讨。因曹氏学贯六经，其著作涉及经学的诸多方面，是以学界的研究也不仅仅着眼于礼学，如廖娟对其《周易》学师承与价值的研究②，邓国光对其《尚书》学、经教法研究③，李科对其《尚书》学与民本思想以及"汉宋兼采"的研究④，林鹄对其《春秋》大义的研究⑤，张付东、陈壁生、刘增光对其《孝经》学特色与经学体系的研究等方面皆有较为深入专门的论述⑥。在礼学研究方面，成果相对更为丰富，如邓声国、贾海生、蒋鹏翔、张文以及日本学者仓石武四郎、乔秀岩等相继探讨了曹氏校勘《仪礼》的方法、成绩等方面的问

① 相关研究如虞万里、许超杰：《唐文治致曹元弼书札编年校录》，见上海交通大学经学文献研究中心：《经学文献研究集刊》第13辑，上海书店出版社2015年版，第1-48页；许超杰、王园园：《孙德谦致曹元弼书札七通考释》，《文献》2017年第2期，第115-128页；崔燕南：《曹元弼与梁鼎芬交游研究》，见吴飞：《南菁书院与近世学术》，生活·读书·新知三联书店2019年版，第334-356页；李科：《曹元弼与唐文治交游考论》，见吴飞：《南菁书院与近世学术》，生活·读书·新知三联书店2019年版，第357-386页；李科：《曹元弼致王欣夫书札考释上篇》，见沈乃文：《版本目录学研究》第十一辑，国家图书馆出版社2020年版，第243-306页；李科：《曹元弼致王欣夫书札考释下篇》，见沈乃文：《版本目录学研究》第十二辑，国家图书馆出版社2020年版，第324-386页。

② 廖娟：《晚清经师曹元弼的〈易〉学三书》，见干春松、陈壁生：《曹元弼的生平与学术》，中国人民大学出版社2018年版，第157-180页；《曹元弼的易学传承与思想辨正》，《周易研究》2022年第1期，第26-33页。

③ 邓国光：《曹元弼先生〈经学文钞〉礼说初识》，《湖南大学学报（社会科学版）》2016年第5期，第14-20页；《道济天下——唐文治、曹元弼二先生经学大义比论》，《中国经学》2018年第2期，第69-84页；《会通与知类：唐文治与曹元弼"经教"法要初探》，《国际儒学（中英文）》2021年第1期，第73-79页；《曹元弼先生〈尚书〉学初识》，《中国经学》2019年第1期，第147-154页。

④ 李科：《曹元弼会通"汉宋"的路径与方法探析》，北京大学《儒藏》编纂与研究中心：《儒家典籍与思想研究》第十三辑，北京大学出版社2021年版，第470-495页；《曹元弼〈尚书〉学民本思想论析》，《中国典籍与文化》2022年第4期，第45-58页。

⑤ 林鹄：《曹叔彦先生论〈春秋〉》，见吴飞：《南菁书院与近世学术》，生活·读书·新知三联书店2019年版，第296-310页。

⑥ 张付东：《曹元弼的〈孝经学〉研究》，《湖北工程学院学报》2012年第6期，第11-16页；陈壁生：《追寻六经之本——曹元弼的〈孝经〉学》，《云南大学学报（社会科学版）》2017年第4期，第37-46页；刘增光：《〈春秋〉与〈孝经〉相表里——曹元弼〈孝经〉学管窥》，《云南大学学报（社会科学版）》2023年第1期，第39-47页。

题①。张敬煜、邓声国、朱一和周洪以及毕研哲等从各自角度对《礼经学》内容、体例和成就皆做了介绍②。程克雅、曾圣益与潘斌对其礼学思想和特点的总体概述，凸显了曹氏礼学与经世的关联③。另外更有少数论文就曹氏礼学某一专题进行研究，如郭超颖对义例、林秀富对婚礼的讨论等④。

但无论从数量还是深度来说，对其礼学研究仍浮于表面，缺少深入性的专门著作，广度亦不够，综合而整体性研究至今尚无⑤。归纳目前研究的不足，主要体现在如下方面：

第一，曹元弼礼学的渊源与自身面貌不清晰。有关曹氏的礼学渊源，学界主流多沿袭师承黄以周的传统观点，李科、吴飞对此多有辨析，研究

---

① 邓声国：《清代〈仪礼〉文献研究》，上海古籍出版社 2006 年版；张焕君、贾海生：《仪礼之属》，浙江大学出版社 2016 年版；蒋鹏翔：《论曹元弼校勘〈仪礼〉的成绩及其意义》，《经学文献研究集刊》2016 年第 2 期，第 251—261 页；张文：《曹元弼〈礼经校释〉学术价值探微》，《中国经学》2020 年第 2 期，第 47—62 页；仓石武四郎：《仪礼疏考正》，崇文书局 2018 年版；乔秀岩：《〈仪礼疏考正〉解题》，见仓石武四郎：《仪礼疏考正》，崇文书局 2018 年版，第 1—21 页。

② 张敬煜：《曹元弼礼学思想研究——以〈礼经学〉为考察重点》，江西师范大学硕士论文，2009年；邓声国：《曹元弼〈礼经学〉礼学价值探微》，见赵生群、方向东：《古文献研究集刊》第五辑，凤凰出版社 2012 年版，第 63—80 页；朱一、周洪：《曹元弼〈礼经学〉对张惠言"丧服表"之校正》，《南昌师范学院学报（社会科学）》2015 年第 1 期，第 135—140 页；朱一、周洪：《曹元弼〈礼经学〉对张惠言〈仪礼图〉图表引用之概述》，《东华理工大学学报（社会科学版）》2015 年第 1 期，第 33—37 页；毕研哲：《曹元弼〈礼经学·丧服例〉述义与特色辨析》，《文教资料》2015 年第 29 期，第 1—4 页；毕研哲：《曹元弼〈丧服例〉疑义辨正》，《唐山师范学院学报》2016 年第 3 期，第 22—24 页；毕研哲：《曹元弼〈礼经学〉研究》，南京师范大学硕士论文，2016 年。

③ 程克雅：《晚清民初学者曹元弼（1867—1953）之礼学诠释》，见林庆彰：《变动时代的经学与经学家——民国时期（1912—1949）经学研究》第三册，万卷楼图书股份有限公司 2014 年版，第 61—79页；曾圣益：《清末民初的复礼主张——曹元弼、曹元忠与张锡恭礼说要义》，见林庆彰：《变动时代的经学与经学家——民国时期（1912—1949）经学研究》第三册，万卷楼图书股份有限公司 2014 年版，第 81—98 页；潘斌：《二十世纪中国三礼学史》，南京大学出版社 2016 年版。

④ 郭超颖：《曹元弼〈仪礼学〉研究的几个问题》，见《〈仪礼〉文献探研录》，人民出版社 2020 年版，第 159—178 页；林秀富：《从曹元弼〈礼经校释〉"妻为夫"条谈婚礼的成礼》，《历史文献研究》2022 年第 1 期，第 177—187 页。

⑤ 如李江辉所撰《晚清江浙礼学研究》（陕西人民出版社 2011 年版）属于晚清礼学的专门著作，却没提及曹氏。

虽较有深度，但仍未完全解决二人礼学方面的异同问题①；至于其家学（尤其母教），地域（晚清时期吴地的学术氛围），理学影响，与曹元忠、张锡恭的论学多被忽视，从而制约了对其礼学自身面貌的准确把握。

第二，曹元弼礼学专书研究停留于浅表层。学界对曹氏礼学专书的研究多停留于成就的概述，未能结合学术史进一步展开深入的比较与分析，且多集中于《礼经学》一书，对《礼经校释》中校勘和释义特色的研究略显零碎和薄弱，因此无法从深度上彰显其著作对传统礼学的继承与发展。

第三，曹元弼礼学议题研究广度不够。曹氏广涉礼学研究议题的诸多面向，对历代礼学纠纷皆有论断，但学界对于其宫室、丧服、职官、仪节、通例等礼学专题少有涉猎，直接影响了对其学术价值的深度把握。

第四，曹元弼礼学思想研究欠系统性。学界如陈壁生虽然关注到曹氏经学体系化与爱敬的思想特点，并比较了曹氏与刘师培两种"六经皆礼"的观点②，但因曹氏其他经学著作也多涉及礼学的论述，是以对于礼在六经中的地位、礼的层次面向、礼与群经的会通以及爱敬与礼的联结问题、会通的方法论实践等仍缺乏整体的关照，致使学界尚未能构建起曹氏经学的完整内在系统。

第五，曹元弼礼学的现代意义开拓不足。目前研究多局限于文献学领域，视野与方法略显单一，没能打破曹氏学说固有的保守姿态，开显其现代生命，这可以说是当前研究亟须解决的核心问题。

综上所述，结合诸人研究以及目前关于曹元弼的研究热度和相关文献资料的出版来看，对曹氏学术的全面、深入研究将是未来之所趋。是以，本书选取其学术核心的礼学为对象，既可以弥补现有相关研究的不足，也可为日后曹氏的全面研究充当先导。

---

① 有关曹氏礼学与黄以周的学术渊源和异同，目前所见最为深入者，为吴飞：《礼学即理学：儆居学派的思想脉络》，见《南菁书院与近世学术》，生活·读书·新知三联书店2019年版，第47-89页；李科：《曹元弼与黄以周学术异同考论》，《北方民族大学学报（哲学社会科学版）》2019年第4期，第97-105页），另廖娟《曹元弼的易学传承与思想辨正》（《周易研究》2022年第1期，第26-33页）一文也有论及两者之别。

② 陈壁生：《两种"六经皆礼"》，《中国哲学史》2022年第2期，第113-120页。

二、曹元弼礼学的现代意义

曹元弼礼学的现代意义究竟是什么？这是笔者在研究曹元弼礼学过程中反复询问自己的问题。诚然，从学术史的角度而言，无论是《礼经校释》还是《礼经学》，其对《仪礼》文本的校勘、释义、分节等方面所做的贡献，对礼学研究而言，本身就是一笔丰厚的遗产，更何况其还带有"总结"的性质。但这是任何一位"古典"时代有名望的学者皆应具备的显性价值。那么除此之外，在时人眼中作为守旧代表的曹氏，一生尊奉清朝正统，强调维护传统伦理纲常，其人其学是否真有"现代的"意义或隐性的价值呢？若有，又是什么？

时间回到1963年，刚调来杭州大学语言文学研究室工作的沈文倬，经周采泉先生介绍，拜访了隐居西湖蒋庄，被梁漱溟先生推崇为"千年国粹，一代儒宗"的马一浮。在《蒋庄问学记》一文中，沈先生对两次问学的情形做了深情的回忆。其中有一段涉及马一浮对曹元弼的评价：

> 那年我（笔者按：指沈文倬）四十七岁，以后学求谒前辈学者之礼相见，主亲客敬，融洽无间。周先生代我陈述曾从曹元弼先生受三礼郑氏之学，先生（笔者按：指马一浮）说："读过《复礼堂文集》，是正统经学家规模。"在当时的气氛下，此话似乎微有贬义，但我从历史的真实性去理解，不以为怪。①

马一浮是否"微有贬义"，因缺少具体语境，不得而知。但马氏作为曹元弼的同时代人物，且其"思想及其诠表方式与语言形式亦更接近古典即更传统"②。这样一位"传统之儒之最后典型"，甚至在很多人看来同样

---

① 沈文倬：《菿闇文存》，商务印书馆2006年版，第977页。
② 罗义俊：《学问方向之扭转与生命进路之展示——读马一浮先生〈尔雅台答问〉》，见《生命存在与文化意识——当代新儒家史论》，学林出版社2009年版，第132页。

与时代格格不入的"冬烘"①人物，他所提的"正统经学家规模"一语倒确实是理解曹元弼的一个重要词眼。

作为经学家的曹元弼，其一生与经学在近代中国的命运相始终。其所提的"读经""正学"的背后，在本质上涉及的其实是中国迈向现代化的进程中，其立国之道究竟是西方之法还是中国固有之道的中西文化之争。经学对于传统中国而言，并非单纯的学问，而是承载着价值观念和政教伦理的根本之道，"中国之为中国，以经为之本原"②。然而自甲午之后，对于当时的绝大多数人而言，以经学为代表的中国文化成为"负担"，"中国"成为"历史"③。在不断西化的潮流中，经学先是被近代学制分科的观念所肢解，"变成一科的经学在政体易嬗的背景下，更无力承担载道与传道的重任"④，最终从学制体系内退出。进入民国，又在胡适、周予同等"夷经为史"的学界思潮下，沦为"史料"，丧失了其神圣地位的同时，后人也逐渐习惯用西式观念看待中国传统文化，以外来理论比附固有材料，"循至返读古籍，格不相入"⑤，难逃穿凿附会、曲解古人之弊。

对于经学在近代的退出，除了学术研究本身的范式转移所导致的格义附会的误读错解之外，尚有更严重的精神危机和道德危机，正如学者所言："旧道德的支撑坍塌，而新教育的宗旨尚未深入人心并内化为自律的信条，多元化的价值取向在使社会变得更为宽容的同时，也付出了没有确立为世人认同遵循的新道德规范而不可避免地失去稳定性的代价，道德失范的结果必然是社会无序。"⑥其实严复在当时即提出"西学既日兴，则中学固日废，吾观今日之世变，中学之废，殆无可逃"⑦的预见。在其看来，

---

① 据胡晓明《文化忧愤与文明忧思》载，李慎之曾撰文指马一浮为"冬烘"，见刘炜：《六艺与诗——马一浮思想论衡》，中国社会科学出版社2010年版，第2页。

② 严复：《读经当积极提倡》，见王栻：《严复集》第2册，中华书局1986年版，第330页。

③ 刘巍：《中国学术之近代命运》，北京师范大学出版社2013年版，第6页。

④ 桑兵、关晓红：《分科的学史与历史》，上海人民出版社2021年版，第143页。

⑤ 钱穆：《现代中国学术论衡》，生活·读书·新知三联书店2001年版，第1页。

⑥ 桑兵、关晓红：《"教"与"育"的古今中外》，上海人民出版社2020年版，第82页。

⑦ 严复：《〈英文汉诂〉卮言》，见王栻：《严复集》第1册，中华书局1986年版，第154页。

"倘若一味注重西学之用，而忽略做人之本，重视智育而轻视德育，极易导致社会道德风气沦丧。……荒经蔑古的结果，造成'是非乃无所标准，道德无所发源'，世风日下，'而吾国乃几不可救矣'"①。陈寅恪也曾指出：

> 自道光之季，迄乎今日，社会经济之制度，以外族之侵迫，致剧疾之变迁，纲纪之说，无所凭依，不待外来学说之掊击，而已销沉沦丧于不知觉之间；虽有人焉，强聒而力持，亦终归于不可救疗之局。盖今日之赤县神州值数千年未有之巨劫奇变；劫尽变穷，则此文化精神所凝聚之人，安得不与之共命而同尽。②

同为受"此文化精神所凝聚"的曹元弼，其对于这一"数千年未有之巨劫奇变"的时代感受也是深切的。所谓：

> 天下滔滔，江河满地，人之云亡，国谁与立？又不能不为世运人伦忧危怵怛也。③

> 人欲横流，天理绝灭。在家则兽心虐老，在邦则鸱义夺攘，争权逐利，杀机横溢。专以己所不欲施之人，出尔反尔，人将相食。④

在其看来，出现"民生困苦，人心陷溺已极"⑤"天下弃礼纵欲，滑

---

① 桑兵、关晓红：《"教"与"育"的古今中外》，上海人民出版社2020年版，第79-80页。

② 陈寅恪：《〈王观堂先生挽词〉并序》，见《陈寅恪集·诗集》，生活·读书·新知三联书店2001年版，第13页。

③ 曹元弼：《致娄县张闻远同年锡恭》，见崔燕南：《曹元弼友朋书札》，上海人民出版社2018年版，第394页。

④ 曹元弼：《复礼堂文二集》卷一《尊经阁记》，见复旦大学图书馆古籍部：《复礼堂遗书》第34册，中华书局2019年版，第374页。

⑤ 曹元弼：《致及门王欣夫大隆》，见崔燕南：《曹元弼友朋书札》，上海人民出版社2018年版，第419页。

性焚和"①的局面，关键就是失去了一贯的道德支撑，即以礼为核心的人伦生活世界的瓦解：

> 人之所以异于禽兽者，礼也。使天生斯民，自今以后遂同禽兽，互相搏噬，以至于种类渐灭也，则礼道巳矣。②
>
> 自天地剖判以来，圆颅方趾、直题横目之民，所以能相生相养相保而不相杀，灿然有文以相接，欢然有恩以相爱，绵绵延延，以至于今者，曷恃乎？恃有伦纪而已。③

一旦以礼为核心的人伦生活世界崩坏，绝纲斁伦的结果必然是使人沦于禽兽，种类渐灭，实乃文明的危机，所谓"驱赤子入陷阱，率人类为禽兽"④。而中国之所以为中国之道则具存于经：

> 自生民以来，人类所以相生相养相保而不相杀，参天地而为万物灵，变草昧为文明，各正性命以保世滋大，中国所以为普天大地中开辟最早，治平极盛之国者，其道安在乎？曰：在经。经者，圣人因人心固有之善而利导之以极于至善。⑤

在曹氏看来，所谓经学，不过"圣人因生人爱敬之本心而扩充之，以为相生相养相保之实政"⑥，故其欲以"爱敬"之说整合群经，期以经术救国淑世。凡此种种，都表明曹氏对于晚清中国的危机自有其独特的判

---

① 曹元弼：《复礼堂文二集》卷四《有子论礼说》，见复旦大学图书馆古籍部：《复礼堂遗书》第35册，中华书局2019年版，第48页。

② 曹元弼：《复礼堂文集》卷五《书从兄君直阁读〈礼议〉后》，文史哲出版社1973年版，第616页。

③ 曹元弼：《复礼堂文集》卷八《君直从兄三儒从祀录序》，文史哲出版社1973年版，第782页。

④ 曹元弼：《复礼堂文集》卷五《书从兄君直阁读〈礼议〉后》，文史哲出版社1973年版，第613页。

⑤ 曹元弼：《复礼堂文二集》卷一《尊经阁记》，见复旦大学图书馆古籍部：《复礼堂遗书》第34册，中华书局2019年版，第369页。

⑥ 曹元弼：《复礼堂文集》卷一《原道》，文史哲出版社1973年版，第19页。

断，其始终的着眼点也并非是维护一家一姓的兴亡，而是坚守中国之为中国的根本所在，故其既"原道"，又"述学"。然而曹氏在当年的"强聒"和"力持"，毫无"新"意，终湮没在国人热切追求历史进步的车轮之下，其人也渐渐被人遗忘。

曹氏临终诗曰："秋柳蝉声知欲蜕，东风燕子问何归？"如今当我们身处"后经学时代"，从反思学术研究范式和现代性的维度，重新阅读和理解曹元弼时，才豁然发现曹氏那些引经据典，看似同义反复的经学话语，并不是简单的"守旧"之言，被语言层叠包裹的思想中蕴含了回应当下现代性问题的一套足以"开新"的资源，拥有独特的典范意义。换言之，正因其当年的"守旧"，方成全今日的"开新"。具体而言，可表现在如下两个方面：

第一，近代中国在西方压力之下所发生的知识转型和学术范式的转移，使得学界惯以西方思想体系、概念界定与话语表述中国固有的学术，使得中国学术长期形成的一整套思维方式和学术路径日渐式微，经学更成为"绝学"，造成今人与古代经典的隔膜。所幸其弊病已日渐为学界所关注与反思，并随着近二十年来国学及中国文化的复兴，学界对建设中国古典学和夺回文化话语权的追求越来越强烈。在这样的背景下，对经典采取何种态度和如何研治经典，是进行传统学术研究的首要基石。而综观曹氏一生，坚守乾嘉治学矩镬，以郑玄为统宗，又有效融会宋学之长，有自己内在的学术操守和文化自信，并没有追随当时流行的西方学术话语进行经义的比附。阅读其一系列礼学或经学论著，更可以发现一个重要的现象，即其一切立说都是立足于读通经文与郑《注》的基础之上，坚守一家之学，钻研深入，终至融会群经，达到"由专致精""由精求通"的学术境界。其尝开示治经之法曰："学者治经，当先知要略。然后博稽广览，究极篇籍，终于融会贯通，由博返约。而先儒统宗归极之约言，即后学探端知绪之要道。"①具体到礼学而言，"惟郑君之注会通群籍，贯彻全经，确

① 曹元弼著，许超杰、王园园点校：《复礼堂述学诗》卷十五，中国社会科学出版社2022年版，第928—929页。

得先圣元意。学者由此通经，于正心修身、化民易俗如指诸掌"①。可以说，其治学出于诚心，归于公心，并将其与自己的立身践履一体相连，形成了孔子所谓的"博文约礼""立己立人"的"为己之学"的楷模。无论其为学态度、方法和目的，对于今日的古典研究尤其经学、礼学而言，堪称一种学术典范，实具有莫大的启发。

第二，近代以来的一系列"救亡图强"运动在追求西方现代价值的同时，却最终倒向激烈的反传统。民主、科学、革命等概念成了主导20世纪国人思维行动的重要话语，但破坏传统秩序和价值所带来的道德真空以及社会失序，也成为不得不面对的巨大难题。加之现代文明在发展过程中，日渐暴露出的人与人之间的疏离、人与自然之间的分割以及意义缺失、价值离散等危机，越来越引起人们的普遍忧思。对此，曹氏所提出的融合亲子之爱与内在之德的"爱敬"之说与对人伦生活世界的强调，都有助于将人从抽象的自由、平等还原到有血有肉的日常生活之中，使人们的身心和情感都可在这礼俗人伦编织的亲缘网络世界里得到适宜的调试和安顿，实现人生的意义和社会的秩序化。而这种将政治社会秩序置于人情、人性的建构之上的考虑，也突出了人本身内在的道德潜力，展现出儒家思想一贯的人文关怀和人本精神。另一方面，曹氏对礼学的强调，也不仅仅是出于"明伦"的现实考虑，尚有"治气养心"之术的功夫层面。"夫道，莫大于中和。礼以制中，所以和也。"②在其看来，个体的道德约束能为更好地实现人伦之道提供必要的基础，所谓"人心之危，惟礼可以安之"③，这里的"礼"既包括人伦制度层面，也包括功夫层面的主敬涵养，堪称一体二元、内外相合。曹氏这种贯穿其一生实践的严格道德主义和对自身德性的严肃修炼，对于今日社会的道德建设也无疑是极有价值的借鉴。

① 曹元弼著，许超杰、王园园点校：《复礼堂述学诗》卷六，中国社会科学出版社2022年版，第476页。

② 曹元弼：《复礼堂文二集》卷四《有子论礼说》，见复旦大学图书馆古籍部：《复礼堂遗书》第35册，中华书局2019年版，第48页。

③ 曹元弼著，李科整理：《曹元弼日记》，凤凰出版社2020年版，第64页。

三、本书的章节架构与安排

现对本书的结构安排略作说明。本书中收录的文章是笔者最近几年思索曹元弼礼学的一个初步汇总。对于曹元弼的发端思考，起始于笔者读博期间。最先关注到其对《仪礼》文本的校勘往往受到其经学观念的影响，其对清人"以例校礼"的方法运用也达到了传统时代《仪礼》校勘的极限①。在进入工作单位金陵科技学院之后，又继续围绕《礼经校释》一书，主持了2020年江苏省高校哲学社会科学研究基金项目"曹元弼《礼经校释》整理与研究"（现已结项），对《礼经校释》一书做了句读整理的同时，也开始思考曹氏礼学的现代意义。2021年底，笔者进入南京师范大学文学院博士后工作站，跟随当代礼学名家王锷先生，以"曹元弼礼学文献整理与研究"为课题，继续作深入的研究，并获中国博士后科学基金资助。最初的构想是欲对曹氏礼学做一番全面的梳理，但限于笔者学力和出站时间以及一些客观因素，相关议题如有关曹氏礼学的渊源和当代传衍，曹氏的宫室、丧服等礼学专题以及曹氏礼学体系的现代建构等皆未能如愿展开，所幸此类议题学界已或多或少有类似成果可供参看。故在"详人所略，略人所详"的思路下，围绕曹氏礼学的学术史意义和现代意义先行选取数篇文章集成此书，至于上述诸论题的进一步研究，则有待于后日。

本书共收录八篇文章，除一篇外，其余各篇均已刊载在期刊或会议论文集上，并在结集成书时又做了进一步的改写修正。第一章"曹元弼《礼经校释》的成书、体例及对《礼经学》的影响"乃整合自《曹元弼〈礼经校释〉的成书背景与体例探析》（发表于《长春师范大学学报》2020年第7期）和《论曹元弼〈礼经校释〉对〈礼经学〉的影响》（发表于《金陵科技学院学报（社会科学版）》2021年第2期）二文，主要对其《礼经校释》一书的成书背景及体例和《礼经学》对《礼经校释》之承继与发展做

---

① 有关清人《仪礼》校勘方面成果详见笔者博士论文《论清代〈仪礼〉校勘学——以卢文弨、阮元、曹元弼为讨论中心》，台湾大学博士论文，2019年。

了较为详细的讨论，方便读者对曹氏礼学有一番基础的了解。第二章"曹元弼《礼经校释》的校勘特色与其所受经学观念的影响及评价"、第三章"曹元弼《礼经校释》的诠释特色"和第四章"曹元弼《仪礼》分节思想研究——以《礼经学·要旨》为例"分别从校勘、释义、分节三个层面详细讨论了曹元弼礼学的学术史意义。其中第二章整体部分撰写最早（曾以《曹元弼〈礼经校释〉的校勘特色与其所受经学观念的影响及评价——以〈礼经校释〉中"丧礼"三篇为例》为题发表于《经学文献研究集刊》第22辑，上海书店2019年版），着重探讨其"推比勘误"的校勘方法与传统理校法之间异同所在，并进而讨论其实质与所受经学观念之间的影响；第三章（原发表于《历史文献研究》第51辑，广陵书社2023年版）重点围绕曹氏对郑玄注解的发微和对《仪礼》礼义的揭示两个方面展开，相信读者在阅读过这两章之后，能对《礼经校释》的校勘、释义特色有更清晰的了解。第四章（原发表于《中国典籍与文化论丛》第26辑，凤凰出版社2022年版）通过与张尔岐、江永、盛世佐、吴廷华、秦蕙田、胡培翚等人的对比，指出曹氏对《仪礼》的分节展现出更加注重层次和礼典过程的先后，划分正变、展现礼典界限的主从之别以及构建整体结构，呈现内在条理的三大特色。同时因面临晚清的时代困局，受张之洞"守约治经"说的影响，曹氏还开创了在随文说明和分段标注两种仪节划分方式之外的第三种方法，较好达到了疏通经文礼义与提要钩玄相统一的目的。第五、第六章则主要探讨了曹氏礼学的现代意义，其中第五章"学为圣贤与礼以治心——曹元弼日记所展现的生命修炼"是新近写就，结合曹氏日记，从身心修炼的角度论述了其所受宋明理学的影响，并指出其礼学具有"一体二元、内外相合"的面貌，提醒学界关注礼的功夫面向。第六章"人伦、爱敬与解经——曹元弼《仪礼》与《孝经》会通研究"的初稿曾发表于2022年儒家典籍与历史文化学术研讨会暨中国历史文献研究会第43届年会会议论文集上，后修改扩展为如今论题，主要以《仪礼》和《孝经》为例，指出其群经会通的观念具有思想、现实和学术三方面的考量，其以爱敬为人伦之本，礼孝双彰之说，实欲重建儒家的人伦生活世界，开显中华文明的现代生命，堪称传统礼学在面对晚清变局时所做一番努力的典型。至于附录两篇，《由曹元弼〈二南分风说〉看其〈诗经〉学特色及学术价值》（原发表于《古文献研究》第八辑，凤凰出版社2022年版），《论清人运用"礼例"校勘〈仪礼〉的成就与不足》（原发表于《历史文献研究》第48辑广陵书社2022年版）二文对进一步了解曹元弼的学术和思想或许会有所帮助。

《荀子》言："骐骥一跃，不能十步；驽马十驾，功在不舍。"我本性愚鲁，而礼学难治，凡书中各篇所言实非定论，只是数年来夜深人静，一灯如豆下，与先贤晤对之些许心得记录。然正如顾颉刚先生曾称曹氏为中国"最后一位经学家"，则对其研究显非一朝一夕可有成，本书也只是一个开始。而在传统与现代之间，经学究应如何自处？这不仅仅是曹氏当年的问题，也是新时代经学研究者不可逃避的问题。对此，书中做了一些个人的浅薄思考与回应，不足之处，尚祈学界先进海涵，并有以教我。

在本书写作期间，业师赵飞鹏先生、叶国良先生、吴展良先生和博士后导师王锷先生给予了诸多关心和帮助，书成之后，王老师更慨然赐序，提携鞭策之意，深为感荷。每篇论文发表过程中学界师友的提点与指正、学礼堂诸同门的友善与热情，也令我铭感在心。拙著最后能顺利出版，亦多仰赖我所在单位金陵科技学院人文学院张维亚、赵步阳两位院长的鼎力支持以及程宏亮教授的热心引荐和责编蒋璐女士的认真校对，在此向各位表示衷心的感谢！当然，我最要感谢的仍然是母亲和妻子，母亲多年来的默默付出和支持勉励，妻子的理解与宽容，令我可以一直安心向学，无后顾之忧。谨以此书献给我最爱的家人们！

第一章 曹元弼《礼经校释》的
成书、体例及对《礼经学》的影响

传统经学发展至晚清，如何整合与调适，以应对时变，是摆在读书人面前的一大课题。曹元弼于光绪二十三年（1897）受张之洞之聘，任两湖书院主讲，其间，受命编纂《十四经学》，成《周易学》《礼经学》《孝经学》，均属为初学讲论治经提挈纲领之作；光绪二十四年（1898）与梁鼎芬纂《经学文钞》，"撰集自汉以来经师指说大义之文，足以羽翼圣经、扶持名教、感发人之善心者"①，汇为一编，其存古以应时之意自蕴其中。而《十四经学》与《经学文钞》的编纂，亦可视为曹氏对传统经学的总结与体系性再建的努力。也可以说，曹元弼的经学著述实与当时教化为一体，借由书院讲学，曹氏屡次发明经学大义。除《周易学》《礼经学》《孝经学》之外，其后又撰成《周易郑氏注笺释》《古文尚书郑氏注笺释》等多种。

然窥其治学之起点，则端在《礼经校释》。此书于光绪三十四年（1908）奏进南书房，曹氏凭此获得翰林院编修，是书在经义的申明和《仪礼》的订讹正误之上，皆奠基于郑玄经说，为其之后整个经学观念和体系的建立，提供了最初的根基。故欲讨论曹氏礼学思想与经学观念的发展，必取资于《礼经校释》，乃能得其源而溯其流。可以说，曹氏诸多学术思想实多滥觞于其早年校礼之时。有鉴于目前学界对于曹元弼礼学的讨论往往多就其《礼经学》立论，而无以凸显其学术发展的历程性，故本章

---

① 曹元弼：《复礼堂文集》卷一《经学文钞序》，文史哲出版社1973年版，第63—64页。

先对其《礼经校释》一书的成书背景及体例稍作分析，复比观《礼经学》与《礼经校释》二书，以见《礼经学》对《礼经校释》之承继与发展。

一、《礼经校释》的成书背景

据《礼经校释》一书"条例"可知，曹元弼撰写是书始于光绪九年（1883），成于光绪十七年（1891）。实则，曹氏于光绪九年"读《毛诗注疏》，大好之，日夜研求，几忘寝食。以余力略涉各经注疏，见《仪礼》经文古懋渊懿，向所未习，慕而读之，似有所会，潜与读《诗》所得合记之。是时私心已向往郑学，读《后汉书》郑君传，想见其为人，不胜悠然千载之情"[①]。是年曹氏十七岁[②]，因读《毛诗注疏》而延及《仪礼》一经，并已对郑玄表示悠然神往之情。一年之后，曹氏在其父指受下，读陈奂《诗毛氏传疏》，"窃思郑君以礼笺《诗》，必专精三礼，乃能通笺。以三礼之中，《仪礼》为本，又用力差多，乃取十七篇经注熟读深思，详绎疏义。疏文脱讹不可读，则求之《校勘记》所载各本，又不得，则就其原本，旁推互勘，以义读正"[③]，同时以余力读《周礼疏》和《礼记正义》。自此曹氏由《诗》入《礼》，可谓《礼经校释》之滥觞。十九岁，曹氏与从兄曹元忠同入南菁书院，问学于黄以周。同年母亲倪氏授以《仪礼正义》，"乃取贾氏《疏》与《正义》互相参证，日有所得"[④]。其用力之勤，达到"诵读考辨，每至中夜，严寒盛暑，未尝废离"[⑤]的程度。期间成果，

---

① 曹元弼：《礼经校释·礼经纂疏序》，见《续修四库全书》编纂委员会：《续修四库全书》第94册·经部·礼类，上海古籍出版社2002年版，第538页。

② 此处年岁，据宫志翀《曹元弼学术年谱》，见干春松、陈壁生：《曹元弼的生平与学术》，中国人民大学出版社2018年版，第9页。

③ 曹元弼：《礼经校释·礼经纂疏序》，见《续修四库全书》编纂委员会：《续修四库全书》第94册·经部·礼类，上海古籍出版社2002年版，第538页。

④ 曹元弼：《礼经校释·礼经纂疏序》，见《续修四库全书》编纂委员会：《续修四库全书》第94册·经部·礼类，上海古籍出版社2002年版，第538页。

⑤ 曹元弼：《礼经校释·礼经纂疏序》，见《续修四库全书》编纂委员会：《续修四库全书》第94册·经部·礼类，上海古籍出版社2002年版，第538页。

曹氏自云：

> 取《疏》《正义》反复推求，条录所得，积二年，得若干条，为
> 《仪礼正义订误》。又从管氏礼耕假张氏敦仁所刊注疏本，其书阮氏以
> 配《十三经注疏》，而阮本与此又有小异，张多得之，实此经注疏本
> 之最善者。据以为本，正其一二讹文，合前所读正，录之为《仪礼注
> 疏后校》。①

曹氏反复推求《仪礼疏》和《仪礼正义》，又得张敦仁所刊《仪礼
疏》，先后成《仪礼正义订误》和《仪礼注疏后校》两种札记类著作。至
光绪十三年（1887），鉴于《仪礼正义订误》《仪礼注疏后校》二书已粗有
端绪，曹氏乃"欲删合贾、胡之书，贯穿经传，捃摭秘逸，撰《礼经纂
疏》"，其法"先为《十七篇释疑》，自《丧服》始，详考博辨，覃思研
精"②。惜此事因其母去世（光绪十五年）而暂辍。服丧期间，曹氏仍日
读丧、祭之礼以自警。直到光绪十七年（1891），服丧期满，曹氏检视旧
稿，"以《正义》之书太恭人所手授，考正已得十九，乃取《后校》《订
误》及《释疑》未成稿合编之，补其阙略，去其未安，写成二十二卷"③，
此即《礼经校释》。由此可知，《礼经校释》一书乃由之前《仪礼正义订
误》《仪礼注疏后校》和《十七篇释疑》三种合编，复经曹氏补其缺漏而
成。全书依《仪礼》十七篇之次，其中《乡射》两卷、《丧服》五卷，其
余每篇各为一卷。曹氏在《礼经学》中称此书"专为学者通疏文、达注
意、解经有所适从而作"④。随后其父曹毓俊命授梓人，并在仲兄曹福元

---

① 曹元弼：《礼经校释·礼经纂疏序》，见《续修四库全书》编纂委员会：《续修四库全书》第94册·
经部·礼类，上海古籍出版社2002年版，第539页。

② 曹元弼：《礼经校释·叙》，见《续修四库全书》编纂委员会：《续修四库全书》第94册·经部·礼
类，上海古籍出版社2002年版，第528—529页。

③ 曹元弼：《礼经校释·叙》，见《续修四库全书》编纂委员会：《续修四库全书》第94册·经部·礼
类，上海古籍出版社2002年版，第529页。

④ 曹元弼著，周洪校点：《礼经学》，北京大学出版社2012年版，第410页。

和友人王大纶的襄助下，于光绪十八年（1892）刊成①。其《叙》曾详述撰述缘由，云：

> 昔者周公思兼三王，以施四事。遇有不合，日夜以思，至于待旦。监于二代，优游五年，然后制礼。威仪三千，曲为之防。夫以圣人之德，多材多艺，犹复博观详择，覃思积年，故其所制之礼，条理密致，经纬相宣，养欲给求，人无所憾。孔子学而美之曰："郁郁乎文哉，吾从周。"与弟子论礼，参伍错综，穷源竟委。自卫返鲁，亲定经文。尝曰："无轻议礼。"圣人之于礼，若此其慎也。……先师郑君，本习小戴之学，后以古经校之，取其义长者，依经立注，述先圣元意，天秩人纲，不坠于地。齐黄氏庆，隋李氏孟悊作为章疏，由绎其旨。唐贾氏公彦据二家为本，兼增己义，为疏五十卷。沈实精博，多得经注本意。学者舍是无以窥圣作明述之原。惜唐中叶后，治此经者鲜，疏文讹舛日滋。宋景德间，邢昺等校定贾《疏》，其书见于今，最称古本。然错误衍脱，已非一端。至明监本，更不可读矣。圣清之兴，右文稽古，通人达士，应运而生。张氏尔岐，创通礼经大义，依郑《注》作《句读》，据唐石经校监本。其后名儒接踵而出，考正疑讹，阐发谊理，专门名家之学，粲然可观。而阮氏元《仪礼校勘记》，胡氏培翚《仪礼正义》集其大成。但阮氏校各本异同，而众本并讹，则未及读正，学者于疏文，仍不免隔阂难通。胡氏依注解经，而于注之曲寻道意、迥异俗说者，或反以为违失而易之。又多采元敖继公、明郝敬两妄人说，而引贾《疏》特少，时议其非。皆其千虑之失也。……悯贾氏之书条理详整，而剥蚀丛残，沈薶千载。平心读之，顺其上下，推其本意，正讹补脱，乙衍改错，不下千余处，为贾《疏》后校而后贾免于诬。又以胡氏之书体大思精，深恐小疵或累

---

① 此书刊成之后，曹氏友人张锡恭曾订误数条，曹氏皆予以改正。事见王欣夫辑《复礼堂书牍》之《致娄县张闻远同年锡恭》，见崔燕南：《曹元弼友朋书札》，上海人民出版社 2018 年版，第 391—393 页。

大纯，取其所引各说，异于注者，推其致误之由，为《正义》订误而后经义不为异说所淆。①

第一，曹氏清楚地表达了其对于《仪礼》一经的基本看法，那就是创于周公，订于孔子，经过二位圣人之手。孔子殁后，至汉代郑玄，依经立注，撰写《仪礼注》，述先圣元意，天秩人纲，不坠于地。唐贾公彦依齐黄庆、隋李孟悊二家，兼增己义，为《仪礼疏》五十卷。"沈实精博，多得经注本意"，曹氏认为"学者舍是无以窥圣作明述之原"。第二，"惜唐中叶后"乃慨而叹其文本之遭际，即唐中叶之后治《仪礼》者少，导致经文脱误，宋代虽刊单疏，然错误衍脱，已非一端。至明代监本，更等而下之。说明了在版本上，《仪礼》经、注、疏皆有校勘之必要。紧接其下，曹氏转而论述清代《仪礼》研究之成就及自己所以撰写此书之原因。曹氏虽对清人在《仪礼》研究方面取得的成就甚为自豪，并以为阮元（1764—1849）、胡培翚（1782—1849）二人为集大成者。但阮元《仪礼注疏校勘记》校各本异同，而众本并讹，则未及指出，且于贾《疏》仍不免隔阂难通；胡培翚《仪礼正义》于注之曲寻道意、迥异俗说者，或反以为违失而改易。又多采敖继公、郝敬之说，而引贾《疏》特少，时议其非。继而从自身读礼经历，欲"为贾《疏》后校而后贾免于诬"，"为《正义》订误而后经义不为异说所淆"。曹氏撰写《礼经校释》的初衷就是为了补正阮元、胡培翚的缺失，还贾《疏》之地位。

更进一步分析，曹氏此书实受胡培翚《仪礼正义》影响甚深。王大纶在此书《跋》中即点出：

> 是书踵绩溪胡氏《正义》而作，发疑正读，择精语详。每获一义，解一难，必印证群籍，斠考钩稽，寝食与共，鬼神来告。遇有诸

---

① 曹元弼：《礼经校释·叙》，见《续修四库全书》编纂委员会：《续修四库全书》第94册·经部·礼类，上海古籍出版社2002年版，第528页。

家聚讼镎轕处，务在折衷一是，不惜十易藁以求其当。①

而曹元弼自己在《礼经校释》开篇，即据胡培翚所立研礼"四例"，推阐之曰：

胡氏培翚《仪礼正义》有四例，曰申注、补注、附注、订注。案：胡氏先治《诗》，四例暗合郑笺《诗》之例。《郑志》云："注《诗》宗毛为主，毛义若隐略，则更表明。如有不同，即下己意。"此郑自述笺《诗》之例。宗毛为主，申《传》也；隐略更表，明补《传》、附《传》也。补者，毛所未释，经旨未显，则补释之。附者，齐、鲁、韩三家义虽不如毛之得其正，然皆有师承不可废，毛但举其本义，而余义未备，则附载之，仍以毛为主也。下己意，易《传》也，申者十之四，补者十之二，附者十之三，易者十之一而已。惟易者与毛不同；附则不过兼存异义，仍以《传》为不易之正训，后儒误以附为易，又不考其所附之皆本三家，乃谓《笺》不得《传》意，不知郑与毛未尝歧也（元弼作《诗笺释例》明之）。胡氏得其四例，可谓善读《笺》者。然后儒之异于郑者，必不能如三家《诗》之确有师承，则不必附。郑义广大精微，非后人所当轻议，则无容订。元弼作《纂疏》，窃欲精研郑《注》，以上达周公、孔子之神旨，诸家善者则赞而辨之。②

在此，曹氏直言其所受胡培翚之影响在于其所订注礼四例：申注、补注、附注、订注，并指出胡氏这一方法的来源正是郑玄笺《诗》之法。所不同者，《诗经》除《毛诗》外，尚有齐、鲁、韩三家遗说可供补充，而

① 王大纶：《礼经校释·跋》，见《续修四库全书》编纂委员会：《续修四库全书》第94册·经部·礼类，上海古籍出版社2002年版，第541页。
② 曹元弼：《礼经校释》卷一，见《续修四库全书》编纂委员会：《续修四库全书》第94册·经部·礼类，上海古籍出版社2002年版，第114—115页。

礼者，惟是郑学，曹氏尝结合其经历形容他对郑《注》的服膺："于是专治礼经三年矣，校贾《疏》之讹，十得七八，正胡氏所引诸家之误，十得五六，确然知郑《注》之万不可易。"①故曹氏秉此撰作，窃欲"精研郑《注》"，一以郑玄为宗，诸家善者则赞而辨之，并希望借此上达周公孔子之神旨。正是对郑玄学说的坚持，使曹氏虽对胡培翚推崇非常，亦对其引他说订郑尤其是放继公、郝敬的做法表示不满，在校勘经文的同时，亦欲撰写《礼经纂疏》以重疏《仪礼》，其曰：

> 国初以来，礼学之业未有盛于先生者也。惜《士昏》《乡饮》《乡射》《燕》《大射》五篇，未及写定。弟子杨大堉取其丛残之稿，率尔付刊，脱烂错误，至不可读。又多引谬说而无案语，盖先生未及辨正者也。弼初欲取五篇《正义》理而董之，使就绳墨。继以先生之例，有未可尽遵者。盖先生之疏以郑义为宗，而旁采各家以解经谊，于后儒说之异于郑而义似可从者附录之，谓之附注。于郑义之深远难见，览文如诡者，或以为违失而订之谓之订注。夫注本以解经，治经为经也，非为注也。苟后人之说果是，郑君之说果未是，何必唯郑之从？且从善服义者，君子之心也。屈经以就传，学者之惑也。郑君之意在经义之明，不在己说之申。苟其说果有未合于经者，方深望后人之弥缝其阙而匡救其违，又何必反为之曲护？然今就先生所订所附，一一考之，多与经不合。附既不必附，而订又非所订。……胡氏又多采继公、敬两妄人说，而引贾《疏》特少。夫贾氏之书，诚不能无误。然以弼观之，误者十之二，不误者犹十之八，皆平实精确，得经注本意，盖承为郑学者相传古义，非贾氏一人之私言也。……以此而论，胡氏之书，尽美矣，未尽善也。于是窃取郑君赞辨二郑之义，有重疏礼经

① 曹元弼：《礼经校释·礼经纂疏序》，见《续修四库全书》编纂委员会：《续修四库全书》第94册·经部·礼类，上海古籍出版社2002年版，第539页。

之志。①

曹氏虽言："注本以解经，治经为经也，非为注也。""苟后人之说果是，郑君之说果未是，何必唯郑之从？"看似实事求是，但一一考察胡培翚所订所附，"多与经不合"，最终认为"附既不必附，而订又非所订"，实际上还是以郑《注》为尊。因为曹氏认为郑玄注礼，乃切实合乎礼的本意，精审无匹。贾公彦《疏》所以可信，正在其"承为郑学者相传古义"，其尊郑之心一目了然。可见，无论是曹元弼《礼经校释》，还是未完成之《礼经纂疏》，其最终都是为了申论郑义而作。这一前提将直接影响曹氏很多具体的校勘和释义的结论，不可等闲视之②。

二、《礼经校释》的体例

曹元弼《礼经校释》的体例，为摘录经注疏之文句，标明节次，分条考辨，所以称"校释"者，其自叙云：

> 校者，校经注疏之讹文；释者，释经注疏之隐义。务求按之经而合，问之心而安。先儒说已是者，不复繁文。凡所辨证，皆于义难明者也。③

既然曹氏此书"校勘以阮氏为宗"，则其书中实多有引自阮元者，常标曰："校曰：阮云……"如：

《士冠礼》"缁布拜节"，疏"既言颎围发际故以冠之"，校曰："阮云：'冠。'《要义》作'况'。案：作'况'是也，谓郑既言'颎围发际'，故

---

① 曹元弼：《礼经校释·礼经纂疏序》，见《续修四库全书》编纂委员会：《续修四库全书》第94册·经部·礼类，上海古籍出版社2002年版，第538-539页。

② 有关曹氏《礼经校释》"尊郑"观念影响校勘与释义者，可参看本书第二章。

③ 曹元弼：《礼经校释·叙》，见《续修四库全书》编纂委员会：《续修四库全书》第94册·经部·礼类，上海古籍出版社2002年版，第529页。

以卷帧况之，则卷帧之制，可转因此推明矣。"①

《乡饮酒礼》"主人西南面节"，疏"众宾各得主人一拜"，校曰："阮云：单疏本作'壹'，案：单疏此字实作'一'，然依文例，当作'壹'。"②

《乡射礼》"众宾节"，疏"谓此第一番初时"，校曰："阮云：'初。'陈、闽俱作'射'，案：作'射'似是。"③

其与阮元之最大区别，在所用底本不同。盖阮氏刻《十三经注疏》，其《仪礼注疏》一经覆刻自张敦仁（1754—1834）刊本，并有校改④。曹氏所用则为张敦仁原刊本，所谓："张氏敦仁所刊注疏本，其书阮氏以配《十三经注疏》，而阮本与此又有小异，张多得之，实此经注疏本之最善者。"⑤此其一。又，张刻本刊于嘉庆十一年（1806），其经注取正于宋严州本，疏则采用宋单疏本，单疏所阙六卷以《仪礼要义》补足。后世流传《仪礼》版本，以严州单注本及宋单疏本为最古，亦最为精善，而张刻以之合璧，又请顾千里为之校雠，允称善本。惟其所用底本，皆非原书，而是顾千里的校本，故其文字与原本时有未合。曹氏所据为黄丕烈于嘉庆二十年（1815）重刊宋严州单注本、汪士钟（1786—？）于道光十七年（1837）重刊宋单疏本，就所用宋本的完善性而言，优于张本与阮本，故对二者时有纠谬。如：

《士昏礼》"摈者至醴宾"，疏"不从醴者"，校曰：

---

① 曹元弼：《礼经校释》卷一，见《续修四库全书》编纂委员会：《续修四库全书》第94册·经部·礼类，上海古籍出版社2002年版，第122页。

② 曹元弼：《礼经校释》卷四，见《续修四库全书》编纂委员会：《续修四库全书》第94册·经部·礼类，上海古籍出版社2002年版，第162页。

③ 曹元弼：《礼经校释》卷六，见《续修四库全书》编纂委员会：《续修四库全书》第94册·经部·礼类，上海古籍出版社2002年版，第198页。

④ 参见乔秀岩：《义疏学衰亡史论》，万卷楼图书股份有限公司2013年版，第213-241页；张文：《严州本〈仪礼〉考论》，《中国典籍与文化》2011年第4期，第72-81页。

⑤ 曹元弼：《礼经校释·礼经纂疏序》，见《续修四库全书》编纂委员会：《续修四库全书》第94册·经部·礼类，上海古籍出版社2002年版，第539页。

阮谓:"'醴',单疏实作'豊',下'为醴之义'亦作'豊',皆是也。"案:单疏实作"醴",文义亦"醴"字为顺,不知阮氏何以云然?①

《乡饮酒礼》"其笙节",疏"献于西阶工",校曰:

"工"字讹,单疏作"上"。②

《乡饮酒礼》"撤俎节",疏"以上文三云",校曰:

"三"字讹,单疏作"直"。③

《燕礼》"司正降节",注"自严正慎其位",校曰:

阮云:"严、钟无'慎'字。"案:"慎"字,严本有。④

《既夕礼》"猴矢节",疏"射敌之近者",校曰:

阮云单疏"敌"误"故"。案:单疏不误。⑤

---

① 曹元弼:《礼经校释》卷二,见《续修四库全书》编纂委员会:《续修四库全书》第94册·经部·礼类,上海古籍出版社2002年版,第134页

② 曹元弼:《礼经校释》卷四,见《续修四库全书》编纂委员会:《续修四库全书》第94册·经部·礼类,上海古籍出版社2002年版,第175页。

③ 曹元弼:《礼经校释》卷四,见《续修四库全书》编纂委员会:《续修四库全书》第94册·经部·礼类,上海古籍出版社2002年版,第177页。

④ 曹元弼:《礼经校释》卷七,见《续修四库全书》编纂委员会:《续修四库全书》第94册·经部·礼类,上海古籍出版社2002年版,第226-227页。

⑤ 曹元弼:《礼经校释》卷十八,见《续修四库全书》编纂委员会:《续修四库全书》第94册·经部·礼类,上海古籍出版社2002年版,第493页。

《士虞礼》"举鱼节"，疏"此腊亦不过特牲体"，校曰：

> "特"字讹，单疏作"于"。①

《有司》"次宾缩执节"，"覆手以授宾"，校曰：

> "授"，阮云："严本作'受'。"案：严本实作"授"。②

以上所举，皆阮元《仪礼注疏校勘记》失校、漏校之例，曹氏为之补足。同时对于单注本、单疏本或他本之不足，曹氏也会随文指出，如：

《乡射礼》"主人取爵节"，疏"自此至反升就席"，校曰：

> "反"，单疏作"及"，此从他本。③

《燕礼》"卒歌节"，疏"工与左瑟"，校曰：

> "与"，单疏作"兴"。案："兴"上脱"不"字。④

《大射》"西阶节"，注"言成功曰颂"，校曰：

---

① 曹元弼：《礼经校释》卷十九，见《续修四库全书》编纂委员会：《续修四库全书》第94册·经部·礼类，上海古籍出版社2002年版，第495页。

② 曹元弼：《礼经校释》卷二十二，见《续修四库全书》编纂委员会：《续修四库全书》第94册·经部·礼类，上海古籍出版社2002年版，第520页。

③ 曹元弼：《礼经校释》卷五，见《续修四库全书》编纂委员会：《续修四库全书》第94册·经部·礼类，上海古籍出版社2002年版，第185页。

④ 曹元弼：《礼经校释》卷七，见《续修四库全书》编纂委员会：《续修四库全书》第94册·经部·礼类，上海古籍出版社2002年版，第224页。

"曰"，严本作"日"，此从他本。①

《聘礼》"裼降立"，疏"皮弁祭服之等"，校曰：

祭服谓冕服也，毛本作"服祭"乃误倒。②

《士丧礼》"主人拜节"，注"升降自西阶"，校曰：

"自"下，严本衍"阶"字。③

另外，曹氏书中还有"殿本"云云，可知，乾隆四年（1739）武英殿所刻《仪礼注疏》亦为曹氏校勘时所凭借校本之一。如：

《乡饮酒礼》"乃合节"，疏"遏取卑者一节"，校曰：

"遏"，殿本改作"通"。④

《乡射礼》"主人节"，疏"失在北括"，校曰：

"在"下，殿本有"弓下"二字。⑤

---

① 曹元弼：《礼经校释》卷八，见《续修四库全书》编纂委员会：《续修四库全书》第94册·经部·礼类，上海古籍出版社2002年版，第237页。

② 曹元弼：《礼经校释》卷九，见《续修四库全书》编纂委员会：《续修四库全书》第94册·经部·礼类，上海古籍出版社2002年版，第276页。

③ 曹元弼：《礼经校释》卷十七，见《续修四库全书》编纂委员会：《续修四库全书》第94册·经部·礼类，上海古籍出版社2002年版，第468页。

④ 曹元弼：《礼经校释》卷四，见《续修四库全书》编纂委员会：《续修四库全书》第94册·经部·礼类，上海古籍出版社2002年版，第169页。

⑤ 曹元弼：《礼经校释》卷五，见《续修四库全书》编纂委员会：《续修四库全书》第94册·经部·礼类，上海古籍出版社2002年版，第189页。

《大射》"设洗节"，疏"其实所从言异"，校曰：

> "实"下，殿本增"同"字，是。①

《士丧礼》"商祝袭节"，疏"云亦当丧祝行事也"，校曰：

> "云"字衍，殿本删。②

唯如上所举，明确标明"单疏""严本""殿本"或"阮云"等类在曹氏全书中，比重并不是很高，仍有相当多的校勘内容，未指出依据所在。若读者不察，将其所有校勘内容皆作为曹氏个人成果，则势必影响对此书评价的准确性③。

《礼经校释》除校勘之外，其释义部分，主要针对胡培翚《仪礼正义》而发。胡氏《仪礼正义》一书，虽为清代汉学治《仪礼》集大成之作，然其说礼，不惟郑是从，补注、申注之外，复有附注、订注，曹氏对后两例颇为不满，尤其对其引敖继公、郝敬等说大加批判，甚至在《礼经校释》中削去二人之姓氏，直呼其名，斥之为谬说。实在而言，郑《注》未必全是，敖、郝之言未必全非，胡培翚之做法自符合清人实事求是之旨，曹氏所为自有尊郑太过之弊。然就全体而言，经过曹氏的辩证，对胡氏《仪礼正义》中的过失确有纠补，对经义、郑《注》的隐微多有阐发。如《丧服》"子嫁节"，释曰：

> 上陈男女斩衰三年之服既毕，别出此二条，以上所陈是纯乎斩，纯乎三年者。此别言其不纯乎三年，不纯乎斩者。盖"子嫁，反在

① 曹元弼:《礼经校释》卷八,见《续修四库全书》编纂委员会:《续修四库全书》第94册·经部·礼类,上海古籍出版社2002年版,第239页。

② 曹元弼:《礼经校释》卷十七,见《续修四库全书》编纂委员会:《续修四库全书》第94册·经部·礼类,上海古籍出版社2002年版,第471页。

③ 有关曹氏此书袭取自他人成果者,可参看本书第二章。

父之室，为父三年"，其未在父室时，固已先服期服，于三年义不足。……言"反则在室"，自明经直云子嫁，反为父足矣。必言"反在父之室"者，以初遭丧时，不在室，今始在室，故必言"在室"以明之。"反在父之室，为父三年"，明至父室而后接其余服，终三年也。若既反而始遭丧，则全与在室者同，不必别出之矣。注谓："遭丧后而出。"精确之至，继公说谬。①

《仪礼·丧服》"斩衰章"言："女子子在室为父。"郑《注》："女子子者，子女也，别于男子也。言在室者，关已许嫁。"指的是女子未出嫁前为父服斩衰三年之服，出嫁后为丈夫服斩衰三年之服，程瑶田以此为："女子子在室、出室之不能同其服者，以有出降之例也。"②故传曰："夫至尊也。"只为父亲服齐衰不仗期之服，这在《丧服传》中叫"妇人不贰斩"，曰："妇人有三从之义，无专用之道，故未嫁从父，既嫁从夫，夫死从子。"然而其后接着说："子嫁，反在父之室，为父三年。"郑《注》："谓遭丧后而出者，始服齐衰，期，出而虞，则受，以三年之丧受，既虞而出，则小祥亦如之，既除丧而出，则已。"是已出嫁女子对父亲服三年丧，存在另一种特殊情况，即出嫁之后为夫家所出而返回父家，则在遭遇父丧时为父服斩衰三年之服，故曹氏此处申明"上陈男女斩衰三年之服既毕，别出此二条（一指此条，一指公士大夫之众臣，为其君，布带、绳屦），以上所陈是纯乎斩，纯乎三年者。此别言其不纯乎三年，不纯乎斩者"。其中"反在父之室"，郑《注》以为"遭丧后而出"，即在父死之后才"出"，贾公彦《疏》继之；然而敖继公以为"反在父之室，明其见于父存之时。著之者，嫌与未嫁者异也"，即认为是在父死之前被"出"，对此清人多有遵之者，胡培翚《仪礼正义》引沈彤说曰："此文兼存殁者，

① 曹元弼：《礼经校释》卷十四，见《续修四库全书》编纂委员会：《续修四库全书》第94册·经部·礼类，上海古籍出版社2002年版，第382页。

② 程瑶田：《仪礼丧服文足征记》卷五，见《续修四库全书》编纂委员会：《续修四库全书》第95册·经部·礼类，上海古籍出版社2002年版，第199页。

敫是正解，郑义亦当备。"又引盛世佐云："此经所陈，兼未遭丧而出，及遭丧未练而出者言也。"胡氏并下案语："沈、盛说是，或以敫驳郑，或以郑驳敫，均非。"①曹氏对其说法不满，以为"初遭丧时，不在室，今始在室，故必言'在室'以明之"，从《丧服》行文的文例、逻辑角度进行反驳，认为"若既反而始遭丧，则全与在室者同，不必别出之矣"。今就《仪礼·丧服》"斩衰章"观之，从子为父、诸侯为天子、臣为君、父为长子、为人后者为所后之父、妻为父、妾为君到未出嫁之女为父再到此条既嫁而返父家之女为父，前所言已含括男女各情形在内，确乎如曹氏说有"纯乎斩，纯乎三年"和"不纯乎三年，不纯乎斩"的情况，而在后一种情况中，又存在特殊的变例，即既嫁而返父家之女为父，若出而返在室，父未死则可含括在上文"子为父"之内，唯有"父死而出"，方能由服齐衰而变为服斩，故郑《注》"遭丧后而出"，更符合此处行文的内在结构，曹氏所释为有理②。

三、《礼经校释》对《礼经学》的影响

光绪二十四年（1898），曹氏受张之洞嘱，依《劝学篇·守约》所立"明例、要旨、图表、会通、解纷、阙疑、流别"七目，撰《十四经学》，以为治经提要钩玄之法。至光绪三十三年（1907），曹氏写定《周易学》《礼经学》《孝经学》三种。其中《礼经学》一书，承《礼经校释》之绪，意在构建体系，总结礼学，多有创见，加以搜罗宏富、征引广博，颇能得辨章学术、考镜源流之效。以下即从三方面略论其所受《礼经校释》之影响，从而见《礼经校释》一书在曹氏学术思想中的基础性地位。

---

① 胡培翚：《仪礼正义》卷二十一，见北京大学《儒藏》编纂与研究中心：《儒藏》（精华编四八），北京大学出版社2016年版，第1034页。

② 有关曹氏《礼经校释》中释义部分特点，可看本书第三章。

（一）复礼的经学主旨

曹元弼自号"复礼老人"，其一生以维护纲常名教、阐发礼义微言为己任，在其看来，"苟欲纾君父之忧，闲周、孔之道，正人心、息邪说、激智勇、兴政艺、强中国、御外患，其必自讲学崇礼始"①。盖礼学一道，已被其视为平复丧乱、复兴国家之所在。

曹元弼《礼经学》开篇"明例"，依循《礼记》中《大传》及《中庸》两篇所述，强调礼的内容以人伦为中心，表现为"亲亲、尊尊、长长、贤贤、男女有别"五者。此五者五伦之道，而统之以"三纲"，"三者以为之经，五者以为之纬"，"五者以为之经，冠、昏、丧、祭、聘、觐、射、乡以为之纬"，"冠、昏、丧、祭、聘、觐、射、乡以为之经，服物、采章、节文、等杀以为之纬"，最终本末终始，同条共贯，以构成经学及教化之全部内涵，所谓：

> 礼之所尊尊其义。三代之学皆所以明人伦、天经、地义、民行，得之者生，失之者死；为之者人，舍之者禽兽。知者知此，仁者体此，勇者强此，政者正此，刑者型此，乐者乐此，圣人之所以作君作师，生民之所以相生相养，皆由此道出也。②

在曹氏看来，礼学之所以可尊，在尊其义，目的在于明人伦。其具体含义，即"亲亲、尊尊、长长、贤贤、男女有别"的纲常伦理，这是"中国开辟以来，神圣相传之至教，礼之大本"③。曹氏一生强调"复礼"，并以"复礼"二字名其文集，对礼学的研讨，贯彻始终。究其实质，无非意欲复人伦之道，其教化功能分外明显。

---

① 曹元弼著，周洪校点：《礼经学》，北京大学出版社2012年版，第415页。
② 曹元弼著，周洪校点：《礼经学》，北京大学出版社2012年版，第1页。
③ 曹元弼：《复礼堂文集》卷三《江苏存古学堂经学策程说二南备礼教大义》，文史哲出版社1973年版，第249页。

　　而其"复礼"的一生主旨，在早年的《礼经校释》中实已表露无遗：
"叙曰：昔者周公思兼三王，以施四事。遇有不合，日夜以思，至于待旦。
监于二代，优游五年，然后制礼。威仪三千，曲为之防。夫以圣人之德，
多材多艺，犹复博观详择，覃思积年，故其所制之礼，条理密致，经纬相
宣，养欲给求，人无所憾。孔子学而美之曰：'郁郁乎文哉，吾从周。'与
弟子论礼，参伍错综，穷源竟委。自卫返鲁，亲定经文。尝曰：'无轻议
礼。'圣人之于礼，若此其慎也。"①曹氏认为礼为周公所制，其中"威仪
三千，曲为之防"。所制之礼，"条例密致，经纬相宣"，实涵盖人之生养
欲求之方方面面，故令孔子叹美为"郁郁乎文哉"。

　　曹元弼以礼为国家大政礼俗教化之大本，表现于政治，便是以"礼"
为核心的礼治，所谓"安上治民，莫善于礼"；表现于文化，即以"礼"
为主要内容的纲常礼教，所谓"父子君臣""孝悌忠顺"。其有言曰：

　　　　六经同归，其指在礼；礼者，天地之经纬，民之所以生也。《书》
　　曰："天叙有典，天秩有礼。"《传》曰："民受天地之中以生，所谓命
　　也。是以有动作礼义威仪之则以定命也。"圣人承天之道，因人之情，
　　而为之节文，作为父子君臣以为纪纲，教之孝弟忠顺睦友子爱，习之
　　进退容止，观之揖让酬酢，范之服物采章，使尊卑上下外内粲然有文
　　以相接，欢然有恩以相爱，放心邪气，不使得接。臻仁寿而去鄙夭，
　　天地位，万物育，故曰："安上治民，莫善于礼。"②

　　至于《礼经学》中多次强调的"礼之大体"在三纲五常等说法，不过
是对《礼经校释》中思想的进一步引申与强调。可见曹氏治学，从早年时
撰《礼经校释》开始，即强调礼学对于维护人伦秩序的作用。这一点，在

---

① 曹元弼：《礼经校释·叙》，见《续修四库全书》编纂委员会：《续修四库全书》第94册·经部·礼
类，上海古籍出版社2002年版，第528页。

② 曹元弼：《礼经校释·礼经纂疏序》，见《续修四库全书》编纂委员会：《续修四库全书》第94册·
经部·礼类，上海古籍出版社2002年版，第536页。

《礼经学》中亦得到非常明确的贯彻。其毕生探讨群经大义，参酌时变，以恢复礼教纲常为己任，疾呼礼为大道之本，凡此皆曹氏视礼为致用实学之思想取向。

（二）明例的治礼方法

曹元弼承凌廷堪之后，治礼重明例。其《礼经学》一书，详举法则，依序建立明例、要旨、图表、会通、解纷、阙疑与流别等七目，创为通论，于晚清之际，最为丰赡而具条理。

在《礼经学》中，曹氏继凌廷堪《礼经释例》之轨辙，在其基础之上，进一步详分礼之例与经之例，其曰：

> 礼之大义，尊尊、亲亲、长长、贤贤、男女有别。圣人既本之以为大经大法，详节备文而笔之为经，垂天下后世法，一字一句又皆准此以辨言正辞，故礼有礼之例，经有经之例，相须而成。凌氏释礼例，而未及经例，然经例不明，则圣人正名顺言、决嫌明微、精义所存，不著不察。而经文详略异同，若有与礼例不符者，其何以解害辞害志之惑，而深塞离经叛道之源欤？①

在曹氏看来，经文有经文之例，礼有礼之例。凌廷堪只绅绎礼之例，而忽略经文之例。实则经例关联圣人微言大义，又借礼例以行，二者相须而成。故其以为，周公制礼，犹孔子作《春秋》。《春秋》强调"属辞比事"，一字一句皆褒贬所存，《仪礼》一字一句，则系"名义所关"。所谓"凌氏释礼例，属事也；今释经例，比辞也。言不顺则事不成，古之圣者作经，莫不有立言之法；古之明者解经，莫不精究其立言之法"②，并进而归纳经文之例，如"凡经文，调理精密，首尾贯串"，"凡经文仪节极繁密处，礼意尤精"，"凡经文多省文互见，有前后诸篇互见者"，"有数节中

---

① 曹元弼著,周洪校点:《礼经学》,北京大学出版社2012年版,第30页。

② 曹元弼著,周洪校点:《礼经学》,北京大学出版社2012年版,第30页。

互见者"，"有一节中互见者"①等经文之例，于后人读礼，帮助匪浅。

除阐发经文之例外，曹氏还特别区分记之发凡，郑《注》发凡，郑《注》不发凡而贾《疏》发凡，以及经是变例郑《注》发凡而贾《疏》申之者、贾《疏》不云凡而无异于发凡等，在凌廷堪、陈澧等人基础上，将清人以例治礼之法推向新的高度，其集成性质亦更为明显。如对郑《注》之发凡曰"凡郑注说制度、职官，必据《周礼》，说谊理必本《礼记》"，"凡郑注说制度至详，时以汉制况周制"，"凡郑注发一义，必贯通全经"，"凡郑注熟于经例，能于经文无字句处得经意"②等，确然有见于郑玄注《礼》之精义。至于对贾《疏》，则曰："贾疏大例有二：一据旧疏为本。……一易旧疏之失。"③亦善于掘发贾《疏》之微。总之，在曹氏眼中，郑玄、贾公彦因"熟于礼经之例"，乃能"作注作疏"④，故礼之有例，实属至要。

曹氏深明礼例之重要，故其治礼，亦据例而进。其《礼经校释》后附《礼经纂疏序》，自言为《纂疏》之次第云：

> 自《周官》、二戴、《易》、《书》、《诗》、《春秋三传》、《国语》、《论语》、《孝经》、《孟子》、《荀子》、《尔雅》、《说文》、《郑志》、《禘祫议》以及谶纬、《逸书》、周秦两汉至唐以前古籍、列代《礼书》《礼乐志》《通典》《玉海》等笃实可据之书，有涉此经一字一义为贾氏胡氏所未及引者，搜辑靡遗，以经证经，以注证注，补凌氏之例，正张氏之图，博采通人，稽撰其说，于经之正例变例，注之曲达经意，迥异俗说之处，精思而详辨之。一器物陈设、一行礼节次，必推求其义，以合乎人心之所同然，由训诂名物以达圣人作述之原。⑤

---

① 曹元弼著，周洪校点：《礼经学》，北京大学出版社2012年版，第31-32页。

② 曹元弼著，周洪校点：《礼经学》，北京大学出版社2012年版，第38-39页。

③ 曹元弼著，周洪校点：《礼经学》，北京大学出版社2012年版，第41页。

④ 曹元弼著，周洪校点：《礼经学》，北京大学出版社2012年版，第49页。

⑤ 曹元弼：《礼经校释·礼经纂疏序》，见《续修四库全书》编纂委员会：《续修四库全书》第94册·经部·礼类，上海古籍出版社2002年版，第540页。

由此可知，曹氏治礼，从收辑先儒礼说入手，注重"以经证经，以注证注"，进而补凌廷堪之例、张惠言之图，尤其注目于"经之正例变例""行礼节次"等涉及例之处。虽此书未成，然而在《礼经学》所呈现的体系架构之中，不难看出其所受之影响。

至于曹氏据例比勘异同，在《礼经校释》之中，既倚之校经注疏之讹文，亦多注意于礼经大例之阐发。如其在《礼经学》中曾发挥"凡昏礼以亲亲、男女有别为经，而尊尊、贤贤纬之"的大例。实则其说即已先见于《礼经校释》之中，其曰：

> 圣人制礼，使人男女有别，夫妇有义者，可谓至矣。昏姻之家，其始路人耳。有媒氏之官以通其言，既则使者往来，行纳采、问名、纳吉、纳征、请期诸礼备，然后婿亲迎焉。迨夫妇入室，则将同牢而食矣。犹恐其行事无渐，则志或未通也。乃先使媵御交沃以道其志焉。迨三酳毕，则将卧息矣，犹恐其行事无渐也。乃先使媵御交受服、交布席而夫又亲说妇之缨焉，亦道志之意也。敬而不离、亲而不狎，生民之本、万福之原，盖在是矣。[1]

昏礼尚亲亲，将合二姓之好。然正如曹氏所言，婚前男女双方实为路人，经由媒氏、使者等所谓"六礼"之仪节，至亲迎之后，复有同牢合卺，乃始成男女之礼。所谓"同牢示亲，不主为食起"，"共牢而食，同尊卑也，故妇人无爵，从夫之爵，坐以夫之齿"。又为防"行事无渐，则志或未通"，乃由媵御交沃、受服以及夫亲解妇之缨等仪节，使夫妇二人渐进而相亲，彼此有一个熟悉的过程。故《礼记·昏义》曰："敬慎重正而后亲之，礼之大体，而所以成男女之别而立夫妇之义也。男女有别而后夫妇有义，夫妇有义而后父子有亲，父子有亲而后君臣有正。"是以曹氏认为"敬而不离、亲而不狎，生民之本、万福之原，盖在是矣"。可以说，

---

[1] 曹元弼：《礼经校释》卷二，见《续修四库全书》编纂委员会：《续修四库全书》第94册·经部·礼类，上海古籍出版社2002年版，第140页。

曹氏《礼经学》中所发挥的昏礼大例，实与此一脉相承。

又如曹氏承褚寅亮"宾主行礼之仪，昏礼异于常礼"的说法，进一步区分昏礼与其他礼节的不同：

> 昏礼诸仪，多别有取义，与他礼异。此经取合好同节之义，他礼无此义，故无并授者。挚上下皆用雁，取顺阴阳往来，他礼则各以其等为之。合卺而酳，取胖合之义，他礼饮酒无用卺者。举肺脊二、祭肺二、鱼十有四，取其敌偶，他礼数皆异。缁袗纁袡，取阳下施，阴上任之义，更为他礼所无。故《注》云："《丧大记》曰：复衣不以袡，明非常。""宾北面再拜稽首，主人不答，取主为授女之义。"他士大夫礼，宾拜，主人无不答者。外如三饭卒食之类，皆是异于常礼。以此类推，则昏礼固不得泥他礼以求之也。①

可知曹氏细玩礼文，比较昏礼与其他礼仪之异处，发明昏礼之例甚详。这种释礼的方法原则，实承继自清代以降"以例释礼"的脉络之中，又续有其发展。曹氏所论，亦成为后世治三礼经籍文献的必要资粮。

（三）讲求礼经大意的诠释取向

《仪礼》一书，古称"礼经"，乃借由宫室、衣服、宗法之制以及诸多仪节，呈现"亲亲尊尊"之差等，彰显人伦秩序。但因礼仪琐碎，后人往往视为畏途。初学不明其义，往往不得要领。

曹氏一生究心于礼学，处于清末立宪改革声浪之中，欲寻礼以传扬兴复之道。故行文、讲学，每重礼经大意之阐发。其《礼经学·要旨》一篇，引述凌廷堪《复礼》、张惠言《言治》二文，就礼意宏旨、教化之道作了深入阐发。曹氏对此二文推崇不已，并复作按语曰："夫民习于礼则知有亲，知有亲则知所以安其亲。民习于礼则知有君，知有君则知所以卫

---

① 曹元弼：《礼经校释》卷二，见《续修四库全书》编纂委员会：《续修四库全书》第94册·经部·礼类，上海古籍出版社2002年版，第134页。

其君。"①强调人人亲其亲，长其长，则人人同心，思患豫防，强学力政，为政先礼。此即《礼记·郊特牲》所谓："礼之所尊，尊其义也，失其义，陈其数，祝史之事也。……知其义而敬守之，天子所以治天下也。"

《礼经学》在论述《仪礼》十七篇各仪节要旨方面，亦每引《礼经校释》之说。如《冠礼》"始加节"，对"适子冠于阼"的礼意，《礼经学》引《礼经校释》曰：

> 《记》曰："适子冠于阼，以著代也。"盖二十成人，渐有代亲之端，故冠于阼以著其义。人子于此当有怆然不安者，然主人尚未离其位也。至昏礼妇见舅姑，而舅姑先降自西阶，妇降自阼阶矣。人年三十娶而有子，至子娶则父年六十，母年五十。人无百年不敝之身，瞻依、怙恃、定省、馈养之日，去一日则少一日，曾子曰："亲戚既没，虽欲孝，谁为孝？"故礼于冠昏著此义，所以深动子妇爱日之诚，而使之及时以养，冠昏不用乐，职是故也。迨丧礼大敛，殡于西阶，三月而葬，苞遣奠而赠制币，父母而宾客之矣。反哭，升堂，反诸其所作。妇入于室，反诸其所养，此时虽欲致其一日之欢，尚可得乎？而其端则于冠子、缤妇之日，已早见之。事有必至，为人子者不可不发深省也！②

冠礼为礼之始，其目的在于责求成人之道，以为开创未来作准备。因此行礼于宗庙，以示敬重。并请特别来宾为子行加冠之礼，"三加弥尊"，使其感受到责任的赋予。对于嫡长子在堂上靠近阼阶的地方行冠礼，过去多引《礼记·冠义》的说法，认为是"著代"，即表示嫡长子成人之后，将来可以代替父亲而成为一家之主。曹氏在肯定这一说法之后，更结合昏礼、丧礼，从体谅孝亲之心的角度做了新的阐发，使后人对礼意的把握，突破了以往成人之责和未来身份转换的角度，融入了子女孝亲的生命温

---

① 曹元弼著，周洪校点：《礼经学》，北京大学出版社2012年版，第58页。
② 曹元弼著，周洪校点：《礼经学》，北京大学出版社2012年版，第60页。

度。这种对礼意的讲求，成为曹氏礼学诠释的一个重要面向。

曹氏诠释礼文，注重礼经大义。在历代释礼之家中，独推尊郑玄。所谓"礼意则郑注最精"，读者得郑《注》，乃可谓"抉经之心矣"①。如前所说，曹氏《礼经校释》一书受胡培翚《仪礼正义》影响甚深，"踵绩溪胡氏《正义》而作"。但曹氏对于胡培翚所立研礼"四例"，却颇有微词。曹元弼认为胡培翚"四例"来源于郑玄笺《诗》之法。因《毛诗》之外，复有三家诗遗说可供补充采择，故可以有"附"、有"补"、有"订"。然而在曹氏看来，三礼惟是郑学，郑《注》之万不可易②。故曹氏毕生精研郑《注》，一以郑玄为宗，诸家善者则赞而辨之，并希望借此上达周公孔子之神旨。这种在礼意上对郑学的推崇，从《礼经校释》到《礼经学》，可谓一脉相承。

面对礼说之纷扰，其中"巧说邪辞、背经反传"之徒代有其人，代传其书的现象时，曹氏思欲阻遏其流波余毒之势，特在《礼经学》中辟"解纷"一篇，所谓："取十七篇中大疑难处，择于众说，断以经注，著于篇，所以惩破道、塞乱源也。异说既除，道术归一，学者由是深求圣作明述之原，以得乎修己治人之道，乱之所生惟礼可以已之，岂惟解名数之纷已哉？"③

如《礼经学》中有《经礼曲礼说》一篇，认为郑玄"《周礼》为经礼，《仪礼》为曲礼"之说，其义千载未发，故特为阐述之。其实，其《礼经校释》卷一，即已首释贾公彦《仪礼疏序》所谓理有终始分为二部之说，并订正孔颖达《礼记正义》以体、履二分之说，认为《周礼》为礼之纲领，《仪礼》为礼之条目的说法，是错体郑意：

郑《礼》序云："礼者，体也、履也。统之于心曰体，践而行之

---

① 曹元弼著，周洪校点：《礼经学》，北京大学出版社2012年版，第50页。

② 曹元弼：《礼经校释·礼经纂疏序》，见《续修四库全书》编纂委员会：《续修四库全书》第94册·经部·礼类，上海古籍出版社2002年版，第539页。

③ 曹元弼著，周洪校点：《礼经学》，北京大学出版社2012年版，第260页。

日履。"此言礼兼体履之训，犹《易》一名而函三义，未尝以体履分
属二礼也。又云：然则三百三千，虽混同为礼，至于并立俱陈，则曰
"此经礼也"，"此曲礼也"。或云此经文也，此威仪也。此以二礼之制
分经曲，亦未尝以二礼之义分体履也。①

可见，曹氏以为"礼兼体履"，犹《易》一名而函变易、简易、不易
三义一样。统心为体，践行为履，两者同出一源，在义理上并无不同，郑
玄并未以二礼之义分别经曲。

到了《礼经学》，曹氏在上述基础上，进一步发展为经曲犹经纬之说，
其曰：

案：经曲，犹经纬也。《说文》："经，织从丝也。纬，织衡丝
也。"衡从即横直，经之为言直也，则纬之为言曲也。织者，先经而
后纬，经本直，纬以交指，一纵一横乃成为曲，故纬谓之曲。古者，
凡治天下之事通谓之礼，故曰"为国以礼"。……《周礼》《仪礼》一
纵一横，交相为用，如丝之有经纬，故曰经曲。②

在这里，曹氏改变了《礼经校释》中以"统心""践履"为分经曲的
说法，改从《说文》中丝织"纵丝""横丝"之义，《周礼》《仪礼》一横
一纵，正如丝线之有经纬，故曰经曲。甚至以为："礼经、经礼，倒文。
《周礼》为经，则《仪礼》为曲。经，经也；曲，纬也。经，法也；曲，
事也。《周礼》，官所守之法；《仪礼》，法所分之事。法，经也；事，纬
也。"③在其看来，《周礼》举行事大法，而节文次第备在《仪礼》。《周礼》
为礼之纲领，《仪礼》为礼之条目。这一由经纬说经曲的思想，确实是儒

---

① 曹元弼：《礼经校释》卷一，见《续修四库全书》编纂委员会：《续修四库全书》第94册·经部·礼
类，上海古籍出版社2002年版，第114页。
② 曹元弼著，周洪校点：《礼经学》，北京大学出版社2012年版，第265页。
③ 曹元弼著，周洪校点：《礼经学》，北京大学出版社2012年版，第265页。

先所未发。故曹氏对此甚为得意，尝曰："愚初读《礼器》郑注，以经、曲分属二礼，求其说不得。厥后沉潜反复于二经有年，又深考《通解》《纲目》之书，确知二礼相经纬，且周为经，仪为纬，乃恍然悟所谓经曲者，即经纬。郑注贯通二礼为训，非薛瓒辈所能及。"①可以想见曹氏为求郑《注》"经曲"之意，前后所走之心路历程。又可从"薛瓒注《汉书》说经礼、曲礼与郑异。后人多从之，非是"的自注中，看出其治礼宗郑，卫道甚笃的苦心。

四、结论

总之，曹元弼一生皓首穷经，精研三礼，尤专注《仪礼》一书。以近十年心力撰写《礼经校释》，是继阮元《仪礼注疏校勘记》和胡培翚《仪礼正义》之后，清代《仪礼》学的殿军之作，具有重要的学术价值。其撰写《礼经校释》的初衷就是为了补正阮元、胡培翚的缺失，故"校""释"并重，还贾《疏》之地位，申郑《注》之微义。其后苦心孤诣，复撰《礼经学》，为礼学建立体系。比较二书可见，其《礼经校释》对于《礼经学》，实具有重要的影响。在《礼经学》中，无论是最为后人所推崇的明例之法，抑或是对礼经大意的阐发，都可从《礼经校释》之中寻得其根源，亦能见其治学之诚笃，与所获之精进。至于曹氏毕生以复礼为追求，以礼经世的志向更是从《礼经校释》到《礼经学》牢守不破，成为晚清之际以礼致用的重要代表，深具时代意义。

---

① 曹元弼著，周洪校点：《礼经学》，北京大学出版社2012年版，第266页。

第二章　曹元弼《礼经校释》的校勘特色与其所受经学观念的影响及评价

　　《仪礼》一经，因文辞古奥难读，历代传习者少，至后世不立学官，学者亦不复诵习，故其版本校勘非常疏略，经注疏文多有舛错。这一局面到清代发生改变，自顾炎武（1613—1682）、张尔岐（1612—1678）而下，众多学者究心于此，如彭林所指出："清代之《仪礼》学，由衰微而达于极盛，校勘之役相与始终，自顾炎武至胡培翚，无不倾力于此，其成就亦冠绝群经，极富特色。"①其中尤以阮元《仪礼注疏校勘记》和胡培翚《仪礼正义》为其中代表。

　　晚清曹元弼为近代礼学名家，经学湛深，所著《礼经校释》《礼经学》二书，相辅相成，意在总结礼学，对近现代《仪礼》研究影响深远。其《礼经校释》一书，既补正阮元《仪礼注疏校勘记》之缺失，又辩驳胡培翚《仪礼正义》之讹误，尤以贾《疏》为核心，多发前人所未发。近来学界虽有少数文章讨论《礼经校释》一书的价值，然多限于整体之介绍，尚未能进入此书之腠理，结合具体例证做更深微之研究，故尚有值得进一步研究之空间。以往学者在研究之时，往往忽略了如下几个问题：

　　第一，曹元弼虽有数千条校勘成果，但往往不列依据，则其成果是否全属于曹氏个人？抑或有袭取自前人者？其自言"间有与前人暗合者，写定时辄删去之"的说法是否可信？这一问题不解决，将会影响到对曹氏此书评价的公正性。

---

① 彭林：《论清人〈仪礼〉校勘之特色》，《中国史研究》1998年第1期，第25页。

其二，曹元弼校勘《仪礼》之方法，自言乃"旁推互勘，以义读正"①。这种校勘法，沈文倬称之为"推比勘误"②。然而目前研究曹氏《礼经校释》者，仍以理校法为其特点③，则"推比勘误"与传统校勘学方法中的"理校法"是否一致？若否，则区别何在？其实质如何？解决这一问题，关系到如何凸显出曹氏此书的独特性及其成就的问题。

第三，曹元弼此书名为《礼经校释》，于释义之中往往亦有校勘之内容，且其校勘《仪礼》之实例，与其《礼经学》中所述之理论多有契合。以往学者虽关注到此点，但大多从正面立论，没有深入检讨其经学观念对曹氏校释的正负面影响。实则此问题至关重要，直接关系到曹氏此书在今日的价值高低。

上述诸疑问，皆有关如何正确评价曹元弼礼学研究之问题，不容等闲视之，以往学者似多有忽略。是以本章针对上述诸疑问，拟讨论之重点有三：一是指出曹元弼《礼经校释》一书，其中多有袭取自前人如卢文弨（1717—1795）、阮元成果而未指明者，与其自言"间有与前人暗合者，写定时辄删去之"的说法不符。若读者不察，将其所有校勘内容皆作为曹氏个人成果，则势必影响对此书的评价。二是以为曹氏"推比勘误"的校勘

---

① 曹元弼：《礼经校释·礼经纂疏序》，见《续修四库全书》编纂委员会：《续修四库全书》第94册·经部·礼类，上海古籍出版社2002年版，第538页。

② 沈文倬曾说："先生根据礼书的特点，无论名物度数、揖让周旋，都可以掌握仪注相同、等级差别来推比的。他熟读了礼文，参透了礼例，虽众本皆误，或众本无异，往往经过推比得其正字。"见《菿闇文存》，商务印书馆2006年版，第974页。又沈葹在《父亲撰作〈武威出土〈礼〉汉简考辨〉的前前后后》（见《中国经学》2010年第2期，第120页）一文中引述任铭善对沈文倬曰："礼经中的问题，可按你师曹（元弼）先生的推比勘误之法考核。"亦以"推比勘误"为曹元弼勘特色。

③ 如蒋鹏翔文中："理校之法不是曹叔彦的发明，但《礼经校释》运用理校的频率之高、力度之大是此前的同类著作难以比拟的。"见《论曹元弼校勘〈仪礼〉的成绩及其意义》，《经学文献研究集刊》2016年第2期，第257页。又邓声国："根据全书校勘总体内容的考察，曹氏在校勘态度上重在活校，一般不说明校勘原因"，"在具体校勘方法上，曹氏一般不从文字、音韵角度入手作具体理校，而强调以《注》校《注》，以《疏》校《注》"。见《清代〈仪礼〉文献研究》，上海古籍出版社2011年版，第133页。其所谓"以《注》校《注》，以《疏》校《注》"颇似于以例校勘，但其并未明言；且细考其论述，所谓理校分具体和宽泛，前者以文字、音韵为主，所谓"以《注》校《注》，以《疏》校《注》"属于后者，则其所言亦不出理校之外。

法与传统理校法并不一致。其所用方法乃根据礼例、上下文之间的关联，综合运用本校与理校，且与其经学观念重视"明例"相一致。曹氏是在郑玄、贾公彦、凌廷堪等人以礼例研究《仪礼》的基础上，做了进一步的区分与发展。这一方法虽有极大的优点，但不足在于礼例和经例的归纳运用本身即存在缺陷，加之曹氏此方法乃继承郑《注》、贾《疏》甚至凌廷堪而来，故难免承袭前人之误而不自知；或者其本身对于经文的误读而错判等问题皆会导致其成果并不完全可靠。故对其书中的校勘成果，当还视其礼例、经例的正误，分别观之。三是本书从校勘与释义两个层面分析发现曹氏的校释成果与其经学观念之间存在紧密的联系，甚至受其影响颇深。其中对贾《疏》的态度、过尊郑玄的学术倾向、以《仪礼》为周公作、记文自足的观念更严重影响了其对许多问题的判断，而流于主观。以下分别详论之。

一、《礼经校释》中袭取前人之成果分析

《礼经校释》一书有袭取前人成果而未标姓氏者，主要为卢文弨、阮元与胡培翚①。

（一）袭取自卢文弨《仪礼注疏详校》者

关于曹元弼一书是否有引自卢文弨者，学界有不同看法。如邓声国以为："至于金曰追、卢文弨等人校勘成果，《礼经校释》却没有只字交代。"②而蒋鹏翔认为："此外亦曾引用卢文弨、浦镗、王引之等人的校勘意见，但数量远少于引用阮校者。"③遗憾的是，两者皆未给出例证。本文以为曹氏此书实有袭取卢文弨成果者。如：

---

① 据曹氏自言"援引各家止撮大意，以所据多出胡氏《正义》，可覆案也"，则其与胡氏《正义》关系实相当复杂，非一文所能厘清，故存而不论，以俟日后。

② 邓声国：《清代〈仪礼〉文献研究》，上海古籍出版社2011年版，第133页。

③ 蒋鹏翔：《论曹元弼校勘〈仪礼〉的成绩及其意义》，《经学文献研究集刊》2016年第2期，第254页。

1.《士昏礼》"主人节"，疏"云户西者"，校曰：

> 当为云户西者，尊处者。①

此处乃纳采当日，"主人筵于户西"，为的是在庙中接见使者。郑《注》："户西者，尊处。"贾《疏》："云户西者，以户西是宾客之位，故为尊处也。必以西为客位者，以地道尊右故也。"阮元《仪礼注疏校勘记》此处并未出校，而卢文弨《仪礼注疏详校》正作："云'户西'者，尊处者。三字浦、金补。"②可知曹氏此处的校勘完全袭取卢文弨之书。又如同篇"主人出节"，疏"主人说服于房矣"，曹氏校曰：

> "矣"字衍。③

此处所涉乃亲迎之后，妇至成礼的仪节。在夫妇三酳、赞者自酢之后，经文曰："主人出，妇复位。"贾《疏》云："直云'主人出'，不云处所，案下文云'主人说服于房矣'，则此时亦向东房矣。"曹氏指出"主人说服于房矣"的"矣"字为衍文，这种看法，在阮元的《仪礼注疏校勘记》中没有出校，胡培翚《仪礼正义》亦无类似说法，惟卢文弨《仪礼注疏详校》云："矣，衍。"④与曹氏如出一辙。

2.《聘礼》"裼降立"，疏"皮弁祭服之等"，校曰：

---

① 曹元弼：《礼经校释》卷二，见《续修四库全书》编纂委员会：《续修四库全书》第94册·经部·礼类，上海古籍出版社2002年版，第133页。

② 卢文弨著，陈东辉、彭双喜点校，林庆彰校订：《仪礼注疏详校》，"中央研究院"中国文哲研究所2012年版，第38页。

③ 曹元弼：《礼经校释》卷二，见《续修四库全书》编纂委员会：《续修四库全书》第94册·经部·礼类，上海古籍出版社2002年版，第141页。

④ 卢文弨著，陈东辉、彭双喜点校，林庆彰校订：《仪礼注疏详校》，"中央研究院"中国文哲研究所2012年版，第46页。

祭服谓冕服也，毛本作“服祭”，乃误倒。①

“皮弁祭服之等”，阮元《仪礼注疏校勘记》曰：“服祭，单疏、《通解》、《要义》俱误倒。”②是《仪礼注疏校勘记》亦指出此处误倒，并且申明自单疏以下，宋代的《仪礼疏》刊本已经误倒。反观曹氏，但指出“毛本”，正与卢文弨《仪礼注疏详校》“祭服，旧倒”同，可见卢氏已然发现这个问题，其与阮元等所校勘之底本皆为汲古阁本，则此处曹氏所言“毛本误倒”，正是袭自卢、阮之说。

3.《士丧》“士丧礼第十二”，疏“故得同赴于君之臣”，校曰：

“之臣”二字，衍。③

据此段之上疏文，乃贾公彦《疏》证郑《注》“士丧父母”，不言妻与长子，二者亦依士礼，故举下记云“赴曰：‘君之臣某死’，赴母妻长子则曰：‘君之臣某之某死’”为证，是士人妻、长子去世，亦与父母一样，应赴告于君，故“之臣”二字确为衍文。但此点，卢文弨《仪礼注疏详校》已先发之：“下‘之臣’二字，盛云衍。”④盛为盛世佐（1718—1755），则最先发现此点者应为盛世佐，后卢文弨引之。或谓曹氏与盛、卢二人暗合，此不无可能，毕竟曹氏下文“孤之妻与九嫔”，校曰：“嫔，毛作殡，阮云：‘卢文弨改殡为嫔。’”是知曹氏有通过阮元转引卢氏之

① 曹元弼：《礼经校释》卷九，见《续修四库全书》编纂委员会：《续修四库全书》第94册·经部·礼类，上海古籍出版社2002年版，第276页。

② 阮元总纂，徐养原分校，张文整理：《仪礼注疏校勘记》卷八，见刘玉才：《十三经注疏校勘记》第四册，北京大学出版社2014年版，第1945页。

③ 曹元弼：《礼经校释》卷十七，见《续修四库全书》编纂委员会：《续修四库全书》第94册·经部·礼类，上海古籍出版社2002年版，第464页。

④ 卢文弨著，陈东辉、彭双喜点校，林庆彰校订：《仪礼注疏详校》，“中央研究院”中国文哲研究所2012年版，第251页。

言。但此处引文，阮元《仪礼注疏校勘记》并未出校，可见显然非引自阮氏。卢氏一书成于乾隆六十年（1795），阮元校勘时即引为参考。且曹氏在《礼经纂疏序》中自言："其为校勘者，卢氏文弨有《仪礼详校》"，"疏文脱讹不可读，则求之《校勘记》所载各本"，并于《公食大夫礼》"赞者节"下明引卢氏之言以为据①。又在《礼经学》"礼经各家撰述要略"中评论卢文弨此书，"校勘甚详，惜多引诸家解经误说"②。随后其晚年所作《复礼堂述学诗》卷六《述礼经》部分所列《复礼堂授礼经书目》亦有卢氏此书③，可见曹氏对卢氏此书亦相当认可，故有所袭取亦不足为奇。

又如：

> 《士丧礼》"招魂缀足"，校曰：魂下脱"楔齿"二字。④
>
> 《士丧礼》"言大敛所用之衾者"，校曰：用上脱"并"字。⑤
>
> 《士丧礼》"烛俟节"，"此大敛于室之奥"，校曰：敛下脱"奠"字。⑥

"招魂缀足"乃贾《疏》所云："自此尽帷堂，论始死招魂、缀足、设奠、帷堂之事。"此处所涉及的是士人始死当天所进行的一系列仪节，根据下经文"楔齿用角柶"可知，在招魂与缀足之间，确有"楔齿"一事，故张尔岐《仪礼郑注句读》此段经文之后曰："右事死之初事。丧礼凡二

---

① 曹元弼：《礼经校释》卷十，见《续修四库全书》编纂委员会：《续修四库全书》第94册·经部·礼类，上海古籍出版社2002年版，第304页。

② 曹元弼著，周洪校点：《礼经学》，北京大学出版社2012年版，第403页。

③ 曹元弼著，许超杰、王园园点校：《复礼堂述学诗》卷六，中国社会科学出版社2022年版，第521页。

④ 曹元弼：《礼经校释》卷十七，见《续修四库全书》编纂委员会：《续修四库全书》第94册·经部·礼类，上海古籍出版社2002年版，第465页。

⑤ 曹元弼：《礼经校释》卷十七，见《续修四库全书》编纂委员会：《续修四库全书》第94册·经部·礼类，上海古籍出版社2002年版，第465页。

⑥ 曹元弼：《礼经校释》卷十七，见《续修四库全书》编纂委员会：《续修四库全书》第94册·经部·礼类，上海古籍出版社2002年版，第476页。

大端，一以奉体魄，一以事精神。楔齿、缀足，奉体魄之始，奠脯醢，事精神之始也。"①如此可见曹氏所校为有理。惟此亦非曹氏所创，卢文弨《仪礼注疏详校》已引浦镗之说增补此二字②。

又引文"言大敛所用之衾者"，下疏文云："案《丧大记》君、大夫、士皆小敛一衾，大敛二衾，今始死用大敛一衾以覆尸。及至大敛之时，两衾俱用，一衾承荐于下，一衾以覆尸，故云'大敛所并用之衾'。"佐证疏文，可知此脱"并"字为确，惟此卢氏已补之③。

第三处引文乃经文"烛俟于馔东"下之疏文，根据上下文可知，此处为论设大敛衣、奠及殡具事。由《丧大记》"小敛于户内，大敛于阼"、凌廷堪《礼经释例》"凡奠，小敛以前皆在尸东，大敛以后皆在室中"④等可知，"此大敛于室之奥"为"大敛奠"，曹氏补"奠"字，文意更清晰，然此卢氏一书已引浦镗（生卒年不详）之说补之。

以上三处，阮元皆未出校，仅出现于曹氏或卢氏此书。然阮元所引书目中并有卢文弨《仪礼注疏详校》及浦镗《十三经正字》，阮氏是否疏忽或有意不知。但同样情况出现于曹氏，若云巧合，无乃太巧乎。

若谓以上诸说，可凭经文、疏文上下之义以校正，未免与人暗合，那么以下之例，似难令人信服。

4.《士虞》"尊两甒节"，疏"祭尊在房户之间"，校曰：

"祭"字衍。⑤

---

① 张尔岐：《仪礼郑注句读》，学海出版社1981年版，第541页。

② 卢文弨著，陈东辉、彭双喜点校，林庆彰校订：《仪礼注疏详校》，"中央研究院"中国文哲研究所2012年版，第251页。

③ 卢文弨著，陈东辉、彭双喜点校，林庆彰校订：《仪礼注疏详校》，"中央研究院"中国文哲研究所2012年版，第251页。

④ 凌廷堪著，彭林点校：《礼经释例》，"中央研究院"中国文哲研究所2002年版，第395页。

⑤ 曹元弼：《礼经校释》卷十九，见《续修四库全书》编纂委员会：《续修四库全书》第94册·经部·礼类，上海古籍出版社2002年版，第500页。

此段疏文位于《士虞礼》记文"尊两甒于庙门外之右，少南，水尊在酒西，勺北枋"下，前后仪节为记卒哭祭毕饯尸，与无尸可饯者送神之礼。郑《注》曰："少南，将有事于北。有玄酒，即吉也。既在西，尚凶也。"贾《疏》："云'此在西，尚凶也者'，以其吉祭祭尊在房户之间。至于虞祭，尊在室，是凶，今卒哭饯尸，尊在门西，不在门东，是尚凶，故变于吉也。"其中"祭尊在房户之间"阮元有校记，然作："毛本'户'误作'尸'"，与曹氏此处不合。惟卢氏云："又一'祭'字衍。"则二者一致。实则此处，有无"祭"字并不妨碍文意之理解，阮元或许亦作此考虑，否则不可能不注意到卢氏之说。曹氏所言与卢氏如出一辙，愈可证两者间之关联。

（二）袭取自阮元《仪礼注疏校勘记》者

曹氏《礼经校释》一书本就针对阮元《仪礼注疏校勘记》而作，故其校勘内容常补阮氏之不足。惟除明引"阮云"之外，有多处内容实与阮元暗合，似亦袭自阮氏而不言。如：

《既夕礼》"既夕礼第十三"，疏"乃记葬时"，校曰：

"记"当为"计"。[1]

《既夕礼》"抗木节"，疏"以其在抗席之上"，校曰：

"席"，单疏作"木"，此从他本。[2]

---

[1] 曹元弼：《礼经校释》卷十八，见《续修四库全书》编纂委员会：《续修四库全书》第94册·经部·礼类，上海古籍出版社2002年版，第481页。

[2] 曹元弼：《礼经校释》卷十八，见《续修四库全书》编纂委员会：《续修四库全书》第94册·经部·礼类，上海古籍出版社2002年版，第484页。

《既夕礼》"志失节"，疏"凡枉失之制"，校曰：

"枉"字衍。①

以上内容皆见于阮元《仪礼注疏校勘记》。如第一条，阮作："计，单疏、《通解》、《要义》俱作记。"②曹氏直言"记"当为"计"。如就其所用底本而言，若单疏者亦作"记"，其他如《要义》《通解》皆然。然其仍与阮氏相同，认为应作"计"，可见其对阮氏结果之信任。第二条，阮氏云："席，《通解》《要义》俱作木。按：《要义》非也。"③曹氏指出单疏本亦为"木"字，则与《通解》《要义》相同。就版本而言，似应不误。然曹氏下断语曰："此从他本。"则所谓"他本"究竟何本，曹氏未明言。但求之阮氏，可知曹氏实同阮本也。第三条，阮云："陈、闽、《通解》俱无'枉'字。"④与曹氏所云"'枉'字衍"，差别只在一有版本依据，一直接论定。然二者对比，可知曹氏正本之阮元，径用其结论而已。从上可见，曹氏对于阮元的校勘结果是非常信任的，故在引用之时，往往暗取其结论而不出根据。

另外，曹氏袭用阮元结论，还有一种情况，如《士丧礼》"设辁带节"，疏"乃以横带绕手一二"，校曰：

"二"杨氏作币，是。⑤

---

① 曹元弼：《礼经校释》卷十八，见《续修四库全书》编纂委员会：《续修四库全书》第94册·经部·礼类，上海古籍出版社2002年版，第493页。

② 阮元总纂，徐养原分校，张文整理：《仪礼注疏校勘记》卷十三，见刘玉才主编：《十三经注疏校勘记》，北京大学出版社2014年版，第2127页。

③ 阮元总纂，徐养原分校，张文整理：《仪礼注疏校勘记》卷十三，见刘玉才主编：《十三经注疏校勘记》，北京大学出版社2014年版，第2137页。

④ 阮元总纂，徐养原分校，张文整理：《仪礼注疏校勘记》卷十三，见刘玉才主编：《十三经注疏校勘记》，北京大学出版社2014年版，第2169页。

⑤ 曹元弼：《礼经校释》卷十七，见《续修四库全书》编纂委员会：《续修四库全书》第94册·经部·礼类，上海古籍出版社2002年版，第473页。

曹氏此种体例与篇中其他地方明显不合，盖曹氏校勘内容多直接下判断，或引"阮云"，鲜少有先引"某氏作"，再下断语的写法。所以如此，与阮元《仪礼注疏校勘记》对读才发现，此处阮氏正云："二，杨氏作'币'。"①如此似可认为曹氏乃袭用阮元之文，而自下断语。如此情况，尚有如：

《士虞礼》"祝坐节"，疏"乃东西面立者"，校曰：

"西"字各本无，是。②

《士虞礼》"祝反节"，疏"阳厌时南亦几在右"，校曰：

"南"下，各本有面字，是。③

《士虞礼》"主人节"，疏"以庙为限"，校曰：

"庙"下，《要义》有门字，是。④

上述三例，骤读之下，所谓"各本"究竟何指？不但茫然不知，且与曹氏整体体例亦多不类。但若求之阮元《仪礼注疏校勘记》，则可了然。

---

① 阮元总纂，徐养原分校，张文整理：《仪礼注疏校勘记》卷十二，见刘玉才主编：《十三经注疏校勘记》，北京大学出版社2014年版，第2108页。

② 曹元弼：《礼经校释》卷十九，见《续修四库全书》编纂委员会：《续修四库全书》第94册·经部·礼类，上海古籍出版社2002年版，第496页。

③ 曹元弼：《礼经校释》卷十九，见《续修四库全书》编纂委员会：《续修四库全书》第94册·经部·礼类，上海古籍出版社2002年版，第496页。

④ 曹元弼：《礼经校释》卷十九，见《续修四库全书》编纂委员会：《续修四库全书》第94册·经部·礼类，上海古籍出版社2002年版，第501页。

如第一条阮云："'东'下，单疏本有'西'字，《通解》无。"[1]第二条阮云："单疏、《要义》俱无'面'字，《通解》、杨氏俱有。"[2]第三条阮云："'为'上，《要义》有'门'字。"[3]如此可知，曹氏所谓"各本"，系针对单疏本之外而言，曹氏认为阮元所校为确，故下断语。此一点，第三条所引堪为典型，读者比读二者，其中关联自见。

曹氏自言："间有与前人暗合者，写定时辄删去之；或得于友朋启示、讨论所及，一字一句，必标其姓名。"然通观上述例证，对于此言似乎不可尽信。至少就校勘而言，曹氏似多有袭取前人而未注明者。明乎此点，在阅读此书时，对于曹氏的各项校勘内容，亦当谨慎分析，只有剔除上述内容，方能进一步彰显曹氏的独特方法与成果。退一步讲，厘清此点，亦可见曹氏的许多结论或前有所承，后人的结论与前人的成果之间实存在着千丝万缕的关系，因此在分析某人的校勘专著时，亦当比而观之，避免犯单方面的错误，全部归功或归罪于某人。

二、《礼经校释》"推比勘误"之法与理校法的异同及其实质

曹元弼校勘《仪礼》，既有对前人之继承袭取，又有以单疏、殿本等版本对校经文，补阮元之不足。但正如曹氏自言："阮氏校各本异同，而众本并讹，则未及读正。"也就是说曹氏认识到单纯靠版本对校存在一定缺陷，故其于对校之外，尤能反复诵味经、注、疏文之条理脉络，从而补苴正讹，所谓：

> 疏文脱讹不可读，则求之《校勘记》所载各本。又不得，则就其

---

① 阮元总纂,徐养原分校,张文整理:《仪礼注疏校勘记》卷十四,见刘玉才主编:《十三经注疏校勘记》,北京大学出版社2014年版,第2179页。

② 阮元总纂,徐养原分校,张文整理:《仪礼注疏校勘记》卷十四,见刘玉才主编:《十三经注疏校勘记》,北京大学出版社2014年版,第2180页。

③ 阮元总纂,徐养原分校,张文整理:《仪礼注疏校勘记》卷十四,见刘玉才主编:《十三经注疏校勘记》,北京大学出版社2014年版,第2191页。

原文，旁推互勘，以义读正。①

　　平心读之，顺其上下，推其本意，正讹补脱，乙衍改错不下千余处。②

可见这种"旁推互勘，以义读正""顺其上下，推其本意"的方法，才是《礼经校释》一书最可称道者。沈文倬、任铭善称此法为"推比勘误"之法，颇为精辟。然今人研究曹氏，多有将其方法归属于理校法，则二者之间究何关系，值得进一步研究。下面将从学界对理校法之归纳、曹氏个人所用实例的分析以见"推比勘误"这一方法的内涵及其实质。

　　清儒在校勘古籍方面成就卓著，然而却未曾将校勘经验汇集为专书，或形成方法论，以嘉惠后学。民国初年，陈垣始在《元典章校补释例》（后改名《校勘学释例》）中提出"校勘四法"，即：本校法、对校法、他校法和理校法，从此为后人继承延用③。其对理校法之定义为：

　　段玉裁曰："校书之难，非照本改字不讹不漏之难，定其是非之难。"所谓理校法也。遇无古本可据，或数本互异，而无所适从之时，则须用此法。此法须通识为之。否则卤莽灭裂，以不误为误，而纠纷愈甚矣。故最高妙者此法，最危险者亦此法。④

　　其后倪其心在其《校勘学大纲》中进一步申论曰：

---

　　① 曹元弼：《礼经校释·礼经纂疏序》，见《续修四库全书》编纂委员会：《续修四库全书》第94册·经部·礼类，上海古籍出版社2002年版，第538页。

　　② 曹元弼著，周洪校点：《礼经学》，北京大学出版社2012年版，第411页。

　　③ 陈垣此书虽有筚路蓝缕之功，却也不免失之过简，尤其"理校"一词，学者多有质疑。如王叔岷先生曾指出："对校法、本校法、他校法三例，固属于书之法，第四理校法，明引段玉裁之说，乃段玉裁《与诸同志书论校书之难》，非校书之法也。"并在其《斠雠学》（"中央研究院"历史语言研究所1995年版）中专论校勘方法，析论更为深入且系统化，读者可以参阅。本书为论述之便，以合一般学界话语，仍沿用陈垣所分之法。

　　④ 陈垣：《校勘学释例》，上海书店出版社1997年版，第121–122页。

"理校法"实则也是分析和考证。其条件除了必须对本书进行全面深入的了解和研究外，还必须对有关本书疑难的某一知识领域有深厚的根柢和功力。……段玉裁所谓"定是非之难"，是指确定"底本""立说"的是非之难。首先要求从复杂重叠构成的古籍中辨析出其中某一层次所依据的版本原文；其次是根据本书思想即义理和有关历史知识分析判断其是非；最后根据文字形式和知识内容一致的准则，确定其文字正误。……在没有他本可供比较，本书又没有提供比勘文辞的情况下，理校法是一种分析、考证文辞正误的校勘方法。但严格地说，理校法所得结论，只能说"当作"，不能更改本字。①

从陈垣、倪其心的定义中，可以得出如下结论：理校法乃在于"无他本可供比勘""或数本互异，而无所适从之时""本书又没有提供比勘文辞"的情况下，才发生效用的一种方法，更多取决于学者对某一领域的专门学识，且运用危险系数颇高。下举数例曹元弼运用"推比勘误"之法的实例，并分析其根据，以与理校法作一对比：

1.《士相见礼》："主人请见，宾反见，退。主人送于门外，再拜。"

此记士相见之礼，郑《注》："请见者，为宾崇礼来，相接以矜庄，欢心未交也，宾反见则燕矣。下云'凡燕见于君'至'凡侍坐于君子'博记反见之燕义。"贾《疏》释之曰：

> 云"宾反见则燕矣"者，上《士冠》礼宾、《士昏》纳采之等，礼记皆有礼宾、飨宾之事。明此行礼，主人留必不虚，宜有燕欢，故云"则燕矣"。②

贾《疏》中"礼记"二字，文义不明。对此，卢文弨引浦镗之说，

---

① 倪其心：《校勘学大纲》，北京大学出版社2004年版，第105页。

② 郑玄注，贾公彦疏：《仪礼注疏》卷七，艺文印书馆1976年版，第71页。

谓："下'礼记'二字，浦云衍。"①然自宋单疏本以下无异文，皆作"礼记"。阮元《仪礼注疏校勘记》未见出校。惟曹元弼指出：

> 礼记皆有礼宾，校曰："记"当为"讫"。②

曹元弼以为贾《疏》中"礼记"当为"礼讫"之误。核之礼文，宾主人行礼既毕，必有礼宾及傧使者之礼，所以"申主人之敬也"③。《士冠礼》宾字冠者毕，"宾出，主人送于庙门外。请醴宾，宾礼辞，许"。下"冠者见君与乡大夫先生"毕，"乃醴宾以一献之礼"。《士昏礼》纳采问名礼毕，傧者"出请，醴宾"。郑《注》："此醴亦当为礼。"《聘礼》聘享礼毕，"宾奉束锦以请觌，傧者入告。出辞，请礼宾。宾礼辞，听命"。是礼例皆有礼宾之事。此处贾《疏》所引《士冠》《士昏》正是反映此一行为，故所谓"礼记"为"礼讫"，当是形近而讹。

2.《士丧礼》"主人拜节"，疏"始就东阶下西南面主人位也"，校曰：

> "南"字衍。④

此疏之上经文为"主人拜如初。襚者入，衣尸，出，主人拜送如初。唯君命出，升降自西阶，遂拜宾，有大夫则特拜之。即位于西阶下，东面，不踊。大夫虽不辞，入也"。此段仪节乃述主人于君使人襚之时，因送使者而有拜宾之礼。郑《注》："即位西阶下，未忍在主人位也。"贾《疏》对此曰："云'未忍在主人位也'者，至小敛后，始就东阶下西南面

---

① 卢文弨著，陈东辉、彭双喜点校，林庆彰校订：《仪礼注疏详校》，"中央研究院"中国文哲研究所2012年版，第58页。

② 曹元弼：《礼经校释》卷三，见《续修四库全书》编纂委员会：《续修四库全书》第94册·经部·礼类，上海古籍出版社2002年版，第148页。

③ 凌廷堪撰，彭林点校：《礼经释例》，"中央研究院"中国文哲研究所2002年版，第308页。

④ 曹元弼：《礼经校释》卷十七，见《续修四库全书》编纂委员会：《续修四库全书》第94册·经部·礼类，上海古籍出版社2002年版，第468页。

主人位也。"曹氏正对此处产生疑问，以为"南"字为衍文。此段文字，单疏本刚好缺少此卷内容，殿本无异文，而阮元《仪礼注疏校勘记》、卢氏《仪礼注疏详校》皆未出校，可谓"无他本可供比勘"。然而细味疏文，提及"小敛之后"。比读小敛后经文"主人出于足，降自西阶。众主人东即位。妇人阼阶上，西面。主人拜宾，大夫特拜，士旅之。即位，踊，袭绖于序东，复位"。郑《注》："即位，踊，东方位。"贾疏云："云'众主人东即位'者，虽无降阶之文，当从主人降自西阶。主人就拜宾之时，众主人遂东，即位于阼阶，以主人位南西面也，于时阼阶空，故妇人得向阼阶上西面也。云'复位者'，复阼阶下西面位。"下又云："'即位，踊，东方位'者，谓主人拜宾讫，即乡东方阼阶下，即西面位，踊，踊讫袭绖也。"可知，小敛后，主人即位于阼阶下西面，凌廷堪曰："盖主人虽位在阼阶下，至大敛时，仍升堂即尸东之位，敛毕，始复阼阶下之位也。"[①]则上疏文"始就东阶下西南面主人位也"之"南"确当为衍文，曹氏所据为此行礼之例。若然，则"本书又没有提供比勘文辞"的情况并不成立，实不可径谓之"理校法"。

3.《士丧礼》"设盆节"，疏"设盥、洗及巾"，校曰：

"洗"字衍。[②]

此处经文为"设盆盥于馔东，有巾"，上接"馔于东堂下，脯、醢、醴、酒。幂，奠用功布，实于篚，在馔东"，乃准备小敛奠及东方之馔的仪节。郑《注》曰："为奠设盥也。丧事略，故无洗也。"贾公彦对此曰："云'为奠设盥也'者，谓为设奠人设盥洗及巾。"诸本无异文，阮元等亦未出校。曹氏所以认为"洗"字衍者，根据大概有二：一是郑《注》云"为奠设盥也"，没有"洗"字，贾《疏》体例，根据郑《注》，则亦应无

① 凌廷堪撰，彭林点校：《礼经释例》，"中央研究院"中国文哲研究所2002年版，第418页。

② 曹元弼：《礼经校释》卷十七，见《续修四库全书》编纂委员会：《续修四库全书》第94册·经部·礼类，上海古籍出版社2002年版，第474页。

"洗"；二是通观经文，凡凶事无洗，"或设盥于堂下，或设盥于门外"。丧礼属凶礼，不设洗，惟设盥以代之。《士虞礼》在既葬之后，始设洗，然亦设于西阶西南，水在洗西，篚在东，异于吉时之洗在东阶东南也。据此，曹氏以为衍文，似有理，然亦大抵根据经、注、疏文而断。

4.《士丧礼》"君释采节"，疏"证君无故而入臣家"，校曰：

"而"当为"不"。①

此引疏上下经文言国君若亲来大敛之仪节。于此处有关之经文为："君释采，入门。主人辟。"郑玄《注》云："释采者，祝为君礼门神也。必礼门神者，明君无故不来也。《礼运》曰：诸侯非问疾吊丧，而入诸臣之家，是谓君臣为谑。"下贾公彦《疏》云："引《礼运》者，证君无故而入臣家，故将入必礼门神也。"若然，则不但与《注》相矛盾，亦与贾《疏》所欲表达之义相违，故曹氏推断"而"当为"不"，以还贾《疏》之旧。此等处，诸本并讹，曹氏通过上下文之间校之，实类于本校法。

所谓本校法者，从字面即可知其意为以本书前后互证，而"抉摘其异同，则知其中之谬误"②。王叔岷先生《斠雠学》中所言"参核本书注、疏"及"熟悉文例"亦大致属于本校法范畴。倪其心对此有更进一步解释：

"本校法"实则是分析和考证。其条件是对本书进行全面深入的了解和研究。在没有他本可供比较的情况下，根据本书的思想，对本书中同类内容的前后矛盾现象，上下文义矛盾现象，章节结构矛盾或欠缺现象等等疑难，进行逻辑类推分析，以合乎本书思想的文辞考订不合的文辞。从方法论看，其实与"理校法"一样是一种合理的逻辑

① 曹元弼：《礼经校释》卷十七，见《续修四库全书》编纂委员会：《续修四库全书》第94册·经部·礼类，上海古籍出版社2002年版，第478页。

② 陈垣：《校勘学释例》，中华书局2016年版，第136页。

类推，其与"理校法"的区别就在于有本书数据（不一定或不是异文）可作比较依据。①

结合以上实例，皆可看出曹氏所以发现有衍文、讹文、脱文的地方，多位于疏文中与前后礼例、礼仪有矛盾、冲突的地方，复根据《仪礼》本经注疏、前后经文而做出一定的推理。如：

5.《既夕礼》"祝降节"，疏"与射者"，校曰：

"与"下脱"升"字。②

此疏主要涉及"吉事交相左，凶事交相右"这一礼例。在此之前的仪节为夕哭之后，有司向主人请启殡之日期，次日清早预设祖庙陈馔、男子妇人穿戴、拜宾返位之后，"商祝免，袒，执功布入，升自西阶，尽阶，不升堂，声三，启三，命哭。烛入，祝降，与下祝交于阶下，取铭置于重"。故郑玄云："祝降者，祝撤宿奠降也。与下祝交，事相接也。……吉事交相左，凶事交相右。"郑玄仅指出礼例所在，并未进一步举例。贾《疏》对此引用《大射》《乡射》仪节以证成之："云'吉事交相左'者，则《乡射》《大射》皆云：降，与射者交于阶下，相左是也。云'凶事相右'者，此凶事不言交相左者，以凶事反于吉，明交相右可知。"然据《乡射》经文："上射降三等，下射少右，从之。中等，并行，上射于左，与升射者相左，交于阶前，相揖。"《大射》与之相同，则知此处仪节，实包含升、降两个动作，故曹氏补"升"字以足成之。这种根据本书，比勘文辞、礼例的做法，亦近于本校法，而于理校稍违。

6.《士虞礼》"侧亨节"，疏"自献宾已后"，校曰：

---

① 倪其心:《校勘学大纲》,北京大学出版社2004年版,第104页。

② 曹元弼:《礼经校释》卷十八,见《续修四库全书》编纂委员会:《续修四库全书》第94册·经部·礼类,上海古籍出版社2002年版,第482页。

"献宾"当为"宾三献"。①

此疏上之经文为"侧亨于庙门外之右，东面"，郑玄《注》："侧亨，亨一胖也。"所以只烹一半，贾公彦云："案吉礼皆全，左右胖皆亨，不云侧。"是知士虞礼乃士人既安葬其父母，迎精而返，当日祭之以安魂的礼仪，于五礼之中属于凶礼。故与特牲馈食等属于吉礼者有别。与此引文有关者，在郑《注》"亨一胖"者，贾《疏》认为乃"以其虞不致爵，自献宾已后，则无主人、主妇及宾已下之俎，故唯亨一胖也"。曹氏以为"献宾"当为"宾三献"。此处对文字之改动不可谓不大，且无版本上之依据。然由前后经文亦可略推其意。盖自尸入，九饭之后，主人、主妇及宾长分别献尸并献祝及佐食。这中间，并无献宾的环节。相反，《士虞礼》主人初献、"宾长以肝从"，主人献祝，亦肝从；主妇亚献，"宾以燔从"，主妇献祝，亦燔从，宾长三献，"燔从，如初仪"，之后，祝出，"告利成"。贾氏所谓"虞不致爵者"，盖据《特牲馈食礼》，宾三献，主妇致爵于主人，"肝从"，"燔亦如之"，主人"致爵于主妇"，"俎，从献皆如主人"，宾"酌，致于主人、主妇，燔从皆如初"。此为虞祭，凶礼略于祭礼，无致爵，故只需烹豕一半。由此可见上疏文"献宾"似应为"宾三献"乃合乎礼例，曹氏所校可谓合理。

其实，曹氏的这种根据礼例、上下文之间的关联所作的校勘，与其经学观念重视"明例"是相一致的。曹氏在《礼经学》一书中，首撰"明例第一"，认为礼有"尊尊、亲亲、长长、贤贤、男女有别五大义例"，每例详据法则，后更在凌廷堪"礼例"基础之上，区分出"经例"与"礼例"两种，其曰：

礼之大义，尊尊、亲亲、长长、贤贤、男女有别。圣人既本之以

① 曹元弼：《礼经校释》卷十九，见《续修四库全书》编纂委员会：《续修四库全书》第94册·经部·礼类，上海古籍出版社2002年版，第494页。

为大经大法，详节备文而笔之为经，垂天下后世法，一字一句又皆准此以辨言正辞，故礼有礼之例，经有经之例，相须而成。凌氏释礼例，而未及经例，然经例不明，则圣人正名顺言、决嫌明微、精义所存，不著不察。而经文详略异同，若有与礼例不符者，其何以解害辞害志之惑，而深塞离经叛道之源欤？……故治礼者必以全经互求，以各类各篇互求，以各章各句互求，而后辞达义明，万贯千条，较若画一。①

曹氏于《礼经学》"经文例"中详举五十例，如"凡经文，条理精密，首尾贯串""凡经文多省文互见，有前后诸篇互见者""有一句中互见者""凡经文别嫌明微，正名顺言，不外同辞、异辞两端"等等。遂后又分别阐发"礼通例""记传例""注例""疏例""校贾疏举例""读经例""注疏通例"等内容，可谓纲举目张。

实则运用礼例来说礼，早在郑玄注礼时便已开始。据康金村统计，郑玄《仪礼注》有一百一十七条凡例②。其后贾公彦在郑《注》基础上加以扩充，到清代凌廷堪《礼经释例》"于诸仪中求例，复以诸例求礼"，成为仪礼研究上的里程碑之作。所谓礼例，钱玄先生在《三礼通论》中以为："'例'，指'凡例'，即行礼时的一些规则。"③依据此说法，他在该书中分礼例为向位之仪、跪拜之仪、脱屦之仪、盥洗之仪、授受之仪、迎送之仪、饮食之仪、奏乐之仪④，基本上沿用了凌廷堪《礼经释例》的条目，但其定义与凌氏稍别，惟其未详细说明分类的原则与依据。叶国良先生在《论凌廷堪的〈礼经释例〉》一文中指出，"例"这个词汇本身带有模糊性，"从语言逻辑看，'凡……'应是全称，指无例外，但事实上古人使用此词时却不见得如此。礼涉及人事，而人事其实极为纷杂，用'凡……'

---

① 曹元弼著，周洪校点：《礼经学》，北京大学出版社2012年版，第30页。

② 康金村：《郑玄〈仪礼注〉凡言例句之研究》，玄奘人文社会学院中国语文研究所硕士论文，2003年，第7页。

③ 钱玄：《三礼通论》，南京师范大学出版社1996年版，第67页。

④ 钱玄：《三礼通论》，南京师范大学出版社1996年版，第515-556页。

的语言来表达每每有时而穷"。故从行为动作、器物方位等角度将凌书的礼例分为三类："定例：无例外，或绝少例外。常例：大多数。特例：极少数。"①指行礼时遇到特殊状况必须加以权变的个案。将礼例的分类推向细化和精深。郑雯馨则在前人基础上，将之总结为：

　　"礼例"，指以礼为范围，具有必然性的规则或规律，包含政治制度、个人生活规范、价值观等方面。礼例的作用，一方面在规范言行，引导价值观。另一方面，根据既有的原则决断当下新事件。因此就时间向度而言，礼是社会长期实践、用以维持秩序的产物，礼例亦是长期形成的规则或规律，其本质如同"惯例"。礼例的应用过程为互见异同、分类、推次，不仅可应用于知识或经验的学习，亦可用于评判人事褒贬。就表现形式与内容而言，可分为义例、礼例、文例、事例，或言"凡"、例句，然而实际分析、应用时，这些区别并无法明确分割（也不宜分割）。②

　　郑氏的上述言论不但指出了礼例的内涵，还就其应用理据进行了阐述。这一方法在研治文本上的表现主要为："按照比经推例的思维，礼例根据经文记载而得，因此运用规则的必然性、比较相关记载的异同，可反过来'校勘'经书误字、衍文、脱文等情形。此种经文校勘法，多称为据礼制或经义纠字之误、声之误，实则部分源于规则必然性的概念。此外，根据规则的必然性与更为详尽的礼文对照，亦可辨正旧有的经说。"③清代《仪礼》之学远迈前代，对《仪礼》文本的校勘堪称其基石。综观清代《仪礼》校勘成就的取得，与清人对于礼例这种方法的运用紧密相连。曹

　　① 叶国良：《论凌廷堪的〈礼经释例〉》，见《礼学研究的诸面向》，台湾清华大学出版社2010年版，第87页。

　　② 郑雯馨：《论〈仪礼〉礼例研究法——以郑玄、贾公彦、凌廷堪为讨论中心》，台湾大学博士论文，2013年，第21页。

　　③ 郑雯馨：《论〈仪礼〉礼例研究法——以郑玄、贾公彦、凌廷堪为讨论中心》，台湾大学博士论文，2013年，第424页。

氏这种注重"明例"的治经观念正是承接前人而来，又将之细分为"礼例"和"经例"两大类，其中再分小类，使之更具实用性和具体性，成为清人"以例校礼"的集大成者①。正是通过"明例"的治经观念，曹氏在校勘《仪礼》之时，方能根据礼文，推比勘误，沈文倬称赞其师："他读熟了礼文，参透了礼例，虽众本皆误，或众本无异，往往经过推比得其正字。"②正是这一观念的极好诠释。故曹氏"推比勘误"的校勘方法，归纳其实质，不外乎在通晓"礼例""经例"的基础上，"以经证经，以注证注"或曰"以经解经，以经校经"③而已。

这种根据"礼例"进行校勘，从上面所举实例中皆可看出。下再举一个曹氏根据"经例"以驳斥前人校勘之误的地方，以期全面反映这一观念与校勘间的关系：

《既夕礼》"丈夫髽节"，释曰：

> 注谓"互文相见"是也。张氏尔岐、胡氏谓有脱字，非。说经当慎重，苟有可通，万不可轻以为脱讹，以启改经之弊。经自有互文之例，可尽指为脱乎？至熊朋来说，更狂妄不足辨。④

此段所涉及仪节为既夕启殡时男子妇人的装扮。经文云："丈夫髽，散带垂，即位如初。"郑玄《注》云："为将启变也。此互文以相见耳。髽，妇人之变。《丧服小记》曰：'男子免而妇人髽，男子冠而妇人笄。'"对于郑氏的这种说法，贾《疏》释之曰："髽既是妇人之变，则免是男子之变。今丈夫见其人，不见免，则丈夫当免矣。妇人见其髽，不见人，则妇人当髽矣。故云互文以相见耳。引《丧服小记》者，证见未成服已前，

---

① 有关清人运用礼例校勘《仪礼》的成就及检讨，可参看本书附录二"论清人运用'礼例'校勘《仪礼》的成就与不足"，原载《历史文献研究》第48辑，广陵书社2022年版，第144-161页。

② 沈文倬：《菿闇文存》，商务印书馆2006年版，第974页。

③ 曹元弼著，周洪校点：《礼经学》，北京大学出版社2012年版，第40页。

④ 曹元弼：《礼经校释》卷十八，见《续修四库全书》编纂委员会：《续修四库全书》第94册·经部·礼类，上海古籍出版社2002年版，第481页。

男子免而妇人髽；既成服以后，男子冠，妇人笄。"对于郑、贾二人的说法，后人多有反对，如胡培翚《仪礼正义》即引熊朋来、张尔岐说法以表疑惑："熊氏朋来云：'《小记》男子免妇人髽，自足为证。《既夕》经文必亦如《小记》所言，而有脱字。注者妄谓互文，适以惑人也。'张氏尔岐云：'据贾疏，当云：丈夫免，妇人髽。此或偶脱去三字。'今案：此经自有阙文，熊、张以为脱字，是也。然其说虽与郑异，而义则同。"①本来以例说经，阐发"互文"之说，难免有其模糊、不周延之处，故张氏、胡氏等人表示质疑亦在情理之中，但此处郑玄、贾公彦所释亦有其根据。

据丧礼小敛之时，斩衰男子括发，齐衰以下男子免。贾《疏》以为："不言男子括发者，欲见启殡之后，虽斩衰亦免而无括发。"并引《丧服小记》"缌、小功、虞、卒哭，则免"与郑玄对此的注解"棺柩已藏，嫌恩轻可以不免也。言则免者，则既殡先启之间，虽有事不免"以为"先启不免，则启当免矣"。又前小敛，经文已言"妇人髽"，此段经文下接"妇人不哭。主人拜宾，入，即位，袒"，是有妇人可知。且"主人髻发，……妇人髽"下，贾氏云："既髻发与髽皆如着幓头，而异为名者，以男子阳，外物为名，而谓之髻发；妇人阴，内物为称，而谓之髽也。"故郑玄云"互文"。曹氏对此表示认同，并依据对郑玄态度的轻重，划分对胡培翚、张尔岐与熊朋来的评价，不但可见曹氏依据"经例"的观念，亦可见其对郑《注》的尊崇。

上述所举实例，皆曹氏"推比勘误"的具体运用，"以经证经，以注证注"，根据礼例与经例推比勘正，与理校相比，似偏属于本校。但曹氏确亦有运用理校法之处，如：《士丧礼》"复者降自后西荣"，注"不由前降，不以虚反也。降因彻西北厞，若云此室凶，不可居然也，自是行死事"，释曰：

"以"当为"似"。不似虚反，与上注"若得魂反"义一贯。盖复

---

① 胡培翚：《仪礼正义》卷二十九，见北京大学《儒藏》编纂与研究中心：《儒藏》（精华编四八），北京大学出版社2016年版，第1361页。

者以衣招魂，降衣则似魂降受衣，衣尸则似得魂反。而复者尚未降，复者以衣招魂，今衣不在手，若仍由前降，则有招而未得之嫌，似若虚反然，故不由前降，明魂已随受衣者入体，孝子幸生之心也。云"若云此室凶，不可居然也"者，凶谓凶邪之气致魂离其身者也。盖原魂所以离身之故，当由室有凶邪之气，故彻其西北厞，若云此室凶，不可居；今彻其厞，庶凶气去而可居矣。复，所以求魂，彻西北厞，所以安魂也。（此厞，异时甸人以为薪，然此时固非为为薪而彻之也。）……郑《注》义精而文奥，且有讹字，后人多以辞害意。[1]

丧礼始死当日，有招魂仪节。复者一人招魂完毕，降自后西荣，对此，郑玄以为"不由前降，不以虚反也"。贾《疏》的解释是："凡复者，缘孝子之心，望得魂气复反，复而不苏，则是虚反，今降自后，是不欲虚反也。"如此解释，文意已足，且各本皆无异文，前后亦无相似内容可互证，求之例的方法显然不适用，可曹氏偏认为"以"当为"似"，"不以虚反"应理解为"不似虚反"，并从孝子幸生之心的角度设想，给出自己的一番解释。暂且不论其正误，就其方法而言，正为理校法。至于其所说"后人多以辞害意"，针对的是胡培翚等人的说法。盖《仪礼正义》中，胡培翚认为郑玄"不由前降，不以虚反也"等等的解释有误，胡氏自下案语曰："此时复者方降衣于前，俾受者覆尸，以翼其生，岂在屋上即逆意其不生，而不由前乎？盖复者之降由后，示与升相变，亦为彻西北厞便也。"并引敖继公曰："降于此者，与升时相变也。下文设奠之类升降异阶者，其义皆然。"[2]胡培翚与敖继公从礼仪相变的角度对郑玄说提出质疑，曹氏不以为然。本来此一仪节距今久远，无法确知其含义，胡氏等人还只是提出不同见解，并没有改变经文。曹氏不但以为此处有讹字，且站在维护郑

① 曹元弼：《礼经校释》卷十七，见《续修四库全书》编纂委员会：《续修四库全书》第94册·经部·礼类，上海古籍出版社2002年版，第465页。

② 胡培翚：《仪礼正义》卷二十六，见北京大学《儒藏》编纂与研究中心：《儒藏》（精华编四八），北京大学出版社2016年版，第1228页。

《注》的立场上，批评胡氏等人"以辞害意"，主观的色彩至为浓厚，极典型地显示了曹氏此书"校释合一"和校勘受经学观念影响的特点。

应该说，礼例和经例的归纳运用虽然对于文本的研究有相当大的帮助，但因其作为方法本身并不具有完满自足性，分类不明、过于简化、以偏概全等问题的存在，使其在具体校释中有着一定的负面影响。曹氏这种"推比勘误"的校勘方法，既然立足于明例的基础之上，也就并非全然可靠。加之曹氏此方法乃继承郑《注》、贾《疏》甚至凌廷堪而来，故难免承袭前人之误而不自知。如《士丧》"陈一鼎节"，贾公彦所谓"后有体解、豚解"的部分，曹氏校曰："豚解二字衍。全脊即豚解也。"此处涉及的乃是《仪礼》中牲体的肢解方式与名称。曹氏认为"全脊即豚解"实则来自凌廷堪的《礼经释例》。凌氏认为七体为豚解，二十一体为体解，在二十一体的基础上更进一步分解牲体"折骨"，是为节解，而七体的豚解又名全脊。然而这一说法，与《国语》、《毛诗》、贾《疏》的说法不同。孙诒让结合《仪礼》《春秋》《左传》《国语》及前人诸说，提出脊解之法有五，其中全牲名全脊，七体名豚解，二者并非一物，据今人郑雯馨的研究，孙氏所言更为合理[1]，则凌氏单以《仪礼》为据，认为全脊即豚解，以偏概全，并不能与其他经典对应。曹氏承袭这一说法，自然也犯了相同的错误，其校勘结果自然不可信。

又曹氏这种"推比勘误"的方法，一旦其误读经文，则校勘结果自然不可靠。如《士丧礼》"主人拜宾节"，疏"以一面"，校曰：

"以"下似脱"缺"字。[2]

此朝夕哭奠时主人拜宾之节，经云："主人拜宾，旁三，右还，入门，

---

[1] 郑雯馨：《论〈仪礼〉礼例研究法——以郑玄、贾公彦、凌廷堪为讨论中心》，台湾大学博士论文，2013年，第342-345页。

[2] 曹元弼：《礼经校释》卷十七，见《续修四库全书》编纂委员会：《续修四库全书》第94册·经部·礼类，上海古籍出版社2002年版，第479页。

哭，妇人踊。"郑玄释"旁三"为："先西面拜，乃南面拜，东面拜也。"
贾公彦以为："知先西面，后东面者，以经云'旁三，右还，入门'，故知
先西面，后乃东，遂北面入门，以一面，故云'旁'。"曹氏据此文，仅
东、西、北面，故云"以"下似脱"缺"字，然此处所云"旁三"，乃对
大夫等特拜者而言，若士，则礼杀于大夫，故"旁三"即入门，并非方位
之义。曹氏熟读礼文，以例治经，竟致此误，可知欲彻底了解礼义实极非
易事。

另外还有一种情况，曹氏虽然根据注疏内容所推导的内容合理，但实
则根据经文上下之义，读者自能领会，并不需要特别校补，如《士丧礼》
"陈三鼎节"，疏"一依前敛时也"，校曰：

> "敛"上脱"小"字。①

此为丧礼陈设大敛衣奠及殡具仪节，经云："陈三鼎于门外，北上。
豚合升，鱼鱄、鲋九，腊左胖，髀不升，其他皆如初。"郑玄《注》："合
升，合左右体升于鼎。其他皆如初，谓豚体及七俎之陈，如小敛时，合升
四鬵，亦相互耳。"贾公彦《疏》："云'其他皆如初，谓豚体及匕俎之陈，
如小敛时'者，谓豚七体之等，一依前敛时也。"曹氏以为此处脱"小"
字，应为"一依前小敛时"。盖其本之上郑《注》皆云"小敛"，下贾
《疏》亦云"小敛云四鬵"等推断。但根据此经文仪节，此处乃陈设大敛
时之衣奠，实尚未大敛。故云"前敛"，即指"小敛"可知，似不用特别
补"小"字。

总之，根据上文的分析，可得出曹氏"推比勘误"的方式并不纯然等
同于理校法，今人对此的说法应予以修正。曹氏这一方法，就实质而言，
毋宁说是本校与理校的一种综合运用，且与其经学观念有极深的联系，乃
曹氏个人在明例以治经的基础上，融合前人之说，发明"以例校礼"，根

---

① 曹元弼：《礼经校释》卷十七，见《续修四库全书》编纂委员会：《续修四库全书》第94册·经部·
礼类，上海古籍出版社2002年版，第476页。

据经文、礼文内在之例，反复推考经注，详绎疏意之后所创的一得之说，与传统理校法的模糊笼统，更显具体可操作。即使以广义理校法目之，亦无法彰显其特色。但这一方法的不足在于礼例和经例的归纳运用，并不具有完满自足性，且对礼例与经例的归纳常犯有分类标准不定、过于简化礼文与应用范围有限等问题，加之曹氏此方法乃继承郑玄、贾公彦甚至凌廷堪而来，故难免承袭前人之误而不自知；或者其本身对于经文的误读而错判礼例，乃至过于求解，都会导致校勘成果的不可靠，对此皆应特别注意。

三、曹元弼经学观念对其校勘与释义上的影响及评价

《仪礼》一书，细节繁多，文字简省，古来难读。曹氏本人运用"推比勘误"之法，校正经文、注疏良多。但通过上文的分析，亦可见其校勘实与其经学观念相连，并非纯然客观之文献研究。因此若要评价曹氏此书的价值，必须结合其经学观念一起考虑。限于笔者学识，加之本书亦无法毛举曹氏全书细节，故下文仅就校勘学根本任务和《仪礼》相关礼义的阐发两个角度，分别论述曹氏经学观念对其实际校释工作的正负面影响，以期能对《礼经校释》一书的价值有更深入的评断。

（一）就校勘层面而言

校勘古籍的目的和任务是力求存真复原，努力恢复古籍的本来面貌，提供接近原稿的善本，简言之即存真复原①。但原稿不存，作者已逝，而很多重要古籍本身又都是多层次重叠结构，如《仪礼》一经，从其编定到汉代至少有两个传本：高堂生所传今文本、古文经本，其后今文经又至少延伸出大戴本、小戴本、刘向本、武威汗简本四个不同系统。就每一家传本而言，都已经具有双层构成。第一层是《仪礼》初编定时的文字和知识

---

① 有关校勘学目的和任务的解说，可参见王叔岷：《斠雠学》，"中央研究院"历史语言研究所1995年版，第6页；倪其心：《校勘学大纲》，北京大学出版社2004年版，第85页。

所构成，第二层是每家传授时对《仪礼》的文字、知识的理解所构成的。到了东汉，郑玄会通今古文，作《仪礼注》，可说是提供了一个全新的文本，如此在传本《仪礼》的双重构成中，又增加了一层。到六朝，陆德明作《经典释文》，汇集六朝旧说，又加一层；唐代贾公彦作疏，吸收黄庆和李孟悊的说法，融合自己所见，更多了一层。宋代之后，尤其明代，经注疏原本单行的局面被打破，《仪礼》经注疏合刻，可以说是把之前的诸重叠合在一起，情况更显复杂。这些已令校勘之学的进行困难重重。加上校者本身所存在的差别和分歧，都使得达到完全复原是困难的，在校勘实践中所体现出来的校勘原则亦并不完全一致。就校经而言，卢文弨与段玉裁（1735—1815）的观点颇具代表性。卢文弨《重雕〈经典释文〉缘起》云：

> 古来所传经典，类非一本。陆氏所见与贾、孔诸人所见本不尽同，今取陆氏书附于注疏本中，非强彼以就此，即强此以就彼，欲省两读，翻致两伤。[①]

段玉裁在《与诸同志书论校书之难》中说：

> 校书之难，非照本改字不讹不漏之难也，定其是非之难。是非有二：曰底本之是非，曰立说之是非。必先定其底本之是非，而后可断其立说之是非。……何谓底本？著书者之稿本是也。何谓立说？著书者所言之义理是也。……故校经之法，必以贾还贾，以孔还孔，以陆还陆，以杜还杜，以郑还郑，各得其底本，而后判其义理之是非，而后经之底本可定，而后经之义理可以徐定。不先正注疏释文之底本，则多诬古人；不断其立说之是非，则多误今人。[②]

---

① 卢文弨著，王文锦点校：《抱经堂文集》，中华书局2015年版，第24页。
② 段玉裁著，赵航、薛正兴整理：《经韵楼集·附补编·两考》，凤凰出版社2010年版，第313—317页。

卢氏所谓"所传经典，类非一本"，即指出经典的重叠结构，校书者断不可"强彼以就此"，否则歪曲原稿而多诬古人，或把注疏者之见解当作经文本意而多误今人。段氏文中所谓"底本"，指注疏者所根据之原文；"立说"指注疏者解释经典的义理。校经的前提工作必须是以贾还贾，恢复贾公彦等人的本来面貌，然后才判断是非。

曹元弼对此亦有所体认，故其书尤重视贾《疏》之校勘。针对胡培翚《仪礼正义》多排弃贾《疏》的做法，其曰："夫贾氏之书诚不能无误，然以弼观之，误者十之二，不误者犹十之八，皆平实精确，得经注本意。盖承为郑学者相传古义，非贾氏一人之私言也。特唐中叶后，治此经者鲜，故其文衍脱误错，多非其旧。学者当依文剖裂，以雪其诬，不得遂以为非。"①可见曹氏是有还贾《疏》面貌的企图，其"平心读之，顺其上下"，"旁推互勘，以义读正"的"推比勘误"之法恰能发挥极大的效用，其中例证上文已有涉及，今再结合其《礼经学》中，所谓"贾疏大例有二"：一据旧疏为本，一易旧疏之失来申论之。

曹氏根据贾公彦自序所云《仪礼》章疏，有黄庆、李孟悊二家，"庆则举大略小，经注疏漏；……悊则举小略大，经注稍周。……聊裁此疏，以诸家为本，择善而从"，发现贾《疏》虽据黄、李二家为本，但在疏中未尝称引黄、李，且"前后设文动多违戾，甚至一条中自相违戾，显非一人之言"，怀疑乃唐时"闾里书师将诸家姓名概加删弃，并入贾氏语中，卤莽灭裂，不顾文义。如近世村塾学究删《四书》朱注之为，遂使旧说湮没无闻，贾氏矛盾自陷，谬本相仍。至宋咸平校刊，更无完帙，而疏遂受诬千载，经义弥以不章"。并自言欲撰《仪礼旧疏考证》，将疏文一一推核，孰为旧义，孰为新义，俾科别条分，文从字顺，可惜未成。但这一看法在《礼经校释》一书中已有显露，如《既夕礼》"茵先入"，疏"大夫诸侯以上有四周谓之辂以其"，校曰：

---

① 曹元弼：《礼经校释·礼经纂疏序》，见《续修四库全书》编纂委员会：《续修四库全书》第94册·经部·礼类，上海古籍出版社2002年版，第539页。

阮云："十四字单疏、《要义》俱复出。案，疏文冗蔓，多类此，似非刊本误衍。"弼案：贾《疏》有极条畅处，有极简当处，实非不善行文者，唐以后治此经者鲜，故刊本衍脱讹错，积谬相仍，几不可读，要非作者本意。此十四字当系误衍，后人又以意删之耳。[①]

此段所涉礼仪为丧礼中至墓地下棺仪节，经云："至于圹，陈器于道东西，北上，茵先入。"疏文于此有关之处为："以其士殡葬不用辁轴，朝庙得用之，明大夫朝庙得用辁，故上注云'大夫诸侯以上有四周谓之辁'，以其大夫朝庙得用辁，故言之也。"若如单疏、《要义》等本重出"大夫诸侯以上有四周谓之辁，以其"十四字的话，文义不通。阮氏以为是贾《疏》本身风格冗蔓，不似为衍文，曹氏则反对之。认为贾《疏》用语有条畅，有简当，非不善行文者，乃是"刊本衍脱讹错，积谬相仍，几不可读，要非作者本意"，企图还贾《疏》以清白。姑不论曹氏辩驳是否准确，但有其十四字，使文义不通则为真，以衍文目之，似有理。

然而曹氏此种做法，虽云出自还原贾《疏》之义，但已先存"贾氏之书诚不能无误，然以弼观之，误者十之二，不误者犹十之八，皆平实精确，得经注本意"的观念，故在实际校勘中，并不能完全保持校勘学求真的任务，且所运用之"推比勘误"本身即带有推理之性质，并非全然可靠[②]。如《士丧礼》"入坐节"，疏"子姓皆坐于西方"，校曰：

此上似当补"今姑就文解之"一语。又案："此义恐错"以下，文颇难通。殿本移置云：……殿本移置甚善。命士不命士，贾盖承用

---

① 曹元弼：《礼经校释》卷十八，见《续修四库全书》编纂委员会：《续修四库全书》第94册·经部·礼类，上海古籍出版社2002年版，第487页。

② 如乔秀岩即认为曹元弼意在礼教，其校贾《疏》，"初不问何为宋本原字、何为贾氏原文，'依文剖裂'之余，割裂旧文，凭臆改作，删补辁至十余字，皆在所不惜"，甚至认为曹氏之功在阐述贾说，不在校勘贾文。(见《义疏学衰亡史论》，万卷楼图书股份有限公司2013年版，第219页)本书对此观点持保留意见，就校勘而言，应分别观之。

旧义而疑之，故云此义恐错。《既夕·记》：室中唯主人主妇坐节，疏义与此不同，则贾之自为说也。窃疑贾氏之书，据黄氏、李氏为本，而疏中称引，殊不概见。窃疑原本当先引二家，次下己语。后人删并为一，故全书内时有前后违互者，且有一节内文义不甚融贯者，又加以颠倒夺误，古书之受诬，经义之晦蚀，非一日矣。弼故就其原文，详为推勘，愿以此护惜古书之心，与天下学者共之尔。①

此段所涉为小敛时，主人以下室中哭位："入坐于床东。众主人在其后，西面。妇人侠床，东面。"贾公彦云：

> 众主人直言在其后，不言坐，则立可知。妇人虽不言坐，案《丧大记》妇人皆坐，无立法。言"侠床"者，男子床东，妇人床西，以近而言也。案《丧大记》："士之丧，主人、父兄、子姓皆坐于东方，主妇、姑姊妹、子姓皆坐于西方。"此义恐错。此经有不命士，《丧大记》无不命士，又与《大记》文不同，释亦不合。"子姓皆坐于西方"，注云"士贱，同宗尊卑皆坐"。此除主人之外不坐者，此据命士，彼据不命之士。知者，案《丧大记》云："大夫之丧，主人坐于东方，主妇坐于西方。其有命夫、命妇则坐，无则皆立。"是大夫丧，尊者坐，卑者立。是知此非主人皆立，据命士；《大记》云尊卑皆坐，据不命之士。②

这段疏文，自"此义恐错"之下，文义颇难贯通，为便于讨论，先将曹氏所提殿本移置文字录于下：

> 案《丧大记》：士之丧，主人、父兄、子姓皆坐于东方，主妇、

---

① 曹元弼：《礼经校释》卷十七，见《续修四库全书》编纂委员会：《续修四库全书》第94册·经部·礼类，上海古籍出版社2002年版，第466页。

② 郑玄注，贾公彦疏：《仪礼注疏》卷三十五，艺文印书馆1976年版，第410页。

姑姊妹、子姓皆坐于西方。郑注云"士贱，同宗尊卑皆坐"。此除主人之外不坐者，此经据命士，彼据不命之士。知者，案《丧大记》云："大夫之丧，主人坐于东方，主妇坐于西方。其有命夫、命妇则坐，无则皆立。"是大夫丧，尊者坐，卑者立。是知此非主人皆立，据命士；《丧大记》云尊卑皆坐，据不命之士。但此经有不命士，《丧大记》无不命之士，此又与《丧大记》文不同，释亦不合，此义恐错。①

所谓"此义恐错"，乃指根据《丧大记》文，则此"众主人不言坐则立之"恐错，若然，则贾《疏》自相违戾，且文义不通。自"此义恐错"下，阮元未出校，卢文弨《仪礼注疏详校》亦用殿本所校改。胡培翚《仪礼正义》则与之有不同理解，现引之如下，以为参考：

> 案：此经自主人而下不言坐，亦不言立。据下记，则自主人、主妇外，惟命夫、命妇坐，余则立。据《丧大记》，则士之丧自主人以下皆坐。二者不同。盛氏世佐谓众主人、妇人不言坐，蒙上"入坐"之文可知。又以《丧大记》与此记异，为各记所闻。张氏惠言《读仪礼记》云："案经云：'众主人在其后，妇人侠床。'俱不言坐，蒙上'入坐'文也。与《丧大记》正合。"据《丧大记》：君之丧，主人、主妇坐，余皆立；大夫之丧，主人、主妇、命夫、命妇坐，余皆立；士之丧则皆坐。似是等差如此。若士礼众主人以下立而不坐，则经亦当分别言之，不得仅云在其后也。盛氏、张氏之说似是。至下记所云，与《丧大记》所言大夫之丧合，愚意当是记大夫之礼，而文有讹脱耳。如《士冠》是士礼，而记兼及大夫以上礼。《乡射》是大夫、士礼，而记亦及诸侯以上礼。是其例也。不然，郑注下记云："别尊卑也。"注《丧大记》云："尊卑皆坐。"截然不同。若俱士礼，郑何

---

① 曹元弼：《礼经校释》卷十七，见《续修四库全书》编纂委员会：《续修四库全书》第94册·经部·礼类，上海古籍出版社2002年版，第466页。

无一言辨及乎？贾疏分别命士及不命之士，非。①

　　比读胡氏《仪礼正义》，可见其以为"不言坐"乃蒙上文可知，下《记》所云乃与《丧大记》所言大夫之丧合，并非针对士礼，且文有讹脱，故至前后似矛盾。贾公彦分别命士、不命士，乃贾自误。至曹氏，其显然赞同殿本之说，并针对贾公彦前后解说不一致的现象，"命士不命士，贾盖承用旧义而疑之"，以为乃贾氏节引黄、李二家之说，后自下己意，而后人删并为一，故导致疏文讹乱。这显然有修补胡氏《正义》之说的意思。曹氏根据其治经之法，"就其原文，详为推勘"。对于曹氏这种做法，日本学者仓石武四郎在其《仪礼疏考正》中并不认同：

　　　　今案此义恐错以下二十八字，盖后人驳贾氏分划命士、不命士之语，其云"释亦不合"，可为证本在旁或上下别记，传写误与疏文相连不晰也。诸家以为颠倒错置者，似未尽善。其与下《记》释抵牾，乃是曹氏所云"全书内时有前后违互耳"。所以然者，盖因南北章疏，贾氏多袭其文而没其名故也。曹云后人删并为一，似无确据。②

　　实则仓石武四郎所批评曹氏的"似无确据"，用在其自身亦为适用，盖其所得，亦大抵推测。拙见以为，此处或有脱简，故致贾《疏》前后矛盾，然无别本可校，阙疑可也。

（二）就释义层面而言

1.过尊郑《注》的经学倾向

　　曹元弼一生治学服膺郑玄，自号师郑，其《易》《书》《诗》《三礼》《论语》《孝经》笺释都以郑《注》为主。曹氏自言："此书专为学者通疏

---

① 胡培翚：《仪礼正义》卷二十六，见北京大学《儒藏》编纂与研究中心：《儒藏》（精华编四八），北京大学出版社2016年版，第1232页。

② 仓石武四郎：《仪礼疏考正》，崇文书局2018年版，第406页。

文、达注意、解经有所适从而作。"并表示要"依郑《注》解经文，据贾氏、胡氏为本，备载其是，刊去其非，隐恶扬善，增简削繁，屏绝肃继公、敬邪说，以正人心、闲圣道"①。通观《校释》全书，其对敖继公、郝敬可谓深致不满，常有"继公何足知注"②"继公说谬"③"敬有意求新，甚无谓也"④等语。曹氏之所以如此看重郑《注》者，盖因其认为：

> 盖郑君时去古未远，师传未失，邪说未兴，先秦传记、曲台石渠、刘氏《五经通义》、许君《异义》、卢氏《三礼解诂》等书完然具存，足以取证，而又重之以上哲之姿，纯贤之德，博极渊深之学，沈静精妙之思，神与古会，心与道一，宜其囊括大典，网罗众家，删裁繁诬，刊改漏失，无一字一句不得乎先圣之元意也。⑤

郑玄撰作《仪礼注》，体大思精，固然为礼家渊海。曹氏一尊郑《注》⑥，就好处言，在专研深入，洞察无疑，确能发郑《注》之微义，纠前人之失；坏处在过尊导致曲护，先入为主，少察其失。此正反两面在《礼经校释》一书中皆有体现。如：

（1）《公食大夫礼》："宾朝服即位于大门外，如聘。"郑玄《注》云："于是朝服，则初时玄端。如聘，亦入于次俟。"郑玄以为此处经文乃始言"朝服"，则前文宾必有未朝服者，推测其"初时"服玄端。贾《疏》释

---

① 曹元弼：《礼经校释·礼经纂疏序》，见《续修四库全书》编纂委员会：《续修四库全书》第94册·经部·礼类，上海古籍出版社2002年版，第539—540页。

② 曹元弼：《礼经校释》卷八，见《续修四库全书》编纂委员会：《续修四库全书》第94册·经部·礼类，上海古籍出版社2002年版，第213页。

③ 曹元弼：《礼经校释》卷八，见《续修四库全书》编纂委员会：《续修四库全书》第94册·经部·礼类，上海古籍出版社2002年版，第244页。

④ 曹元弼：《礼经校释》卷八，见《续修四库全书》编纂委员会：《续修四库全书》第94册·经部·礼类，上海古籍出版社2002年版，第251页。

⑤ 曹元弼：《礼经校释·礼经纂疏序》，见《续修四库全书》编纂委员会：《续修四库全书》第94册·经部·礼类，上海古籍出版社2002年版，第539页。

⑥ 有关曹氏此书撰作宗旨与对郑玄之推崇，可参考本书第一章和第三章，此不赘述。

之，曰："初时，谓宾发馆时服玄端，若《乡射》'主人朝服，乃速宾'，郑《注》云：'射，宾轻也，戒时玄端。'以此言之，亦宾在馆拜所戒大夫即玄端，宾遂从大夫至君大门外入次，乃去玄端，著朝服，出次即位也。"对郑玄之说，敖继公不以为然，其认为："拜命之时，宾固朝服矣。于此乃著之者，明其与聘服异。"后王士让、韦协梦皆申敖说。如《仪礼正义》载，王氏云："聘礼归饔饩，宾必朝服礼辞。此公食戒宾，宾再拜稽首，如亲对主君然，其必朝服可知。注谓初时玄端，未确。"韦氏云："宾与大夫行礼皆服朝服。大夫退而宾即从之，并无易服之节，则其先已朝服可知。必著之者，嫌聘时皮弁服，食礼盛，或亦与聘同也。"《仪礼正义》认为以上三人之说"似亦可从"①。但实际上，敖氏等人对于经文的理解是有所不足的，这一点，曹氏说得很清楚，其曰：

> 初时，谓辞时也。《聘礼》归饔饩，受以皮弁者，先以朝服辞。则此食礼用朝服者，当先以玄端辞。辞之服必降于其正行礼时，示不敢当也。惟初以玄端辞，故经于从使者至大门外，特言宾朝服。注据以为说，不可易也。不于宾出拜辱言之者，拜辱受命即从至大门外，中无间隔。于即位于大门外，言朝服，则出拜辱已朝服可知。必于即位言之者，明朝服为行食礼也。则辞食时不当朝服，亦明矣。《聘礼》曰：宾皮弁聘。至于朝，宾入于次。此云如聘，盖即位后，乃就次也。疏义未允，后人驳注更误。②

所谓"初时"，曹氏认为郑玄指的是"辞时"，即"使大夫戒，各以其爵。上介出请，入告，三辞"之时，宾应服玄端。这是准以聘礼归饔饩，"受以皮弁者，先以朝服辞"之例，聘礼正礼中，宾以皮弁聘，推出食礼

---

① 胡培翚：《仪礼正义》卷十九，见北京大学《儒藏》编纂与研究中心：《儒藏》（精华编四七），北京大学出版社2016年版，第894页。

② 曹元弼：《礼经校释》卷十，见《续修四库全书》编纂委员会：《续修四库全书》第94册·经部·礼类，上海古籍出版社2002年版，第300页。

中正礼以朝服，则辞时以玄端，因"辞之服必降于其正行礼时，示不敢当也"。惟此朝服为行食礼的缘故，故经文"从使者至大门外"，特言宾"朝服"以示与初时的区别。郑玄明白这一点，故注谓"初时玄端"，将经文未言者点出。所以经文不于宾出拜辱时言之，是因为从"拜辱受命"到"从至大门外"，一气呵成，叙述中并无间隔。于大门外言之，乃出于行文之便的考虑，也起到提醒读者的作用。实际上，宾三辞而出拜辱时，已有充足时间换成朝服。也即是说，宾服朝服即表示食礼正礼的即将开始，衣着的变化，其实蕴含着礼典进行过程的转换标志。是以，曹氏认为贾《疏》所谓"初时"，指"发馆"时未允，而敖氏等人否认存在玄端的说法更属误读了。

（2）《既夕礼·记》"养者皆齐"，注"忧也"，释曰：

> 《孝经》云："病则致其忧。"齐，正忧之至也。注训最当，胡氏议之，非。[1]

胡培翚《仪礼正义》以为："《校勘记》云：'《通解》无此注。'《曲礼》曰：'父母有疾，冠者不栉，行不翔，……笑不至矧，怒不至詈。疾止复故。'彼注亦以忧言之，故贾氏、李氏皆取以释此经，而详略不同。今案：养疾未有不忧，然忧之一字，未足以尽齐之义。齐之为言齐也。敖氏云：'养者齐，欲专心于所养者也。'吴氏廷华云：'言养，则滋培调剂之益，非侍疾者专一其心志不为功。'又云'两齐字理最精'，是也。"[2]胡氏首先考察异文，随之从齐之文字通假出发，指出齐的内涵，符合一般校释规律，似乎有理。但此处郑玄既明白只训为"忧"，且宋严州单注本、明东吴徐氏覆宋本、殿本皆作"忧也"，无异文，自当以郑《注》为主，

---

① 曹元弼：《礼经校释》卷十八，见《续修四库全书》编纂委员会：《续修四库全书》第94册·经部·礼类，上海古籍出版社2002年版，第489页。

② 胡培翚：《仪礼正义》卷三十一，见北京大学《儒藏》编纂与研究中心：《儒藏》（精华编四八），北京大学出版社2016年版，第1422页。

方符合其义。曹氏并引《孝经》所云，证成齐正忧之至，两者为递承关系，胡氏如此解说，反而逸出文本，未考虑郑《注》原意，过求其解。

（3）《士虞礼》"馐爨节"，校曰：

> 朔月荐新之黍稷，当煮于堂，与鬵余饭同处。此虞之馐，亨于爨，与特牲同，故云弥吉之义。贾疏言之甚明。虞为丧祭，据全礼言。有馐爨弥吉，据一事言，吴氏诬疏以及注，殊谬。[①]

郑《注》以为"于虞有亨馐之爨，弥吉"，贾《疏》曰："以其小敛、大敛未有黍稷，朔月荐新之等始有黍稷，向吉，仍未有爨，至此始有亨馐之爨，故云弥吉。"吴廷华（1682—1755）《仪礼疑义》对此表示怀疑："朔奠既有黍稷，断无馐爨之理，彼文略耳。贾谓彼未有爨，是以《士丧礼》所陈黍稷皆生矣，岂不大误？且虞本丧祭，乌得言吉？弥字亦习语，可厌。"[②]胡培翚认为此说似有理，存录以为参考。曹氏径以"诬疏以及注，殊谬"目之，态度可谓严厉、斩决。

然而曹氏尊郑《注》，亦时导致其曲为之说，不察郑氏之失，如：

（4）《既夕礼》"宵节"，注"为哭者为明"，释曰：

> 经言为燎于门内之右，则以避柩车明器，而不在中庭可知。注云"为哭者为明"，实有精意。照哭者，则兼照出入者可知。胡氏补出两义，未为不可，而谓注未的，则非矣。[③]

经文"宵，为燎于门内之右"，郑《注》云："为哭者为明。"贾《疏》

---

① 曹元弼：《礼经校释》卷十九，见《续修四库全书》编纂委员会：《续修四库全书》第94册·经部·礼类，上海古籍出版社2002年版，第494页。

② 胡培翚：《仪礼正义》卷三十二，见北京大学《儒藏》编纂与研究中心：《儒藏》（精华编四八），北京大学出版社2016年版，第1467页。

③ 曹元弼：《礼经校释》卷十八，见《续修四库全书》编纂委员会：《续修四库全书》第94册·经部·礼类，上海古籍出版社2002年版，第486页。

释之曰："必于门内之右门东者，奠于枢车西，鬼神尚幽暗，不须明；枢车东有主人，阶间有妇人，故于门右照之，为明而哭也。"胡氏《仪礼正义》曰："门内之右，即庭之东也。主人，众主人之位在焉，故云'为哭者为明'也。敖氏云：'此于门右者，宜远尸枢也。必远之者，亦谓鬼神尚幽暗。'今案：小敛为燎于中庭，此中庭有枢车明器，故移于门内之右，兼以照出入也。郑、敖二义似俱未的。"①曹氏所释，实大抵本于胡氏，但以为郑玄注已隐含其中精义，故认为其所补两义，未为不可之后下一转语，谓其"谓注未的"，非也。实则郑《注》是否有此义，不可知，曹氏乃曲为之说，其维护郑《注》可见一斑。

（5）《士丧礼》"决节"，释曰：

> 《周礼·缮人》注云：《士丧礼》曰：挟用正王棘若檡棘，则天子用象骨与？案：《乡射》注直言决以象骨为之，不言士有异。《缮人》注引《丧礼》者，以《乡射》《大射》正经不言决所用物，惟《丧礼》有文，故据以推天子礼耳，此郑注之慎也。②

郑玄《注》的最大问题，在于以《周礼》为本，以《仪礼》《礼记》类推诸侯以上制度，即如此处，《士丧》仅言士人所用引弓之决的材质，曹氏反牵合《周礼》以说，竟以郑《注》为慎，反不能辨别其中所失，正见其过尊郑《注》而不察其失。

2. 对经文、记文的看法

除推尊郑《注》之外，曹元弼对于《仪礼》经文与记文的作者和态度问题亦贯穿于《礼经校释》之中，成为影响其校、释内容的另一重要因素。关于《仪礼》经文，曹氏认为乃周公所作：

---

① 胡培翚：《仪礼正义》卷二十九，见北京大学《儒藏》编纂与研究中心：《儒藏》（精华编四八），北京大学出版社2016年版，第1397页。

② 曹元弼：《礼经校释》卷十七，见《续修四库全书》编纂委员会：《续修四库全书》第94册·经部·礼类，上海古籍出版社2002年版，第469页。

粤若稽古，周文公摄政践祚，诞保文武受命，太平德洽，郊祀后稷以配天，宗祀文王以配上帝，立万世人伦之极。朝诸侯于明堂，制礼作乐，颁度量，上承天明，下则地义，中理人情。监于二代，损益制中，经礼三百，曲礼三千，事为之制，曲为之防，以正君臣、以笃父子、以睦兄弟、以和夫妇、以设制度、以养生送死、以事鬼神上帝。吉凶宾军嘉以经之，冠、昏、丧、祭、朝、聘、射、乡以纬之。自大经大法，以至一名一物，莫不加圣心焉。于是尊亲之义达于四海，孝友、睦姻、任恤比户可封，灾害不生，祸乱不作。①

周公制礼，犹孔子作《春秋》。《春秋》一字一句皆褒贬所寓，《礼经》一字一句，亦皆名义所关。②

关于记文的看法：

《记》出七十子之徒，《服记》有子夏传者，卜氏弟子增续耳。③

由此看来，曹氏主张《记》之主体出于孔门，其中《丧服》一篇，《记》文则由子夏传之、弟子增续之。又在《礼经校释》卷六指出：

《记》本记经不备，盖礼坏之后，儒者及见逸经者著之，虽未必无千虑一失，而岂妄庸之徒所得轻议？④

---

① 曹元弼：《礼经校释·礼经纂疏序》，见《续修四库全书》编纂委员会：《续修四库全书》第94册·经部·礼类，上海古籍出版社2002年版，第531页。

② 曹元弼著，周洪校点：《礼经学》，北京大学出版社2016年版，第30页。

③ 曹元弼：《礼经校释》卷六，见《续修四库全书》编纂委员会：《续修四库全书》第94册·经部·礼类，上海古籍出版社2002年版，第129页。

④ 曹元弼：《礼经校释》卷六，见《续修四库全书》编纂委员会：《续修四库全书》第94册·经部·礼类，上海古籍出版社2002年版，第211页。

本于上述看法，曹氏在《礼经校释》一书中，面对稍有违背此两点者，即加驳斥。如《士丧》"士丧礼第十二"，校曰：

> 《檀弓》犹《春秋》之《公羊》《穀梁》也。其义至精，而事多传闻之误。即如《曾子问》篇于变礼，详考博辨，岂有《士丧礼》正经反未读者？而《檀弓》载曾子数事，皆为子游所非，一似曾子非见礼经者。学者当知求其义，不必泥其事也。万氏因此谓孔子时丧经无成书，误甚。[①]

《礼记·杂记下》记载："恤由之丧，哀公使孺悲之孔子学士丧礼，《士丧礼》于是乎书。"古时注家狃于周公制礼之说，对此所释多纡曲难通。万斯大身处清初，对此却有怀疑。《仪礼正义》引万斯大言曰："前此丧礼已亡，微孺悲之学，几无可考。故当时小敛之奠，曾子云在西方，子游云在东方。未成服而吊，曾子则袭裘，子游则裼裘。负忧之反柩，曾子以为礼，子游以为非。两贤并及圣门，于礼尚未能归一，由无成书可执也。然则《仪礼》十七篇，必谓尽出先王之旧，殆亦不深考也。"[②] 今传本《仪礼》十七篇，据现代学者研究，并不具有完整的结构性，也非出于一人之手，更不可能是周公所作，万氏对于《仪礼》作于周公的旧说提出怀疑，此言本较符合历史实情，奈何曹氏以《仪礼》为周公作，蕴含圣人精义，其时怎能无成书概加斥责，可谓先入为主，未能实事求是。

又《士虞·记》"祝俎节"，注"统于敦，明神惠也"。释曰：

> 《特牲》敦在西堂，执事俎在阶间，正也。此丧祭反吉，敦在阶间，则祝俎无馔处，于是别取神惠下逮之义，即置之敦东，俾统于

---

① 曹元弼：《礼经校释》卷十七，见《续修四库全书》编纂委员会：《续修四库全书》第94册·经部·礼类，上海古籍出版社2002年版，第464页。

② 胡培翚：《仪礼正义》卷二十六，见北京大学《儒藏》编纂与研究中心：《儒藏》（精华编四八），北京大学出版社2016年版，第1221–1222页。

敦，视吉祭执事俎则少东矣。圣人制礼，无所苟如此，两文对勘自明，胡氏失之。（郑云：统于敦，释敦东非释阶间也。此在敦东，自统于敦，特牲不在敦东，自不取统于敦之义，胡氏误会。）①

此段记文为："祝俎，髀、胳、脊、胁、离肺，陈于阶间，敦东。"根据上经文主人献祝时，"荐菹醢，设俎。祝左执爵，祭荐，奠爵，兴，取肺，坐祭，哜之"一段，知祝亦有俎。则此记补充经文所无，记祝俎之内容及陈设方位。胡氏对此表示怀疑，《仪礼正义》曰："云统于敦明神惠也者，上经云'馈黍稷二敦于阶间西上'，此记云'陈于阶间，敦东'，明此俎继敦而东，故注以为统于敦也。然阶间是陈俎常处，《特牲》亦云：执事之俎，陈于阶间。而敦在西堂，则统于敦之说，不可通矣。"胡氏认为敦在西堂，此云阶间，统于敦之说有误。实则经文、记文本非出于一人、一时，有所矛盾乃属常情。胡氏不明此理，自陷费解之中。曹氏则因《仪礼》为圣人作，其中自有深意，无所苟且，记文亦七十子后学所述，体例为一，与经文相对，是以曲从之说，以为胡氏自误，此皆因对经文、记文之态度所致也。

再如《士虞·记》"适尔节"，释曰：

王（笔者案：王引之）谓"适尔皇祖"上当有"荐此祫事"四字，斯不然也。凡言荐某事者，明是日所荐之事耳。三虞祝辞"适尔皇祖某甫"下，无复他文，故其上须言"祫事""虞事""成事"以明之。卒哭亦然。至卒哭饁明言隮祔，则其事已见，不复称荐某事矣。此辞"适尔皇祖某甫"下亦明言隮祔尔孙，则"适尔皇祖"之上，亦不得复言某事也。《特牲》云："谂此某事，适其皇祖某子。"《少牢》云："用荐岁事于皇祖伯某。"上言某事者，下皆更无他文例，与虞、卒哭同，与饁祔异，虞、卒哭、《特牲》、《少牢》之辞，辞之正例也，

① 曹元弼：《礼经校释》卷十九，见《续修四库全书》编纂委员会：《续修四库全书》第94册·经部·礼类，上海古籍出版社2002年版，第497页。

· 079 ·

馈及祔辞，辞之变例也。①

此段记文为："嘉荐、普淖、普荐、溲酒。适尔皇祖某甫，以隮祔尔孙尔孙某甫，尚飨。"郑玄《注》以为："欲其祔、合两告之。《曾子问》曰：'天子崩，国君薨，则祝取群庙之主而藏诸祖庙，礼也。卒哭成事，而后主各反其庙。'然则士之皇祖于卒哭亦反其庙。无主，则反庙之礼未闻，以其币告之乎？"是郑玄以为此乃是欲使死者祔于皇祖，又使皇祖与死者合食，须两告之。

王引之（1766—1834）《经义述闻》以为：

"适尔皇祖"之上，当云"荐此祫事"。祫者，合也，合于皇祖也。"荐此祫事，适尔皇祖某甫"，谓以此祫事适皇祖之庙而荐之，犹《特牲馈食礼》云"诹此某事，适其皇祖某子"，《少牢馈食礼》云"敢用柔毛刚鬣、嘉荐、普淖，用荐岁事于皇祖伯某"也。且虞称"虞事"，卒哭称"成事"，小祥、大祥称"祥事"，而祔独不称所荐之事，非祝辞之例矣。故"荐此祫事"之当在祔祭，可以他祭比类而得之也。荐祫事不言哀者，上文祝称"孝子"，已是吉祭之辞，不得复称哀荐，当与祥祭皆称"荐此"。盖"荐此某事"之文，祔与祥同。所不同者，或称"祫"，或称"祥"耳。"荐此祫事，适尔皇祖某甫"，与始虞之"哀荐虞事，适尔皇考某甫"相乱，遂至脱于此而反见于彼。于是始虞之祝与祔祭无别，解者虽曲为之说而终不可通矣。②

今比较二人，实则皆从文例出发，求之经文前后，所以异者，王引之从经文文本出发，详细比较前后经文，以为有脱文，所以导致文义不通；曹氏则认为记文自足，且《仪礼》祝辞有正例、变例，以此解说，求不通

① 曹元弼：《礼经校释》卷十九，见《续修四库全书》编纂委员会：《续修四库全书》第94册·经部·礼类，上海古籍出版社2002年版，第503页。

② 王引之撰，虞思徵、马涛、徐炜君校点：《经义述闻》，上海古籍出版社2016年版，第608页。

以为通。拙见以为似以有脱文为确。由此一例亦可见，同样从熟读经文，推比文例、礼例所得结果相反，正见有无先入为主之观念对校释有重要影响。曹氏认为记文出于孔门后学，比经文成书晚的看法是正确的，但认为记文自足，不承认其有累增现象①，完全相信记文的说法以解经则是不足取的。实则据今人的研究，对于《仪礼》的研究和诠释，可以参考记文，但不必然要相信其说法。曹氏身处晚清经学体系仍未崩溃的时代，尚未能跳出传统窠臼，取得与今人一致的科学看法，倒也不必苛责，但对其不足，后人自应心中有数。

总之，如果说推尊郑《注》，基于郑学，尚有其正负两面的影响，那曹氏以《经》为周公作，《记》不可诬的观念则直接影响其对许多问题的判断，而流于主观片面。此点是今人在阅读《礼经校释》时所要特别留意的。

四、结论

曹元弼《礼经校释》一书，发疑正读，探赜索隐，自谓"十年心力，尽在于斯"，是以自问世之日起，即受到当时人之推崇。如孙诒让在其《十三经注疏校记》之《仪礼》部分引据"曹校"者多达四十余处（《仪礼》总共不过一百八十条），王大纶以此书可与凌廷堪《礼经释例》、阮元《仪礼注疏校勘记》、胡培翚《仪礼正义》等相伯仲。然而其特色与成就究竟如何？为求深入认识曹氏此书的特点和价值，本章聚焦于曹氏此书的体例与引述方式，并探讨其"推比勘误"的校勘方法与传统理校法之间异同所在，进而讨论其实质与所受经学观念之间的影响。

首先，笔者认为曹氏此书除明确标明版本或"阮云"等校勘依据之外，仍有相当多的校勘内容未指出依据所在。经举例比对，可知其未标明依据处存在袭取卢文弨、阮元等情形，这与其自言"间有与前人暗合者，

---

① 关于《仪礼》经文与记文关系，可参考叶国良《论〈仪礼〉经文与记文的关系》，见《礼学研究的诸面向》，台湾清华大学出版社2010年版，第44—64页。

写定时辄删去之；或得于友朋启示、讨论所及，一字一句，必标其姓名"者不符。若读者不察，将其所有校勘内容皆作为曹氏个人成果，则势必影响对此书评价的准确性。明乎此点，无论是阅读还是评价方面，对于曹氏的各项校勘内容，都应当谨慎分析，只有剔除其袭取自前人的地方，方能进一步彰显曹氏的独特方法与成果，也利于后人评断其是非。后人的结论与前人的成果之间存在着千丝万缕的关系，因此在分析某一人的校勘专著时，亦当比而观之，避免犯单方面的错误，全部归功或归罪于某一人。

其次，笔者认为曹氏"推比勘误"的校勘法与传统理校法之间并不一致。曹氏发现有衍文、讹文、脱文的地方，多位于疏文中与前后礼例、礼仪有矛盾、冲突的地方，复根据《仪礼》本经注疏、前后经文而做出一定的推理以校正。这种方式与本校法有一定的相似之处，但究其实质曹氏的这种根据礼例、上下文之间的关联所作的校勘，与其经学观念重视"明例"是相一致的。曹氏是在郑玄、贾公彦、凌廷堪、胡培翚等人以礼例研究《仪礼》的基础上，做了进一步的区分与发展。归纳其原则，不外乎通晓"礼例""经例"，"以经解经，以经校经"。这一方法可以说是本校与理校的一种综合运用，与传统理校法的模糊笼统，更显具体可操作。即使以广义理校法目之，亦无法彰显其特色。但这一方法的不足在于，礼例和经例的归纳运用，并不具有完满自足性，且对礼例与经例的归纳常有分类标准不定、过于简化礼文与应用范围有限等问题，加之曹氏此一方法乃继承郑《注》、贾《疏》甚至凌廷堪而来，故难免承袭前人之误而不自知；或者其本身对于经文的误读而错判礼例，乃至过于求解。其在校释之时，对于礼例的处理，如果能符合礼经的共性与法则，则相对令人信服，反之，则失之臆断，其成果并不可靠。故对其书中的校勘成果，当还视其礼例、经例的正误，分别观之。

最后，笔者从校勘与释义两个层面认为曹氏的校释成果与其经学观念之间存在紧密的联系，甚至受其影响颇深。就校勘而言，曹氏虽有意图还原贾《疏》的原貌，但先已预存了贾《疏》"误者十之二，不误者十之八"，"学者当依文剖裂，以雪其诬，不得遂以为非"的经学观念，导致曹氏在具体实践中并不能完全做到校勘学"存真复原"的根本任务。从释义的层面来说，曹氏一生服膺郑玄，对于郑《注》的维护远较凌廷堪、胡培翚等人严重。其释义往往从郑学的立场出发，未能做到实事求是。从正面而言，固然可以发郑《注》之微义，纠前人之失；反面在于过尊导致曲护，少察其失，违背了现代学术的客观、求是的宗旨。另外，曹氏对于《仪礼》一书的作者采取周公制礼的旧说，认为《仪礼》记文自足，不承认其有累增现象，完全相信记文的说法以解经的观念，严重影响了其对许多问题的判断，而流于主观。然而，曹氏的这些观念与当时的时代背景实有密切的关联，作为研究者而言，对其立场应抱同情之理解，然对具体之成果，则要科学分析。笔者也无意否定曹氏此书在经学史上的学术价值，只是就校勘学立场指出其中问题。

综上所述，曹氏《礼经校释》一书最见出彩之处即在其"以例校礼"的方法与对郑《注》之诠释。然而其利用推比所得的校勘结论，固然有其根据所在，但在没有更多文本材料支持的情况下，很多时候仅能提供参考，不可以为定论。后来人立于现代的学术立场，对于《仪礼》一书的成书年代与性质自较曹氏来的科学与准确，在此基础之上，吸收其"推比勘误"的长处，在《仪礼》的校勘与释义上当能较清人更进一步。

第三章　曹元弼《礼经校释》的诠释特色

曹元弼作为清末民初著名经学家，治学以礼为核心，融会群经，借由礼教大义的弘扬以维持纲常名教，是以犹重礼经大义的弘扬。其《礼经校释》一书，始于光绪九年（1883），成于光绪十七年（1891）。全书二十二卷，"专为学者通疏文、达注意、解经有所适从而作"[1]，为其礼学研究代表性成果。此书名曰"校释"者，"校者，校经注疏之讹文，释者，释经注疏之隐义"[2]。其撰述宗旨，据曹氏自言：

> 圣清之兴，右文稽古，通人达士，应运而生。张氏尔岐，创通礼经大义，依郑《注》作《句读》，据唐石经校监本。其后名儒接踵而出，考正疑讹，阐发谊理，专门名家之学，粲然可观。而阮氏元《仪礼校勘记》，胡氏培翚《仪礼正义》集其大成。但阮氏校各本异同，而众本并讹，则未及读正，学者于疏文，仍不免隔阂难通。胡氏依注解经，而于注之曲寻道意、迥异俗说者，或反以为违失而易之。又多采元敖继公、明郝敬两妄人说，而引贾《疏》特少，时议其非。皆其千虑之失也。元弼年十五，初治是经。十七，先姚倪大恭人授以胡氏《正义》，沈研钻极，盖亦有年。悯贾氏之书条理详整，而剥蚀丛残，沈薶千载。平心读之，顺其上下，推其本意，正讹补脱，乙衍改错，

---

① 曹元弼著，周洪校点：《礼经学》，北京大学出版社 2016 年版，第 410 页。

② 曹元弼：《礼经校释》卷首《南书房翰林覆奏》，见《续修四库全书》编纂委员会：《续修四库全书》第 94 册·经部·礼类，上海古籍出版社 2002 年版，第 113 页。

不下千余处，为贾《疏》后校而后贾免于诬。又以胡氏之书体大思精，深恐小疵或累大纯，取其所引各说，异于注者，推其致误之由，为《正义》订误而后经义不为异说所淆。①

可见此书在校勘方面，欲补阮元《仪礼注疏校勘记》之阙失，在释义上则欲纠胡培翚《仪礼正义》对郑《注》之违失。其内容尽管以"校订贾《疏》为主"，但"固以彰显经注义理为目标"②。此因曹氏不满于胡氏《仪礼正义》中附注、订注之"例"，以为"郑义广大精微，非后人所当轻议"，"窃欲精研郑《注》，以上达周公、孔子之神旨"③，故在释义上与胡氏《仪礼正义》随文释义的"新疏"体例相区别，乃针对《仪礼正义》中郑《注》之外的异义或纠纷难明之经文的释解，维护和发扬郑学的立场明显。本书上一章已就曹氏此书校勘特色与成就做了较为深入的探讨，本章则针对其诠释特色详为讨论，以进一步厘清曹氏《礼经校释》一书的学术价值④。

简而言之，笔者以为曹氏《礼经校释》在释义上最大的特色也是其最为出彩的部分，一是对郑玄注解（以下简称郑《注》）的发微，二是对《仪礼》礼义的揭示。这二者实则一体两面，互相关联，因为郑玄本身即在融贯全经、深明礼义的基础上创为注解，曹氏循此郑学脉络，往往于申述郑《注》之中，凸显礼经大义；又时常借由礼义的诠释，以彰明郑《注》之精微。以下即择要陈述，见其诠释特色。

---

① 曹元弼：《礼经校释·叙》，见《续修四库全书》编纂委员会：《续修四库全书》第94册·经部·礼类，上海古籍出版社2002年版，第528页。

② 乔秀岩：《仪礼疏考正解题》，见仓石武四郎：《仪礼疏考正》，崇文书局2018年版，第10页。

③ 曹元弼：《礼经校释》卷一，见《续修四库全书》编纂委员会：《续修四库全书》第94册·经部·礼类，上海古籍出版社2002年版，第115页。

④ 学界有关曹氏礼学在释义方面的研究，以郭超颖《曹元弼〈仪礼〉学研究中的几个问题》（《〈仪礼〉文献探研录》，人民出版社2020年版，第159–179页）一文为代表，指出曹氏在对郑玄礼义的申说上贡献极大，惜论述较零散。

一、注重申发郑《注》之隐义

郑《注》简奥，初学读之往往不得要领，曹氏往往能在领会郑《注》精神的基础上，做进一步的申发，从而为后学更好的凸显郑《注》礼义。如《仪礼·乡射礼》中，"主人戒宾。宾出迎，再拜。主人答再拜，乃请"一节，郑《注》云："告宾以射事，不言拜辱，此为习民以礼乐，不主为宾己也。"这里郑《注》"不言拜辱"，乃是针对《乡饮酒礼》中"主人戒宾，宾拜辱。主人答拜，乃请宾"的仪节，同是请宾，一言拜辱，一不言拜辱，郑玄认为《乡饮酒礼》的拜辱，是宾"出拜其自屈辱至己门"，表达对主人自屈尊的感谢，因乡饮酒礼主要在尚贤能，主人以宾礼相待，故宾出而拜辱；反观乡射礼，《礼记·射义》言："古者，诸侯之射也，必先行燕礼；卿大夫之射也，必先行乡饮酒之礼。故燕礼者，所以明君臣之义也；乡饮酒之礼者，所以明长幼之序也。"又郑玄《三礼目录》称《乡射礼》为"州长春秋以礼会民，而射于州序之礼"，足见举行乡射礼的礼意在会民行礼，使民"观德行，讲道义"。是以郑玄以"习民以礼乐，不主为宾己"释之。正因郑玄熟知《乡饮酒礼》与《乡射礼》两种礼意的不同，故能取彼释此，彰显经文细微的差别。读者如果不具备对这两种礼典的基本认知与对郑《注》的熟悉，则对此处郑《注》的微义将会有所不明。如盛世佐即认为："《乡饮酒礼》两云'宾拜辱'，此则云'迎送者拜辱'，明其意迎送，指其事无异也，注说似求之过矣。"[1]《仪礼正义》引之而无驳。对此，曹氏申之曰：

> 彼为宾己，礼主于一人，其义隆，故重之而曰"拜辱"。此习民以礼乐，礼不主于一人，其义杀，故但言迎送而已。礼有事同而义异

---

① 盛世佐撰，袁茵点校：《仪礼集编》卷五，浙江大学出版社2021年版，第219页。

者，此类是也。盛说非。①

曹氏从宾主关系以及礼典归属的角度，对郑玄《注》的礼义做了进一步的申发。所谓"彼为宾己，礼主于一人"，正是说明乡饮酒礼乃为宾而设，宾为礼典活动的中心，礼意隆重，面对主方的邀请自当谦让推辞，故言"拜辱"，拜其专为自己而来；而乡射礼的目的在"习民以礼乐"，礼典活动并非专为宾而设，是"礼不主于一人"，故不需特意"拜辱"以回礼，但言迎送而已。最后，曹氏将此类归纳为"礼有事同而义异者"的礼例，从理论提炼的层面帮助读者更好地理解。

又《仪礼》中有多处涉及主人"崇酒"的仪节，如《乡饮酒礼》："主人坐奠爵于序端，阼阶上北面再拜崇酒。宾西阶上答拜。"《乡射礼》："主人坐奠爵于序端，阼阶上再拜崇酒。宾西阶上答再拜。"以上仪节为宾在得主人献酒后，宾回敬主人，主人饮毕之后将爵放于东序南端，在阼阶行再拜礼，感谢宾崇酒。对此两处仪节，郑玄在"崇，充也"的前提下，或曰"言酒恶，相充实"，或曰"谢酒恶相充满"。总之，郑玄认为主人"崇酒"是指自己所备酒薄粗恶，不足以让宾充实，感谢其不辞鄙陋之意，以回应此前宾答"告旨"（称酒美味）的行为。

然而对于"崇酒"的理解，后人与郑玄多有不同。如敖继公认为："崇，重己，酒不嫌其薄而饮之既也，故拜谢之。"对此，《仪礼正义》引盛世佐之言曰："详注意，盖谓以恶酒充宾腹，故拜以谢也。于经义未为大失，然训崇为充，充字并无酒恶之义，势必添字乃通，固不如敖氏之直截也。"《仪礼正义》于盛说之后，亦曰："主人崇酒当宾之告旨，主人献宾而宾告旨，重主人之旨酒饮己也。宾酢主人，而主人崇酒，酒，己物也。卒爵而拜，重宾之不嫌其薄而饮之既也。"②可知盛氏、胡氏皆赞成敖

① 曹元弼：《礼经校释》卷五，见《续修四库全书》编纂委员会：《续修四库全书》第94册·经部·礼类，上海古籍出版社2002年版，第178页。
② 胡培翚：《仪礼正义》卷五，见北京大学《儒藏》编纂与研究中心：《儒藏》（精华编四七），北京大学出版社2016年版，第263页。

说。此外，清初姜兆锡另有一种说法，他说："崇之言隆。谓之崇酒者，谢宾酢之隆施耳。"盛世佐、黄以周皆以为可从，《仪礼正义》亦摘录之。黄氏《礼书通故》认为："拜崇酒者，酒本己物，此重其酒自宾酢而拜之也。"①

考上述诸家的立论出发点，乃基于郑玄训"崇"为"充"，而"充"并无酒恶之义这点，转而训"崇"为"重"或"隆"，从而将此句的理解重心由主人转移到宾的身上。但是通观《仪礼》可以发现，凡涉及酒食待客之礼，主人对宾崇酒，表达感谢，是出于宴请主方的自谦，担心自己酒食粗恶无法令客人尽欢。这与时至今日，中国人在请客时，无论酒食多么丰盛，主方仍习惯以"一点薄酒，招待不周"来答谢宾客的心理是相通的。如果训"崇"为"重"或"隆"，以宾崇重己酒而拜谢，则有妄自尊大的嫌疑，与礼学"自谦而敬人"的精神不符。那么到底如何理解郑玄的说法呢？曹氏对此认为：

> 实，犹满也。《少牢》经曰："皇尸未实。"盖食之饮之，皆欲其充实饱满，宾、尸一也。故《诗》曰："既醉以酒，既饱以德。"主人之意，惟恐酒恶不足以实宾，而宾饮之既，且告之旨，故拜谢之。孔子曰："少施氏食我以礼，吾祭，作而辞曰：'疏食不足祭也。'吾飧，作而辞曰：'疏食也，不足以伤吾子。'"疏食即谢酒恶之意，祭与飧则充实也。崇酒犹言实酒，尽爵成礼之义也。谓之崇酒者，先王法度之言，如此充字无恶义，而拜充酒之故，则谢酒恶与宾之告旨相应。告旨可以观敬，崇酒可以观忠，《诗》曰："虽无旨酒，式饮庶几。"此之谓也。盛氏训崇为重，不如注义之亲切，余家违失经意，更不足辨。②

---

① 黄以周撰，王文锦点校：《礼书通故》，中华书局2010年版，第1032页。
② 曹元弼：《礼经校释》卷四，见《续修四库全书》编纂委员会：《续修四库全书》第94册·经部·礼类，上海古籍出版社2002年版，第161页。

曹氏将郑《注》"言酒恶，相充实"的"实"，释为满。并引《少牢馈食礼》中"皇尸未实"为例，认为劝食劝饮，皆在令人"充实饱满"，宾、尸虽然角色不同，但欲其"充实饱满"则是一样。故"主人之意，惟恐酒恶不足以实宾"，而宾不以为意，既一饮而尽又"告旨"称美，故主人要拜谢。曹氏还引用了孔子的故事，以证明"崇酒犹言实酒"，经文言"崇酒"，乃"先王法度之言"。"充"本身虽然没有"恶"的意思，但放在此处语境中，与宾告旨相对，实际上即指酒恶之义。更难得的是，曹氏还发挥出"告旨可以观敬，崇酒可以观忠"的礼义，将《乡饮酒礼》中主宾双方行礼的内在精神揭示了出来，其《礼经学》中亦言："宾告主人以旨，主人谢酒恶，所以致敬致让。"①使得郑《注》的礼意更显圆满。从这一角度来说，郑玄的诠释能够更好地体现出主人的心理和经文背后的礼义，敖继公、盛世佐等人的说法自然不如"注义之亲切"。

二、发挥郑玄"依经立义"之说

《仪礼》经文错综回环，以"礼典"为核心，讲究仪节委曲繁重。郑玄注解《仪礼》，往往"缘经作注"，对《仪礼》文本特色有着精要的把握。曹氏认为郑《注》所以可尊，就在其从经文出发，"依经立义"②，在熟读礼文的基础上，把握礼经特色，创造性建构了自身的注解体系，从而达到"周公作经，义例精密如此，惟注能见其深"③，"文义最与经合"④，"注据本经为说，义最明"⑤的境界。如《乡饮酒礼》："乃席宾、主人、

---

① 曹元弼著，周洪校点：《礼经学》，北京大学出版社2012年版，第80页。

② 曹元弼：《礼经校释》卷八，见《续修四库全书》编纂委员会：《续修四库全书》第94册·经部·礼类，上海古籍出版社2002年版，第243页。

③ 曹元弼：《礼经校释》卷八，见《续修四库全书》编纂委员会：《续修四库全书》第94册·经部·礼类，上海古籍出版社2002年版，第243页。

④ 曹元弼：《礼经校释》卷十七，见《续修四库全书》编纂委员会：《续修四库全书》第94册·经部·礼类，上海古籍出版社2002年版，第480页。

⑤ 曹元弼：《礼经校释》卷二十，见《续修四库全书》编纂委员会：《续修四库全书》第94册·经部·礼类，上海古籍出版社2002年版，第506页。

介，众宾之席皆不属焉。"郑《注》："席众宾于宾席之西。不属者，不相续也。皆独坐，明其德各特。"关于郑《注》所言"众宾皆独坐"的说法，后人提出质疑。如秦蕙田云："众宾席于宾西南面，宾长三人，即《乡饮酒义》所谓三宾也。不属者，谓众宾之席不与宾相属，所以尊宾也。《乡射》主习民以礼乐，故众宾之席继宾而西，不相别异。若《乡饮》主于兴贤，宾则贤能中尤异者，故特贡之。众宾既不与于贡，安得不与宾相别？注谓众宾皆独坐，似未得经旨。"盛世佐亦认为："注家误看经文'皆'字，谓众宾皆独坐，则犹未尽也。经意盖谓主人、介、众宾之席皆不属于宾耳，非谓众宾各不相属也。宾是所兴贤能之人，故别异之。彼众宾者既不得与于贡，则其德故相埒也，焉得人人而别之乎？"①是秦、盛二人从宾与众宾之别的角度，认为经文"不属"是指众宾之席皆不属于宾，并非指众宾之间互不相续。那么，此处经文所指究竟为何？曹氏释之曰：

> "乃席宾、主人、介"句，言为宾、主人、介布席也。"众宾之席皆不属焉"句，言为众宾布席，其席皆不相属也。皆者，皆众宾三人，不兼宾、主人、介。宾、主人、介之席，面位各殊，相去悬绝，无所谓属不属。言不属者，本有属道也。不属，谓众宾自不相属，非谓与宾不属。宾是当日至尊，其不得与之相属不待言。又宾有席西拜之礼，其席自不得与他席属。经云"皆不属"，若谓与宾不属，则惟指三人中之首一席，不得云"皆"，故知"不属"是众宾自不属也。属者继也。《乡射》云："众宾之席继而西。"亦谓众宾自相继，非与宾相继。彼云"继"，此云"不属"，明其礼殊。所以然者，彼习众庶，示以亲睦之风，不为殊别。此宾贤能，取各自成德之义，使之独坐，明其道明德立，不流不倚。此礼家微言，不可易也。此经之不属，与《乡射》之继正相对为文。不属即不继也。后人歧"属"与"继"为二义，反谓不属即继，显与经背，由不知不属与继之，皆专

---

① 胡培翚：《仪礼正义》卷五，见北京大学《儒藏》编纂与研究中心：《儒藏》(精华编四七)，北京大学出版社 2016 年版，第 229—230 页。

属众宾耳。①

从上文可知，曹氏赞同郑玄之说，以"不属"为众宾之间不相续，所以然者，因曹氏认为此处经文"众宾之席皆不属焉"，指为众宾布席，其"皆"字不兼宾、主人、介，与上文"乃席宾、主人、介"并非一体。因宾、主人、介之席，面位各殊，相去悬绝，本身并不存在属不属的问题。经文既然言"属"，则自有其"属"之原因。乡饮当日，宾为至尊，众宾不与其相属是再明白不过的道理，根本无需特别指出。经云"皆不属"，如果是指与宾不属，那么也只可能指众宾中之首一席，如此也不得云"皆"字，故郑玄知"不属"是众宾"自不属也"。曹氏并引《乡射》认为"属者继也"，不属即不继的意思。那么乡饮酒与乡射经文一言"不属"，一言"继"，用字不同，其义安在呢？这是因为乡射礼"习众庶，示以亲睦之风，不为殊别"，故众宾皆相继而坐，乡饮酒礼"宾贤能"，取各自成德之义，故使之独坐，从而"明其道明德立，不流不倚"，也即郑玄所谓"明其德各特"之意。后人"不知不属与继之，皆专属众宾"，实在是因为没有进一步理解经文语境，误认为乡饮酒礼"宾贤能"只是尊宾一人，众宾皆沦为陪衬的角色，从而"显与经背"。故郑玄"独坐"之说，正是其依经作注的重要表现。

曹氏尝曰："礼是郑学，当以注为正。"②与郑《注》依经立义相反的，曹氏往往驳之为"背经反传""凭臆说经"，甚至认为"背注必至诬经"，"非圣无法之渐，可不大为之坊哉"③。如《燕礼》"小臣设公席于阼阶上"节，郑《注》："后设公席者，凡礼卑者先即事，尊者后也。"燕礼先由"司宫筵宾于户西，东上"，射人告具之后，小臣乃设公席，对此郑玄认为

① 曹元弼：《礼经校释》卷四，见《续修四库全书》编纂委员会：《续修四库全书》第94册·经部·礼类，上海古籍出版社2002年版，第154—155页。

② 曹元弼：《礼经校释》卷九，见《续修四库全书》编纂委员会：《续修四库全书》第94册·经部·礼类，上海古籍出版社2002年版，第290页。

③ 曹元弼：《礼经校释》卷八，见《续修四库全书》编纂委员会：《续修四库全书》第94册·经部·礼类，上海古籍出版社2002年版，第247页。

属于"礼卑者先即事，尊者后也"，即宾卑当先行事，故其席先设；君尊不先以劳，故后设的行礼原则。但朱子认为："此篇与《大射》虽设席先后不同，然皆公先升即位，然后纳宾，非卑者先即事也。但其言偶不同耳，不当据此便生异义也。"朱子比观《大射》中"小臣设公席于阼阶上，西向。司宫设宾席于户西，南面，有加席"，认为两者设席先后虽有不同，但皆"公先升即位，然后纳宾"，非卑者先即事，只是"其言偶不同"。后盛世佐也从比较《大射》的角度，进一步指出："大射之礼重于燕，燕礼之宾卑于大射，于加席之有无见之矣，惟设席之次亦然。大射先设公席，后设宾席，宾犹得与公序也。此设公席在告具之后，则不得与宾序矣。君益尊而宾益卑，此其所以异与？注说宜不为朱子所取也。"[1]盛氏认为大射礼重于燕礼，但燕礼之宾卑于大射。设席先后不同，反映的是"君益尊而宾益卑"的情况。对于朱子、盛世佐与郑玄的不同说法，曹氏曰：

> 《燕礼》主欢，有以下道上之义，故先设宾席。《大射》主敬，有自上治下之义，故先设公席。至公升即位，则固不易之道，二礼所同，不得以彼决此。经发首一言小臣戒与者，一言君有命戒射，事同而文异，圣人之情见乎辞矣。朱文公犹未达注义，盛氏自为说，更非经意。[2]

在曹氏看来，《燕礼》与《大射》二者的礼义不同，前者"主欢"，后者"主敬"，先后不同反映的正是礼典精神的相异，至于"公升即位"，乃是如郑《注》所谓"礼卑者先即事，尊者后也"，反映的是礼事活动中，因君为至尊，皆臣等先即事，待准备工作完成，正礼开始，君方莅临之的普遍情况，如《燕礼》与《大射》，卿大夫等门外就位、具馔之后，君方

---

① 胡培翚：《仪礼正义》卷十一，见北京大学《儒藏》编纂与研究中心：《儒藏》(精华编四七)，北京大学出版社2016年版，第523页。

② 曹元弼：《礼经校释》卷七，见《续修四库全书》编纂委员会：《续修四库全书》第94册·经部·礼类，上海古籍出版社2002年版，第217页。

即席纳宾而入，故"不得以彼决此"。至于经文于二礼篇首，一言"小臣戒与者"，一言"君有命戒射"，正体现出圣人对此两种礼典不同精神的描写，是"圣人之情见乎辞"。两者不同，并不是如盛氏所谓的"君益尊而宾益卑"的情况，故而曹氏批评"朱文公犹未达注义"，"盛氏自为说，更非经意"。

又如《燕礼》："司宫兼卷重席，设于宾左，东上。"郑《注》："重席，重蒲筵缁布纯也。"这是《燕礼》中主人献卿的仪节。《仪礼》中凡设席之法，一种席，称重席；加席，乃席上设异席。张尔岐《仪礼郑注句读》曰："重席，但一种席重设之，故注云'重蒲筵缁布纯也'。加席则于席上设异席，如《公食大夫·记》云'司宫具几与蒲筵常，缁布纯，加萑席，寻，玄帛纯'是也。"①可知郑《注》本甚分明。然而《仪礼正义》引吴廷华之言曰："《周礼·司几筵》'大朝觐'疏云：初在地者一重谓之筵，重在上者谓之席。上经司宫筵宾，疏说亦然。此经筵宾无加席，是就初在地一重言之，故只曰'筵'。《乡射·记》言'蒲筵，缁布纯'，《公食·记》'蒲筵常，缁布纯'同，当俱指在地一重。其上一重，则据《司几筵》，设莞席，加缫席，加次席。《公食·记》蒲筵加萑席，是加席，与下一重之筵不同。此注以重为重蒲筵，非也。盖因乡饮酒有加席，而彼经只言蒲筵，故以重蒲筵意会言之。要知此经重席，当即是加席。《乡饮酒礼》先曰'重'，后曰'加'，盖重即加耳。"②吴氏在此，取证《乡饮酒礼》与《公食大夫礼》，认为此处重席，"当即是加席"，以郑《注》为非。对此，曹氏释曰：

> 重席，一种席重累设之，加席，则以别种席加于此席之上，经文重席加席，截然不同。至一重再重之言，则重席加席皆得称，吴氏不

---

① 张尔岐：《仪礼郑注句读》，学海出版社1981年版，第248页。

② 胡培翚撰：《仪礼正义》卷十一，见北京大学《儒藏》编纂与研究中心：《儒藏》（精华编四七），北京大学出版社2016年版，第549页。

审文例，妄为牵合，非也。①

曹氏从经文言重席加席截然不同的角度，首先指出重席与加席的各自含义。随后指出经文中确实存有加席（即异席），也有称重的情况存在。如《乡饮酒礼》："大夫则如介礼，有诸公则辞加席，委于席端，主人不彻。无诸公，则大夫辞加席，主人对，不去加席。"郑《注》："加席，上席也，大夫席再重。"《乡射礼》："大夫辞加席，主人对，不去加席。"郑《注》："辞之者，谦不以己尊加贤者也。不去者，大夫再重席，正也，宾一席重。"何以郑《注》以"加席"为"重席"而非"异席"？盖因《乡饮酒礼》有"席于宾东，公三重，大夫再重"之文，结合《礼记·礼器》"诸侯之席三重，大夫再重"，可知君席三重，大夫再重为正礼。但在《燕礼》中，因燕乃私乐之礼，君臣燕饮崇恩尚欢，故君席两重，于是卿大夫为避君，咸辞重席，以示屈臣而尊君。若《公食大夫礼》，乃宴异国之宾，故以异席"蒲筵加萑席"为敬，正如《聘礼》："礼宾。"郑《注》："《周礼》曰：筵国宾于牖前，莞筵纷纯，加缫席画纯。"吴氏牵合《燕礼》宴私臣与《公食大夫》宴异国之宾两者，没有弄清经文所指，确如曹氏所说"不审文例"，因此为非。对于这种"好生异说，以歧经意"的做法，曹氏反复提醒学者"当以为深戒"②。

三、通过礼例发挥郑《注》微义

曹氏发挥郑玄之义的另一重点，是对经例和礼例的揭示来申说郑《注》的微义，或者说，即探讨了郑玄注解为什么合理的背后原因问题。在礼书的研究及考释中，"例"被学者认为是当务之急，所谓"礼有礼之

① 曹元弼：《礼经校释》卷七，见《续修四库全书》编纂委员会：《续修四库全书》第94册·经部·礼类，上海古籍出版社2002年版，第222页。

② 曹元弼：《礼经校释》卷七，见《续修四库全书》编纂委员会：《续修四库全书》第94册·经部·礼类，上海古籍出版社2002年版，第217页。

例，经有经之例，相须而成"，曹氏承凌廷堪、陈澧之后，治礼重例。其《礼经学》一书，详举法则，依序建立明例、要旨、图表、会通、解纷、阙疑与流别等七目，创为通论，于晚清之际，最为丰赡而具条理。其认为郑玄因先通《春秋》，又精《汉律》，故其说"经例至密"①。在《礼经学》中，曹氏不但根据郑《注》，总结《仪礼》经文五十例，还特别指出"治礼者必以全经互求，以各类各篇互求，以各章各句互求，而后辞达义明，万贯千条，较若画一"的治学主张。关于《仪礼》中"例"的划分，有学者指出就内容而言，大约可分经例、礼例、义例三个层次。"经例，就是如何写；礼例，就是怎么做；义例，就是为何如此做"②。然而实际分析、应用时，这些区别并无法明确分割，内在实相互关联。故《仪礼》中的凡言、例句以及有关于礼的必然性规则等皆可视为"礼例"。如《燕礼》："公又行一爵，若宾若长，唯公所酬。"郑《注》："若宾若长，则宾礼杀矣。"郑玄认为此处经文"若宾若长"，乃"或酬宾或酬公卿之长者"，反映的是燕礼过程中，宾的地位之变化。对此，后人多有不同见解。如敖继公认为："长，公若卿之尊者也。至是云'若长'者，公卿已在堂，故君得酬之。君酬之，是亦宾之也，故其为礼与正宾同。此酬主于公若卿，乃或又酬宾者，容遂尊者之所欲耳。公卿既受献，君乃为之举酬，礼之序也。下于大夫之礼亦然。旅者，宾则以酬长，长则以酬宾。"③敖氏弃郑《注》"宾礼杀"之义，认为此为君酬公卿之长，所以及宾者，"容遂尊者之所欲"。事实上，敖说根本不符合《燕礼》所要表达的意思。曹氏云：

> 经四举旅，皆由尊及卑。宾为当日专尊，则四旅皆当自酬宾始。今云"若宾若长"，不专于宾者，宾礼杀也。后人说皆不审礼例之言。如其说，则为大夫举旅，当自大夫始，为士举旅，当自士始矣。而皆

① 曹元弼著，周洪校点：《礼经学》，北京大学出版社2012年版，第30页。

② 郭超颖：《〈仪礼〉文献探研录》，人民出版社2020年版，第162页。

③ 胡培翚《仪礼正义》卷十一，见北京大学《儒藏》编纂与研究中心：《儒藏》（精华编四七），北京大学出版社2016年版，第553页。

不然，明旅酬由尊达卑也。由尊达卑而不专自宾始者，礼杀，不纯行宾礼也。[1]

《燕礼》中四次举旅行酬，据《礼记·燕义》："献君，君举旅行酬，而后献卿。卿举旅行酬，后而献大夫。大夫举旅行酬，而后献士。士举旅行酬，而后献庶子。俎豆、牲体、荐羞，皆有等差，所以明贵贱也。"四次举旅，皆由尊及卑。第一次君为宾举旅行酬毕，初燕盛礼已成。其后主人献卿，又二大夫媵觯于公，此时君举觯酬宾若长、遂旅酬，为燕礼再成。《燕礼》为君礼，君尊不为献主，宾本为大夫充任，本质上属于臣。故为了表现"上下相尊""明君臣之义"的礼义，随着燕礼的进行，其身份也由宾转为纯臣，从最初的专为宾举旅到最后"公有命彻幂，则卿大夫皆降，西阶下，北面，东上，再拜稽首"而不言宾，郑《注》："不言宾，宾弥臣。"可见此处经文"若宾若长"正是这一变化的体现，也即"由尊达卑而不专自宾始者，礼杀，不纯行宾礼也"。若敖氏之说，确如曹氏所谓"不审礼例之言"。

与此相似的，还有《有司彻》中："主人降，洗觯。尸、侑降。主人奠爵于篚，辞。尸对。卒洗，揖。尸升。侑不升。"郑《注》："侑不升，尸礼益杀不从。"胡培翚《仪礼正义》认为注"侑不升，尸礼益杀不从"乃是"对上主人献尸之时侑从升而言也。傧尸之礼本杀，今侑不升，是益杀"，但其又认为敖继公"谓酬礼不及侑，故不升"的说法是"义亦可通"[2]，并没有完全遵照郑玄的注解。对于敖氏的看法，曹氏从礼例的角度进行了纠正：

立侑本以辅尸，献尸时侑无事而从尸升，礼盛也。则此酬时侑不

---

[1] 曹元弼：《礼经校释》卷七，见《续修四库全书》编纂委员会：《续修四库全书》第94册·经部·礼类，上海古籍出版社2002年版，第224页。

[2] 胡培翚：《仪礼正义》卷三十九，见北京大学《儒藏》编纂与研究中心：《儒藏》（精华编四八），北京大学出版社2016年版，第1753页。

升，为礼杀不从明矣。且献尸，尸侑同升，尸酢至崇酒，侑乃升，酬尸，侑不升，亦隆杀之差也。继公谓酬礼不及侑，故不升。则主人受几时，礼亦不及侑，而侑从尸升，且与尸同拜，何哉？①

从曹氏的论述可知，祭祀之时，"立侑本以辅尸"，故献尸侑从升，属于礼盛之时。至于"酬时侑不升"，为礼杀的表现。其他从献尸，尸侑同升，尸酢至崇酒之后，侑乃升到酬尸侑不升的过程，都是隆杀之差的表现。敖氏的说法，乃抛弃礼例，自以为说，实则限于前后矛盾而不自知。在这一点上，曹氏相比胡培翚，更能把握住《仪礼》的礼例和郑玄的微义。

曹氏固然强调以例治礼，但对于前人过于牵强某一礼例的说法，也表达了不满，在其看来，最重要的还是应从经文本身出发，郑《注》的合理性往往即在这种细微处表现出来。如《士冠礼》："主人玄冠朝服，缁带素韠，即位于门东，西面。"郑《注》："筮必朝服者，尊蓍龟之道。"然而《特牲馈食礼》筮日与祭同服玄端，与此异，贾《疏》申之曰："彼为祭事，龟不可尊于先祖，故同服。此为冠事，冠事龟可尊于子孙，故服异。"然而《仪礼正义》认为贾公彦说"殊牵强"，并引凌廷堪《礼经释例》之说曰："考《特牲馈食礼》士筮当用玄端，冠礼摄盛，故用朝服。《特牲》筮日、筮尸、宿尸、宿宾皆用玄端，正祭日宾及兄弟助祭，皆摄盛用朝服。《士冠》正冠日用玄端，筮日、筮宾、宿宾、为期则摄盛用朝服。盖相变以为礼也。《士冠礼》注：'筮必朝服，尊蓍龟之道。'则与《特牲》用玄端不合。贾曲为之解，非经意也。"②凌廷堪比较《特牲馈食礼》，认为冠礼士筮用朝服为摄盛，郑《注》、贾《疏》的说法不合经意。对此，曹氏释之曰：

---

① 曹元弼：《礼经校释》卷二十二，见《续修四库全书》编纂委员会：《续修四库全书》第94册·经部·礼类，上海古籍出版社2002年版，第521页。

② 胡培翚：《仪礼正义》卷一，见北京大学《儒藏》编纂与研究中心：《儒藏》（精华编四七），北京大学出版社2016年版，第22页。

凌氏廷堪谓此冠筮朝服及特牲助祭者皆朝服，并是摄盛。弼案：昏礼摄盛在亲迎，丧礼摄盛在大遣，皆于其礼之最盛者。今冠时不摄盛而摄于筮日，主祭不摄盛而摄于助祭者，非经例也。郑此《注》及贾《疏》及《特牲》注，阐明经义不可易。①

按《仪礼》中"摄盛"之说，古人未尝定义，据叶国良先生之说，乃指"在特定的场合或条件下，容许地位较低的人士使用等级较高的礼数以荣耀之，谓之摄盛"②。郑《注》、贾《疏》对于昏、丧、祭、聘皆有以摄盛解说之者，然并未明确及冠礼。如此处，凌廷堪以"冠筮朝服及特牲助祭者皆朝服"为摄盛，曹氏表示怀疑，认为昏礼摄盛在亲迎，即"主人爵弁、纁裳缁袘。从者毕玄端。乘墨车，从车二乘，执烛前马"。因大夫以上亲迎冕服，出行有墨车，士自祭用玄端，爵弁服为助祭于公之服，属大夫士之尊服。今用助祭之爵弁、墨车亲迎，是为摄盛。"丧礼摄盛在大遣"，经云："厥明，陈鼎五于门外，如初。"士礼，《特牲》三鼎，此处士用五鼎，乃是"盛葬"，属摄盛。通过此两者可知，《仪礼》中"摄盛"，皆用于行礼之主方，且皆于"其礼之最盛"者用之。故士冠如有摄盛，当于举行加冠仪式时用之，特牲摄盛应该用于主祭者，而不是助祭之来宾，以为凌氏之说非经例。考《特牲馈食礼·记》："特牲馈食，其服皆朝服、玄冠、缁带、缁韠。"郑《注》："于祭服此也。皆者，谓宾及兄弟，筮日、筮尸、视濯亦玄端，至祭而朝服。朝服者，诸侯之臣与其君日视朝之服，大夫以祭。今宾兄弟缘孝子欲得嘉宾尊客以事其祖祢，故服之。缁韠者，下大夫之臣。夙兴，主人服如初，则固玄端。"礼，玄端为士之常服，朝服为诸侯与其臣视朝之服，是朝服固重于玄端，然士自祭时用玄端为正礼，助祭于

---

① 曹元弼：《礼经校释》卷一，见《续修四库全书》编纂委员会：《续修四库全书》第94册·经部·礼类，上海古籍出版社2002年版，第118页。

② 叶国良：《〈仪礼〉所见摄盛及其流衍》，见《礼学研究的诸面向续集》，台湾清华大学出版社2017年版，第56页。

公乃用爵弁；大夫自祭以朝服，其助祭用玄冕。今特牲馈食礼，主人用玄端并未摄盛，其宾用朝服者，郑《注》以为"缘孝子欲得嘉宾尊客以事其祖祢"之心，出于心情的考量，服朝服以示郑重，亦算不上摄盛之事。士冠与特牲两者不同，实在因两者性质不同，一属嘉礼，一属吉礼，相比而言，郑《注》与贾《疏》的说法更贴合经文，凌廷堪则有过于比附摄盛的嫌疑，故曹氏以"郑此注及贾《疏》及《特牲》注，阐明经义不可易"。

四、对礼义的揭示与发明

《礼记》曰："礼之所尊，尊其义也。失其义，陈其数，祝史之事也。"《仪礼》虽以记载仪节为主，多为名物宫室之学，但礼义才是礼的根本。可以说礼义正附着于仪节而展开，成为《仪礼》一书最重要的特性。郑玄《仪礼注》之所以成为后世尊奉的经典，正在于其能从仪节的委曲繁重中提炼出礼义的精微，给予简要的揭示和阐发。曹氏《礼经校释》对郑《注》的阐发，也和其对礼义的诠释密不可分。其曰："夫威仪维德之隅，必有所以为威仪者在，若但习其文，而不求其义，则是仪也，非礼也。"①故曹氏往往既能申明郑玄注义，也能彰显经文礼义，并很好地融合时代背景，做出更进一步的发明，可谓曹氏对于礼学极大的贡献。如《乡射礼》："主人西南面，三拜众宾。众宾皆答壹拜。"郑《注》："献宾毕，乃与众宾拜，敬不能并。"关于郑《注》"敬不能并"的礼义，曹氏释曰：

> 注义至精。盖君子之行礼也，致敬于一人，则不以他人贰之，故拜众宾，必在献宾毕；遵入，必在一人举觯后。所谓持一中者谓之忠也。若以拜众宾之节，杂于献宾之时，则其心先不诚而礼皆不可行矣。敬不能并，礼之通义。《觐礼》四传摈，每一位毕，摈者以告，乃更陈列而升，其次亦以敬不能并也。五等诸侯同在位，犹此宾、众

---

① 曹元弼：《礼经校释》卷五，见《续修四库全书》编纂委员会：《续修四库全书》第94册·经部·礼类，上海古籍出版社2002年版，第193页。

宾、遵者同在位。《燕礼》《大射仪》宾、诸公、卿大夫、士同在位，至其行礼，则固有序也。方氏误甚。[1]

按《乡射礼》，主人朝服速宾，宾及众宾遂从主人而来，及序门，主人与宾再拜，与众宾揖之。其后主人与宾行一献之礼，献宾毕，主人"揖降。宾降，东面立于西阶西，当西序"后，主人始与众宾拜，坐取爵于序端，行献众宾之礼。对此郑玄以"敬不能并"解释经文礼义。曹氏认为"注义至精"，盖"君子之行礼也，致敬于一人，则不以他人贰之"，乡射礼中宾为尊，众宾差之。随着正礼的开始，礼典中心围绕着礼宾而展开，宾主之间相对行礼，是礼在此二人。故主人拜宾而揖众宾，这就是不并敬。以"礼不并敬"的原则，从而保证行礼过程中，主次分明，上下相辨，尊卑亲疏皆得其宜，所谓"所谓持一中者谓之忠也"。若以拜众宾之节，杂于献宾之时，则不仅扰乱礼典进行顺序，而且属于"心先不诚"，没有体现敬的精神，如此则礼皆不可行矣。在曹氏看来，此"敬不能并"为礼之通义，贯穿礼典的全过程。至于方苞所谓"注'献宾毕，乃与众宾拜，敬不能并'，近似而实非也。礼有宜分致者，有宜合致者。宾主献酢，自不宜使无事者立于其侧。如谓'敬不能并'，则四时朝觐，诸侯旅见天子，与天子大合诸侯，为坛于国外，五等之君传摈、将币、飨礼同时而卒事，君与臣皆为相渎矣"[2]之说，属于误读《觐礼》，曹氏以"四传摈，每一位毕，摈者以告，乃更陈列而升，其次亦以敬不能并也"纠之，深合乎礼文，使后人更好地明了"行礼，则固有序"的道理。

尤其曹氏对于礼义的揭示，是与其"六经皆为爱敬"之道的经学体系相联系的，具有内在的一贯性。其曰："凡礼之迂回曲折者，皆其爱敬之心所弥纶无间者也。君子于此，可以观仁、可以观忠，董子所谓'粲然有

---

[1] 曹元弼：《礼经校释》卷五，见《续修四库全书》编纂委员会：《续修四库全书》第94册·经部·礼类，上海古籍出版社2002年版，第181页。

[2] 胡培翚：《仪礼正义》卷八，见北京大学《儒藏》编纂与研究中心：《儒藏》（精华编四七），北京大学出版社2016年版，第373页。

文以相接，欢然有恩以相和'者也。"①虽最后不免于回到强调尊尊、亲亲、男女有别的传统价值观内，但其出发点毕竟不在于考据，而具有自身对于经学整体的思考和理论的架构。

如《士冠礼》："主人之赞者筵于东序少北。"郑《注》："东序，主人位也。适子冠于阼少北，避主人。"对"适子冠于阼"的礼意，曹氏释曰：

> 《记》曰："适子冠于阼，以著代也。"盖二十成人，渐有代亲之端，故冠于阼以著其义。人子于此当有怆然不安者，然主人尚未离其位也。至昏礼妇见舅姑，而舅姑先降自西阶，妇降自阼阶矣。人年三十娶而有子，至子娶则父年六十，母年五十。人无百年不敝之身，瞻依、怙恃、定省、馈养之日，去一日则少一日，曾子曰："亲戚既没，虽欲孝，谁为孝？"故礼于冠昏著此义，所以深动子妇爱日之诚，而使之及时以养，冠昏不用乐，职是之故也。迨丧礼大敛，殡于西阶，三月而葬，苞遣奠而赠制币，父母而宾客之矣。反哭，升堂，反诸其所作。妇入于室，反诸其所养，此时虽欲致其一日之欢，尚可得乎？而其端则于冠子、飨妇之日，已早见之。事有必至，为人子者不可不发深省也！②

冠礼为礼之始，其目的在于责求成人之道，以为开创未来作准备。因此行礼于宗庙，以示敬重。并请特别来宾为子行加冠之礼，"三加弥尊"，使其感受到责任的赋予。对于嫡长子在堂上靠近阼阶的地方行冠礼，过去多引《礼记·冠义》的说法，认为是"著代"，即表示嫡长子成人之后，将来可以代替父亲而成为一家之主。曹氏在肯定这一说法之后，更结合昏礼、丧礼，从体谅孝亲之心的角度做了新的阐发，使后人对礼意的把握，

---

① 曹元弼：《礼经校释》卷五，见《续修四库全书》编纂委员会：《续修四库全书》第94册·经部·礼类，上海古籍出版社2002年版，第192页。

② 曹元弼：《礼经校释》卷一，见《续修四库全书》编纂委员会：《续修四库全书》第94册·经部·礼类，上海古籍出版社2002年版，第123页。

突破了以往成人之责和未来身份转换的角度，融入了子女孝亲的生命温度，深契人情人性。这种对礼义的讲求，成为曹氏礼学诠释的一个重要面向。又如同篇，对于冠礼中，"子出东壁见母"的礼义，曹氏释曰：

> 冠礼，父入庙行礼，母离寝而在庙之闱门外待之。盖父母共以成人之礼成其子也。兄弟随父而立于堂下以观礼，姑姊随母而待于寝门内。读此经令人孝弟之心油然生矣。父母生子，自呱呱一声而后，无一刻不望其长大成立，故冠礼父主之，醴毕即急见母也。圣人制礼，因严教敬，因亲教爱如此，所以为人伦之至也。①

过去礼家对于此处，多聚焦于东壁之所指，未及讨论何以必须急见母的安排。曹氏对此，并未纠缠于礼家聚讼之处，在引述张锡恭有关东壁的意见之后，即转而讨论冠礼见母背后所可能蕴含的礼义，将父母望子成人之心与孝弟之道相联系，从中引发出"因严教敬，因亲教爱"的经学大道，指向"明人伦"的为学之境。

此外，曹氏身处晚清，面对当时艰困，强调以礼经世，所谓"苟欲纾君父之忧，闲周、孔之道，正人心、息邪说、激智勇、兴政艺、强中国、御外患，其必自讲学崇礼始乎"②。故其无论申说经义，抑或诠释郑《注》，时时瞩意于维护纲常、提振儒学、以礼经世。如《乡饮酒礼》："主人戒宾，宾拜辱。主人答拜，乃请宾，宾礼辞，许。主人再拜，宾答拜。"郑《注》："不固辞者，素所有志。"一辞而许曰礼辞，再辞而许曰固辞。此处主人请宾，宾礼辞而许不固辞者，郑玄以"素所有志"解之，对此，曹氏释曰：

> 《士冠》《乡射》，礼不专为己，故礼辞而不固辞；此及《士相

---

① 曹元弼：《礼经校释》卷一，见《续修四库全书》编纂委员会：《续修四库全书》第94册·经部·礼类，上海古籍出版社2002年版，第124页。

② 曹元弼著，周洪校点：《礼经学》，北京大学出版社2012年版，第415页。

见》，礼专施于己，则皆宜固辞以致谦，今宾乃礼辞与《相见》异者，以幼学壮行素所有志故也。观此注，则郑君固欲行道济时者，特以汉祚将移，权奸窃柄，举己者多非其人，是以屡征不屈，守死善道，其出处合乎圣人，后世称郑大司农，非其志也。[①]

按《士冠礼》："主人戒宾，宾礼辞，许。"《乡射礼》："主人戒宾，宾出迎，再拜。主人答再拜，乃请。宾礼辞，许。"这是因为《士冠礼》乃士身加冠之礼，责以成人之道，宾被邀请参加作为执礼之主持，《乡射礼》主"习民以礼乐"，二者礼义皆"不专为己"，并非主要礼敬自己，故宾稍加推辞即应允。至于此处《乡饮酒礼》与《士相见礼》，属于专程礼敬自己，故宾按礼，当固辞表达谦虚。是以《士相见礼》："主人对曰：'某子命某见，吾子有辱。请吾子之就家也，某将走见。'宾对曰：'某不足以辱命，请终赐见。'主人对曰：'某不敢为仪，固请吾子之就家也。某将走见。'宾对曰：'某不敢为仪，固以请。'主人对曰：'某也固辞，不得命，将走见。'"但此处宾面对主人的邀请，却"礼辞而许"，并没有再三推辞，以示谦逊。造成这种差异的原因，在于诸侯之乡每三年举行一次乡饮酒礼，目的在"宾贤能"，选举贤者献给国君，而宾"幼学壮行"，素有志于被举荐给国君，以实现自身抱负，是以面对邀请，明知其意，自不必再三推辞以显矫情。曹氏善体郑玄礼义，甚至进一步发挥郑玄本人亦希望实现自己的抱负，但"汉祚将移，权奸窃柄，举己者多非其人"，从而"屡征不屈"，"守死善道"，体现了一名真正儒者应有的操守，使此处的经义、注义更显圆融，而曹氏自身的经世志向亦隐喻其中，读来令人赞叹不已。曹氏本人在辛亥革命之后失志归隐，面对袁世凯重开礼制馆，曹氏"峻拒之"，正体现了其学说于出处的统一。

又如《聘礼》："使者归，及郊，请反命。"郑《注》："必请之者，以己久在外，嫌有罪恶不可以入。"关于使者"必请之"的礼义，曹氏释曰：

---

① 曹元弼：《礼经校释》卷四，见《续修四库全书》编纂委员会：《续修四库全书》第94册·经部·礼类，上海古籍出版社2002年版，第154页。

此可见人臣事君，当夙夜严惕，惟恐不胜其任以速官谤，而覆君之美道。故久在外，将入必请，恐己有罪恶，己未及知而君实知之，则不敢复入而待放于竟也。此礼所以教忠敬、防专僭，使之靖其正直、罔或及邪，下守其宗庙而上以奉君之社稷也。经义之精如此。吴氏谓臣无突然见君之理，故必先请。不知臣固本国之臣也，臣之返国犹子之返家，至朝门而请，岂为突然乎？如其意，则是臣可有自是之心而君无废置之权矣。人在外，则恶易暴露，故此经有请反命之文。而《丧服》有子嫁，反在父之室，为父三年之礼。妇之事夫，犹臣之事君也。然臣当引罪以自戒，君不可猜疑以加罪。故经有请入之文而无不纳之事。[①]

强调君臣关系，其实与曹氏当时所处时局有密切的关联，面对彝伦攸斁的晚清危局，有志学者自然忧之。曹氏认为"天尊地卑之义不容稍假，而坏国破家，必自去礼始也"[②]，强调"先王之治天下也，以尊尊统亲亲"[③]，"妇之事夫，犹臣之事君也"，认为人臣事君，当恪守纲常，"夙夜严惕"，唯恐"不胜其任以速官谤，而覆君之美道"，应当竭诚尽力，下"守其宗庙"，上"以奉君之社稷"。故此处《聘礼》借由使者反归请命的仪节，体现礼经"所以教忠敬、防专僭，使之靖共正直、罔或及邪"的礼义，可以说是针对时代而发的有益之言。

五、结论

以上通过曹氏注重申发郑《注》之隐义、发挥郑玄"依经立义"之

---

① 曹元弼：《礼经校释》卷九，见《续修四库全书》编纂委员会：《续修四库全书》第94册·经部·礼类，上海古籍出版社2002年版，第288页。

② 曹元弼：《礼经校释》卷十四，见《续修四库全书》编纂委员会：《续修四库全书》第94册·经部·礼类，上海古籍出版社2002年版，第372页。

③ 曹元弼：《礼经校释》卷十四，见《续修四库全书》编纂委员会：《续修四库全书》第94册·经部·礼类，上海古籍出版社2002年版，第371页。

说、通过礼例发挥郑《注》微义和对礼义的揭示与发明四方面，讨论了《礼经校释》一书在诠释方面的特色。

《仪礼》一经，文辞古奥，素称难读。其中所记多度数、节文，看似繁冗，却自有要义深藏其中。郑玄依经立注，通贯全经，为后人立一代典范。借助郑玄注文，进而探讨《仪礼》礼义是礼学研究的不二法门。宋元以降，学者好立新解，往往违失经义的同时，也致郑义不彰。曹元弼殚精郑学，在清人基础之上，于《礼经校释》之中，详为发微，无论对《仪礼》的内在精神抑或郑玄礼义的申发，都达到了传统时代很高的境界。可以说，在对礼义的探讨上，本章所论也仅仅是开始，其中问题有待继续深入探讨。

经过几十年的积淀，近年来学术界对重建国学，建设中国古典学的追求越来越强烈。而在所有有关国学和古典学的讨论中都可以发现，如何研治经典仍是摆在后传统时代的人们面前的关键问题。这其中既涉及对经典的态度，也涉及如何研治的方法。这一问题处理不好，便会出现如学者所言"对于古书缺少虚心涵咏的功夫，没有真正读进去，没有充分理解古书、古人，就跳跃到评价古书、古人，这在相当多的中国古典学研究中，都不同程度地存在着，因此不少评价、不少断言，都难免有隔"①的现象。归根结底，对经典的尊重和对文本的细读，方是古典研究的基石。综观曹氏《礼经校释》和《礼经学》等礼学论著，都可以发现曹氏依经立训，一切立说都是立足于读通经文与郑《注》的基础之上的治学态度。其释礼的目的，不在小节，而在礼义的关照，这一切又都能收束归结于立身践履的身心修炼之上，形成了一种孔子儒学所谓的博文约礼、立己立人的君子之学的楷模。在这个意义上，曹氏的礼学对于今日的古典研究而言，堪称一种学术典范，其人其学对当下都具有莫大的启示。

---

① 孙玉文：《中国古典学之我见》，《江苏师范大学学报（哲学社会科学版）》，2018年第5期，第53页。

第四章　曹元弼《仪礼》分节思想研究

——以《礼经学·要旨》为例

　　《仪礼》向称难读，晚清陈澧归纳昔人读之之法曰："一曰分节，二曰绘图，三曰释例。"①其中"分节"又为研读《仪礼》各篇之基础。所谓"分节"即按照礼仪程序划分仪节，至于"仪节"，则指《仪礼》各篇之节目或章次。分节作为研读经文、探求经义的重要方法，已成为学界的共识。但就目前研究的面向而言，讨论分节的文章多集中于贾公彦、朱熹、张尔岐、吴廷华及胡培翚等代表人物身上，而对于胡培翚《仪礼正义》之后的分节思想关注较少②。然而就学术史的发展而言，分节之法自有其流变的过程。胡培翚之后，晚清曹元弼承前人之绪，复结合时代变化，对于《仪礼》分节做出了新的发展，实值得关注。

　　近年来曹元弼虽逐渐受到越来越多的关注，但尚未有专门研究曹氏分节思想者。这或许跟其没有分节的专门著作有关，但在其《礼经学·要旨》一篇中，却也有着集中的体现，实不可匆匆放过。有鉴于此，故借由对曹元弼《礼经学·要旨》一篇中分节进行全面、系统地探究，以力求揭

---

　　① 陈澧著，钟旭元、魏达纯校点：《东塾读书记》，上海古籍出版社2012年版，第127页。

　　② 这方面代表研究，如李洛旻：《〈士丧礼疏〉分节法探微》，《中国典籍与文化》2018年第3期，第21—28页；杜以恒：《贾公彦〈仪礼〉分节探微》，见汪少华等：《中国典籍与文化论丛》第21辑，凤凰出版社2020年版，第49—76页；杜以恒：《朱熹〈仪礼经传通解〉分节探析》，《孔子研究》2020年第5期，第47—56页；韩碧琴：《仪礼张氏学》，《兴大中文学报》1996年第1期，第195—230页；邓声国：《吴廷华〈仪礼〉学研究浅析》，《井冈山大学学报（社会科学版）》2014年第1期，第80—85页；陈功文：《胡培翚〈仪礼正义〉研究》，中华书局2019年版；等等。

示其分节思想的总体特色及成就，从而为深入研究曹氏礼学奠定基础。

一、《仪礼》文本的特殊性与章节划分的两种形式

清楚理解《仪礼》文本性质的特殊性，是准确进行《仪礼》仪节划分的首要条件。相比于儒家其他经典，《仪礼》文本的特殊性，如胡培翚所云：

> 夫《仪礼》之书，叙次繁重，有必详其原委而义始见者，非若他经之可以断章取义也，故各书引其辞者颇少，然其仪文节次，为诸经所称引者多矣。[①]

盖《仪礼》一书，所记载者为先于文本之礼典实践[②]，并且多为整章整节记录一个完整的行礼过程。叶国良先生认为现存的《仪礼》十七篇，包含士冠礼、士昏礼等在内共十四种礼典，架构出周代贵族家族、社会与政治生活之方方面面[③]。其中"仪文节次"，叙次繁重，颇伤烦冗，致韩愈有难读之叹。然而其对"仪节"的重视恰是《仪礼》文本的价值所在，《四库全书总目》所谓："《仪礼》全为度数、节文，非空词所可敷演。"因礼典的展开离不开仪节这一基本要素，脱离了"仪节"，礼典的内容与意义也将无从谈起。对于《仪礼》文本的这一特殊性，学界有相当清楚的认知。如林秀富认为：

> 礼典文本在礼学文献中是极为特殊的，这个特殊性来自于礼典文本的整体性。礼典文本记载礼典礼程，诸礼礼程均在时间轴上推演，有开始，有中间，有结束，是一个完整礼典的记载。[④]

---

① 胡培翚撰，黄智明点校：《胡培翚集》，"中央研究院"中国文哲研究所2005年版，第85页。

② 沈文倬：《菿闇文存》，商务印书馆2006年版，第7页。

③ 叶国良：《仪礼研究的诸面向续集》，台湾清华大学出版社2017年版，第42页。

④ 林秀富：《试论〈仪礼〉礼典文本辨识礼文献场合的功能》，见中国历史文献研究会：《历史文献研究》(总第43辑)，广陵书社2019年版，第50页。

正因为《仪礼》各篇反映了各自礼典进行过程中的整体性，对其仪节的划分，也当考虑其"完整性"，即起讫经文能完整表达该仪节的内涵①。

考察现有《仪礼》章节划分方面的著作，大抵可分两种方式，贾公彦《仪礼疏》为目前可见最早就经文内容进行分节的作品，其方法常以"自此尽……论……之事"为主要句式②，属随文说明之例。后宋代朱熹《仪礼经传通解》和杨复《仪礼图》在贾《疏》基础上，改用分段编次，标举节目的方式，从而开启新的学术范式。清代《仪礼》学极盛，自清张尔岐《仪礼郑注句读》以下，如江永《礼书纲目》、盛世佐《仪礼集编》、《钦定仪礼义疏》、吴廷华《仪礼章句》、秦蕙田《五礼通考》、胡培翚《仪礼正义》等皆对《仪礼》各篇进行了分节。虽大多采用朱熹分段编次的方法，但在实际过程中，也或多或少会融入贾公彦随文说明的处理方式。

有清一代，受张尔岐影响，离析章句成为《仪礼》通经的重要途径。胡培翚作《仪礼正义》，其对经文的仪节划分，基本在《仪礼郑注句读》（以下简称《句读》）基础上有所改易。所谓："分节多依张本，而亦时有更易。"③曹元弼以为张氏《句读》一书："分章极细，按语亦多精确，经注读本莫此为善。"④曹氏分节袭取张氏《句读》者，除明显言之，如"《有司彻》一节中每包数节，学者骤阅如治丝而棼，张氏于此篇分析尤精，今悉据录"⑤之外，在行文之际实亦有沿袭张尔岐《句读》脉络、文字而不改动者，如《燕礼》，见表1：

---

① 郑宪仁：《野人习礼：先秦名物与礼学论集》，上海古籍出版社2017年版，第306页。

② 杜以恒：《贾公彦〈仪礼〉分节探微》，见汪少华等：《中国典籍与文化论丛》第21辑，凤凰出版社2020年版，第55页。

③ 胡培翚：《仪礼正义》卷一，见北京大学《儒藏》编纂与研究中心：《儒藏》（精华编四七），北京大学出版社2016年版，第19页。

④ 曹元弼著，周洪校点：《礼经学》，北京大学出版社2012年版，第402页。

⑤ 曹元弼著，周洪校点：《礼经学》，北京大学出版社2012年版，第161页。

表1 《燕礼》张尔岐、曹元弼仪节对照

《仪礼郑注句读》	《礼经学》
告戒设具	戒与设具
君臣各就位次	纳诸臣立于其位
命宾	命大夫为宾
请命执役者	请命执役
纳宾	纳宾
主人献宾	主人献宾
宾酢主人	宾酢主人
主人献公	主人献公
主人自酢于公	主人受公酢
主人酬宾	主人酬宾
二人媵爵于公	二人媵觯于公
公举媵爵酬宾遂旅酬燕盛礼成	公取媵觯酬宾遂旅酬初燕盛礼成
主人献卿或献孤	主人献卿
再请二大夫媵觯	二大夫媵觯于公
公又行爵为卿举旅燕礼之再成	公又举媵酬宾若长遂旅酬燕礼再成
主人献大夫兼有胥荐主人之事	主人献大夫
升歌	乐作
献工	献工
公三举旅以成献大夫之礼	举旅
奏笙	笙奏
献笙	

续　表

《仪礼郑注句读》	《礼经学》
歌笙间作遂合乡乐而告乐备	间歌、合乐，爵乐更作，礼又杀乐大备
立司正命安宾	立司正安宾
主人辩献士及旅食	主人献士及旅食
因燕而射以乐宾	或射以乐宾
宾媵觯于公公为士举旅酬	宾媵觯于公为士举旅酬
主人献庶子以下于阼阶	主人献庶子以下诸臣
燕末无算爵无算乐	无算爵无算乐燕礼备
燕毕宾出	宾出

其他如："乡饮酒之礼有献宾，有乐宾，有旅酬，有无算爵、乐，凡四大段而礼成。自发首至'当楣北面再拜'，则将饮酒之始事，先谋宾、戒宾，次陈设，次速宾、迎宾、拜至。凡三节。"①亦与《句读》一致。凡此袭用张尔岐观点者，只要比较《礼经学》与《句读》二书，自能明了，恕不赘引。足证曹元弼对张尔岐在章节划分方面的推崇和所受影响。

然而笔者以为张氏《句读》一书固然开清代《仪礼》研究之先河，在章节的划分上具有举足轻重的地位，但其仪节划分在对《仪礼》文本整体性的凸显上，尚不如吴廷华《仪礼章句》（以下省称《章句》）之贡献。正如学者所论：吴氏"全书各篇皆重视仪节之层次，清楚标示，将仪节研究又跨前一步"②。所谓"重视仪节之层次"，用林秀富的话表示即注意"划分礼典界限，分析节次，设立节目，合节成章，透过章目、章次表现礼程先后，并设置礼典中心，形成礼典—章—节的结构层次"③，从而展现了吴廷华对于礼程顺序以及礼典文本性质的认知都较张尔岐、江永、盛

---

① 曹元弼著，周洪校点：《礼经学》，北京大学出版社2012年版，第78页。

② 郑宪仁：《野人习礼：先秦名物与礼学论集》，上海古籍出版社2017年版，第302页。

③ 林秀富：《吴廷华〈仪礼章句〉在〈仪礼〉分章上的继承与创新》，见邓秉元：《新经学》第8辑，上海人民出版社2021年版，第181页。

世佐等人更进一步。同样，曹元弼《礼经学·要旨》中对《仪礼》章节的划分，如果仅仅是对《句读》一书的简单袭用，也无需本书为之词费。正因其对《仪礼》文本整体性的认知上有比张尔岐、吴廷华以及之后的胡培翚更为优越的表现，方始呈现了《礼经学》独特的分节内容和重要的贡献。

此外值得一说的是，《仪礼》有经、有记，经记文本性质差异极大。过去无论贾公彦、朱熹，皆未对记文进行分节。张尔岐《句读》实开其先，后盛世佐《仪礼集编》、胡培翚《仪礼正义》等沿其例，但并非每篇记文皆有。惟《钦定仪礼义疏》对全部记文都进行了系统分节，影响及于秦蕙田《五礼通考》。到曹元弼亦在前人基础上，以串讲形式对记文全部做了较细致的分节。如：

> 《冠礼》经详，故记惟言其义。首明始冠用缁布冠之义，次明重适之义，次明三加及冠字之义，次记三代冠之同异，次明大夫以上冠皆用士礼之义，次明士爵谥今古之异。凡六节。[①]

再如：

> 《丧礼·记》自篇首至"哭者皆止"，记《士丧礼》上篇事。首养疾正终，次设床、复、楔、缀、奠诸仪法器物，次赴君辞，次室中哭位、坐立，次众主人不出及襚者仪位，次沐浴、含、袭时职司服物，次小敛、大敛二节中衣物、奠设、时会、处所仪法，次殡后居丧之制，次朔月及常日扫洁奉养之事，次筮宅、卜日首末事。凡十节。
>
> ⋯⋯⋯⋯⋯
>
> 自"启之昕"以下，记《丧礼》下篇事。先启殡朝祖，次二庙者先朝祢，次自祢适祖，次祖庙巾、荐车、载柩、陈器、赠奠诸事，二庙者与一庙者略同，次柩在道、至圹、窆窆而归之事；在道遇君命止

---

① 曹元弼著，周洪校点：《礼经学》，北京大学出版社2012年版，第62页。

枢、因及君于士有视敛而不终礼者、有不视敛而终其事者二者之节，次纳枢车之节与馈祖奠之处，次入圹用器弓矢之制。凡八节。惟君视敛一节，事在上篇，以礼不备，且不定，故退在下。[①]

这种给记文分节的现象，或源于曹元弼对经、记性质的认识。曹元弼在《礼经学·解纷》开篇引述胡培翚的观点说："《仪礼》有经、有记、有传，经制自周公，传之孔子，记与传则出于孔门七十子之徒之所为。"[②] 其《礼经校释》论《丧服传》亦云："经是周公所制，释经者实子夏原文，记是七十子后学所为，释记者皆后师增续。"[③] 从上举曹氏对《士冠礼》和《士丧礼》两篇记文的处理，可以看出其在"经制自周公，传之孔子，记与传则出于孔门七十子之徒之所为"和"凡言'记'者，皆经不备"的思想之下，将记文也视为一整体，努力从中理出体系，这也可以说是曹氏分节的一个重要特色。但不可否认的是，曹氏这种做法其实混淆了经、记之间的不同性质。鉴于记文所涉较为复杂，因此，本书对于记文的部分不予讨论，只聚焦于经文部分，特此说明。

二、曹元弼《仪礼》分节的特色

熟悉中国经学史者皆知，中国经学的诠释模式建立在经、传、注、疏等层层分立的解释结构之中。在层层诠解的过程中，可形成一整套内容相近的解释系统。经学的这种特质，要求经学家讲究学有所本，依据前义的学术性格，造成如皮锡瑞所谓"凡学皆贵求新，惟经学必专守旧"的特色[④]。然而深入诸家经解，经由比较之后会发现，其实在守旧的表层之下，却又表现了上有所承的新说之诞生。中国经学史的开展，往往就在每一时

---

① 曹元弼著，周洪校点：《礼经学》，北京大学出版社2012年版，第146—147页。

② 曹元弼著，周洪校点：《礼经学》，北京大学出版社2012年版，第260页。

③ 曹元弼：《礼经校释》卷十二，见《续修四库全书》编纂委员会：《续修四库全书》第94册·经部·礼类，上海古籍出版社2002年版，第317页。

④ 皮锡瑞著，周予同注释：《经学历史》，中华书局2014年版，第139页。

代的经学家守旧以开新的交替间前进。套用诠释学的观点，任何理解和解释都无法跳脱读者自身的"先入之见"的影响，它只能在"先入之见"所提供的视域内展开；同时，任何理解和解释也都必然突破"先入之见"的疆域，与文本所提供的视域形成一种融合关系，产生出新的视域，此即伽达默尔所谓"视域融合"①。

经学作为一种旨在正确解释经文文本的学问②，每一个经学家既有继承于前人的共同意识和先入之见，又有个人的独特视域，即便大多数地方与前人文本看似相同乃至沿袭不改，却借由某一用语的增加或删减或改动，在不经意间隐蔽地表现了自己的新见，展现出经学史多元的面貌。曹元弼对《仪礼》分节所具有的独特个性正是在继承之中的出新之作，惟有通过细心的比较方能窥其自家面貌。概而言之，有三大特色：其一，注重层次和礼典过程的先后，展现时间的纵深感；其二，划分正变，展现礼典界限的主从之别；其三，构建整体结构，呈现内在条理。

（一）注重层次和礼典过程的先后，展现时间的纵深感

《仪礼》经文琐碎，行礼如仪之间，往往如程序单，若不分仪节，骤阅之，难以知其重点。故分节的优点，正在于提示先后程序，辨明要项，凸显某一礼典的重点和时间进程。曹氏颇明了此点，故在具体礼典的分节上，参考前人之说，做了有益的修正。

如《聘礼》"命使"至"设飧"环节（见表2），清人八家分节从整体而言可分两类，张尔岐《句读》、江永《礼书纲目》、盛世佐《仪礼集编》、《钦定仪礼义疏》、秦蕙田《五礼通考》和胡培翚《仪礼正义》为一类③，

---

① 彭启福：《理解、解释与文化——诠释学方法论及其应用价值》，人民出版社2017年版，第67页。

② 种村和史：《宋代〈诗经〉学的继承与演变》，上海古籍出版社2017年版，第12页。

③ 本文《礼书纲目》系用影印嘉庆十五年婺源俞氏镂恩堂刊本，台联国风出版社1974年版；《仪礼集编》系用《景印文渊阁四库全书》第110-111册，台湾商务印书馆1983年版；《钦定仪礼义疏》系用《景印文渊阁四库全书》第106-107册，台湾商务印书馆1983年版；《五礼通考》系用方向东、王锷点校整理本，中华书局2020年版。

吴廷华《仪礼章句》和曹氏《礼经学》为一类。盖第一类单纯表现为分段标注，而第二类则有了合节成章的不同。

从仪节划分数量来说，经比较可知，张尔岐《句读》一书具有重要的参照标识，其次为江永《礼书纲目》。比较而言，张尔岐所分仪节中，有涵盖后世诸多仪节者，如"致馆设飧"，盛世佐析为两节，江永、吴廷华、《钦定仪礼义疏》、秦蕙田等又将其析分为"至朝""致馆""受飧"三节，皆做了更为细致的划分。但无论从仪节划分数量还是仪节名称来说，此处胡培翚、曹元弼显然受《句读》影响更深。

但仔细比较曹氏与张氏的划分，则可发现张氏先采取随文说明如"自此至不辞，言命使人之事""自此至所受书以行，言授币""自此至遂以入竟，言宾至竟，谒关迎入之事"等之类，复于每节文末标注"右命使""右授币""右将行告祢与行"等仪节，虽关注到聘礼行进时空过程，但受限于体例，未能进一步凸显《聘礼》的整体性和先后层次的进展，仍予人"较散"和"平铺"的印象，此一问题在其他诸家中亦存在。曹氏从考察《聘礼》全部礼典过程入手，将此处"命使"至"受飧"环节，全部目为聘前事环节，并分为三章，即"遣聘使之事""使者在途之事""至所聘国聘君迎待之事"。又于每章之中，依先后层次做进一步处理，如先命使，次授币，次使者及介告祢与行，次受命遂行，不仅较张氏有了合节成章的变化，也更能凸显聘礼进行过程中的时间层次感。

这一做法自与其著述体例影响有关，但一定程度上或许也可说是对吴廷华《章句》的进一步发展。盖《章句》一书："各篇皆重视仪节层次，清楚标示。"[1]从表2中也可看出，吴氏分为"将聘之仪""在道之仪"和"初至仪"三章，已较诸人更注重仪节的层次和礼典的结构问题。但相比于曹氏，其所分章节则显粗疏与笼统。"入竟"是聘使至他国的一个重要环节，因此在仪节划分上应尽可能突出。且过邦、肄仪与入竟后诸仪，经文有"若过邦""未入竟""及竟"等带有明显标识的用语，则及竟前后应做出区分。而吴氏这里全部合为"在道之仪"中，对于仪节的厘清显然有

---

① 郑宪仁:《野人习礼:先秦名物与礼学论集》，上海古籍出版社2017年版，第302页。

所不足。

同时，对于某些仪节的细微处理也能反映曹元弼对于礼典中特定时空限域的强调。如《聘礼》"过邦假道"一节之后，《仪礼郑注句读》作"豫习威仪"，《礼书纲目》《仪礼集编》《钦定仪礼义疏》《五礼通考》等作"习仪"。虽然在具体仪节上同指一事，但曹元弼在"肄仪"上突出"未入竟"，不仅呼应了经文"未入竟壹肄"，也点出了"豫习威仪"的时、地是所聘国之境，而非指其他之境，使此一仪节的时空性上更为明豁。

总之，曹氏在前人基础之上，结合自身对经文的理解，做了进一步的改良，从而将《聘礼》仪节的研究跨前了一步。

表2 《聘礼》"命使"至"设飧"清人八家分节对照

《仪礼郑注句读》	《礼书纲目》	《仪礼集编》	《仪礼章句》		《钦定仪礼义疏》	《五礼通考》	《仪礼正义》	《礼经学》	
命使	图事命使介	命使介具聘物	将聘之仪	命使、具币	命使介具聘物	命使介	命使	遣聘使之事	命使
授币	具贽币授使币	夕币		夕币	夕币	具币贽授使币	授币		授币
将行告祢与行	释币于祢及行	告祢与行		释币	释币	将行告祢与及行	将行释币告祢与行		使者及介告祢与行
受命遂行	受命于朝	受命遂行		受命	受命	受命遂行	受命遂行		受命遂行
	遂行			就道	遂行				
过他邦假道	过他国	假道	在道之仪	假道	过他国	过他邦假道	过邦假道	使者在途之事	过邦假道
豫习威仪	习仪	习仪		誓众	习仪	习仪	豫习威仪		未入竟肄仪
				习仪					

《仪礼郑注句读》	《礼书纲目》	《仪礼集编》	《仪礼章句》		《钦定仪礼义疏》	《五礼通考》	《仪礼正义》	《礼经学》	
至竟迎入	及竟	及竟	在道之仪	竟上诸杂仪	及竟	入竟	至竟迎入	至所聘国聘君迎待之事(皆聘前事)	谒关迎入
					请事				
入竟展币	三展币	展币		入竟三展币	展币	入竟展币	入竟展币		展币
郊劳	郊劳	郊劳		近郊请劳	请行郊劳	郊劳	郊劳		郊劳
				夫人劳					
致馆设飧	至朝	致馆	初至仪	至朝	至朝	至朝	致馆设飧		致馆设飧
	致馆	设飧		致馆	致馆	致馆			
	设飧			设飧	设飧	设飧			

（二）划分正变，展现礼典界限的主从之别

曹元弼分节的第二个特色在于划分正变，展现礼典界限的主别之分。这一特色其实承继自郑玄以来对于《仪礼》礼典中"正礼""变礼"的划分方式[1]。如《乡饮酒礼》"宾若有遵者"节，郑玄《注》云："不干主人正礼也。"贾公彦释此"正礼"云："正礼，谓宾主献酢是也，是以一人举觯为旅酬始，乃入，若然，即是作乐前入而于此篇末乃言之者，以其无常，或来或不来，故于后言之。"[2]又《特牲馈食礼》"祝迎尸于门外"节，贾公彦《疏》曰："自此尽'反黍稷于其所'，论阴厌后迎尸于正祭之事。"[3]其中"正祭"即突出表现祭礼中尸入，九饭以下之仪节。又朱熹《仪礼经传通解》，于《士冠礼》"醴宾"节下标曰："今按此章以上正礼已

---

① 林秀富：《析论郑玄正礼说——以〈仪礼〉进行开展》，辅仁大学博士论文，2018年，第20页。

② 郑玄注，贾公彦疏：《仪礼注疏》卷十，艺文印书馆1976年版，第101页。

③ 郑玄注，贾公彦疏：《仪礼注疏》卷四十五，艺文印书馆1976年版，第530页。

具，以下皆礼之变。"①朱熹以"正礼"指称某一礼典的重点或中心，以"礼之变"补述经文的特殊情况。

此后张尔岐、吴廷华于其著作之中，皆有正礼、变礼一类礼典界限的划分。如张尔岐《句读》之《乡饮酒礼》："右合乐及告乐备，此作乐乐宾，是饮酒礼第二段，并上段，郑氏以为礼乐之正是也。"②《少牢馈食礼》："《疏》曰：自此尽牢肺正脊加于肵，论尸入正祭之事。愚案此正祭内，尸入妥尸，尸十一饭，又自二节。"③吴廷华《章句》之《士冠礼》"右第二章，正冠之礼"，《乡饮酒礼》"右第二章，正献之礼"，《聘礼》"右第四章，正聘仪"等④。区别于正礼之外的仪节，吴氏惯用"余礼""变""杂仪"等词来标注，如《士冠礼》"右第四章，冠毕余礼"，《士昏礼》"右第八章，言礼之变"，《既夕礼》"右第八章，反哭诸杂仪"之类⑤。

这一礼典中"正""变"（或"杂""余"）的确立，使得某一礼典的重点得以突出，并且各仪节之间有了主从的区别，礼典界限得以展开，读者借此可以更直观的理解经文内容和行礼程序。曹元弼在前人基础之上，继续推进了这一礼典"正""变"的分野。如《特牲馈食礼》，作为《仪礼》十七篇中篇幅较多、仪节较为繁复琐碎的一篇，前人分法中，张氏《仪礼郑注句读》分为二十一节，江永《礼书纲目》分为三十四节，盛世佐《仪礼集编》分为三十八节，吴廷华《仪礼章句》分为十章三十四节，《钦定仪礼义疏》分为三十八节，秦蕙田《五礼通考》亦分三十八节，胡培翚《仪礼正义》分为二十一节，曹氏分为六章二十一节。相比于前人，曹氏突出了"尸入正祭"的礼典，围绕此进行仪节的划分，将之分为：祭前戒备事、祭日陈设及位次、祭之始事阴厌、尸入正祭、尸出阳厌、送宾

---

① 朱熹著，黄榦编：《仪礼经传通解正续编》卷一，北京大学出版社2012年版，第33页。

② 张尔岐：《仪礼郑注句读》，学海出版社1981年版，第144页。

③ 张尔岐：《仪礼郑注句读》，学海出版社1981年版，第716页。

④ 吴廷华：《仪礼章句》卷一、卷四、卷八，见《景印文渊阁四库全书》第109册，台湾商务印书馆1983年版，第295页、317页、377页。

⑤ 吴廷华：《仪礼章句》卷一、卷二、卷十三，见《景印文渊阁四库全书》第109册，台湾商务印书馆1983年版，第296页、306页、441页。

六个环节，结构性更加完善①。

又以《士相见礼》为例（见表3），仅从数量而言，张氏《句读》分十节，《仪礼集编》分十四节，《仪礼章句》分七节，《钦定仪礼义疏》分十五节，秦蕙田《五礼通考》分十六节，胡培翚《仪礼正义》分十二节，曹氏分十四节，诸家所分皆不同。但就内容来说，实则皆在张氏《句读》基础上的进一步分合，尤其胡培翚《仪礼正义》，除将"臣见于君"一节分为"大夫士庶人见于君""他邦之人见于君"之外，其余分节与张氏全同，仅字词小异而已。

曹氏与以往不同者，不在于具体仪节，而在从整体上划分《士相见礼》为三部分内容，篇首士与士相见为"正礼"，自"士见大夫"以下，属于由士相见推之所得；自"燕见于君"以下，则杂记诸仪。如此一来，《士相见礼》一篇，则紧紧围绕士与士相见为中心展开，除此之外的内容皆为由士相见所推而广之或由此杂记相见之仪等事，礼典界限非常清晰。实际上，张氏《句读》已指出："据经初言士相见礼，次言士见于大夫，又次言大夫相见，又次言士、大夫见于君，末及见尊长诸仪，皆自士相见推之，故以士相见名篇。"②是张氏从篇名已知此围绕士相见礼展开，然未能进一步从仪节划分中进行"正""杂"的清晰标识，而后人亦多限于分段之法，未能有所突破。曹氏熔铸前人成果，为《仪礼》分节朝向体系化的发展做出了自己的贡献。

表3 《士相见礼》清人七家分节对照

《仪礼郑注句读》	《仪礼集编》	《仪礼章句》	《钦定仪礼义疏》	《五礼通考》	《仪礼正义》	《礼经学》		
士相见礼	士相见礼	宾主相见	初相见	宾奉贽见主人	士与士相见之礼	士与士相见正礼	再请返、再辞挚而后见宾	

---

① 曹元弼著，周洪校点：《礼经学》，北京大学出版社2012年版，第152–156页。

② 张尔岐：《仪礼郑注句读》，学海出版社1981年版，第109页。

续　表

《仪礼郑注句读》	《仪礼集编》	《仪礼章句》	《钦定仪礼义疏》	《五礼通考》	《仪礼正义》	《礼经学》	
士相见礼	士相见礼	复见	复见	宾反见主人	士与士相见之礼	士与士相见正礼	初以挚见请宾反见
				主人复见宾还贽			主人还挚见宾而礼成
士见于大夫	士见于大夫	士见大夫	士见于大夫	士见大夫	士见大夫	由士相见推之	士见大夫
	士尝为臣者见于大夫	尝为臣者相见之仪	士尝为臣者见于大夫	士尝为臣者见于大夫	士尝为大夫臣者见于大夫		士尝为大夫臣者见大夫
大夫相见	大夫相见	言大夫相见	大夫相见	大夫相见	大夫相见		大夫相见
臣见于君	大夫士庶人见于君	凡见君之礼	大夫士庶人见于君	士大夫庶人见于君	大夫士庶人见于君		大夫、士、庶人见君
	他邦之人见于君		他邦之人见于君	他邦之人见于君	他邦之人见于君		他邦之人见君
燕见于君	燕见于君		燕见于君	燕见于君	燕见于君	杂记诸仪	燕见于君
进言之法	言视之法		言视之法	言视之法	进言之法		进言
侍坐于君子之法	侍坐于君子	杂记尊卑交际言语容貌之节	侍坐于君子	侍坐于君子	侍坐于君子之法		侍坐
臣侍坐赐食赐饮及退去之仪	士大夫侍饮食于君		士大夫侍饮食于君	士大夫侍饮食于君	臣侍坐赐食赐饮及退去之仪		赐食赐饮
尊爵者来见士	先生异爵者请见士		先生异爵者见于士	先生异爵者见于士	先生异爵者见士		先生异爵者见士

续　表

《仪礼郑注句读》	《仪礼集编》	《仪礼章句》	《钦定仪礼义疏》	《五礼通考》	《仪礼正义》	《礼经学》	
博记称谓与执贽之容	称于他邦之辞	杂记尊卑交际言语容貌之节	自称于他邦之辞	自称于他邦	广言称谓及执币玉之仪（附士相见礼）	杂记诸仪	广言称谓及执币玉之仪
	执币玉之仪		执币玉之仪	执币玉之容			
	自称于君		自称于君	自称于君			

此外，曹氏习惯用"别为一节"来表示礼典正礼之外的特殊内容，如《乡饮酒礼》："宾若有遵者，诸公大夫，则既一人举觯，乃入。"过去学者，如张尔岐、盛世佐、吴廷华、秦蕙田、胡培翚等，皆于上节"宾出"之后标注"右遵者入之礼"，江永作"有遵者"，在体例上并无太大突破。曹元弼则特别注明：

> 遵者入之礼，别为一节。[①]

《乡饮酒礼》之中，主人献宾、介及众宾为乡饮酒的正礼。由于遵者或来或否，并非一定，属于礼典中不必有的仪节，且如郑玄所云为了"不干主人正礼"，故诸公、大夫在"一人举觯"后方入。因此曹氏将"遵入"一事，以"别为一节"标目，可以说很恰当地体现了经文和郑《注》所要表现的内涵，彰显了《乡饮酒礼》的主、从之别。

（三）构建整体结构，呈现内在条理

无论是注重层次和礼典过程的先后，还是划分正变，其实都是为了更好的构建某一礼典的整体结构，使如满屋散钱的诸多仪节呈现出其内在的行为条理，从而令读者可以较好地把握完整的行礼面貌。曹氏的这一特

---

① 曹元弼著，周洪校点：《礼经学》，北京大学出版社2012年版，第83页。

色，集中表现于《仪礼》中《士丧礼》《既夕》《士虞礼》三篇所反映的"丧礼"之中。这是因为完整的丧礼包含丧、葬、祭三部分内容。正如沈文倬先生所言："《士丧礼》上篇不仅与记述葬礼部分的下篇《既夕》相连成文，不可分割；而且还必须包括记述葬后三虞、卒哭、小祥、大祥、禫等丧、吉诸祭的《士虞礼》，方能成为完整的三年之丧。"①

丧礼这一礼典的中心，乃是围绕对于死者魂魄的处理，包含丧、葬、祭三部分内容。生者通过复、沐浴、饭含、袭、小敛、大敛、朝庙、下葬、反哭、虞祭、卒哭、祔庙、小祥、大祥、禫祭等仪节，抒发郁结于心的伤痛并渐渐接受亲人已逝的事实，死者则在这一过程中完成由人到祖先的转变。从临终迁于正室开始，丧礼的一系列仪节即渐次开展。

今比较诸家所分《士丧礼》及《既夕礼》仪节可见（见表4、表5），曹氏与张尔岐、江永、盛世佐、《钦定仪礼义疏》、秦蕙田、胡培翚等的区别，在于从整体上划分为"始死日事""亲丧第二日小敛之礼""亲丧第三日大敛而殡之礼""第四日至葬前""将葬""先葬二日""既定期""及葬日"等诸章，是为丧礼正礼，并别出"君若有赐焉""大敛之明日成服，杖，拜君命及宾"等特殊变礼，使丧礼礼典呈现在时间的脉络中有序的进行，融合了之前所言曹氏注重层次和礼典过程的先后与划分正变的两大特点。相比张尔岐虽以"○"标注部分仪节的合并以为读者提示，曹氏的做法更为完善和醒目。

就分章来说，吴廷华虽直接做了分章的处理，但所分章节如小敛前"始死诸杂仪""含袭诸仪"实皆属于始死当天之事，不必重复分章；而葬后反哭的虞礼，乃是丧礼中非常重要的仪节，曹氏所谓"以虞易奠，以吉祭易丧祭，生事毕而鬼事始矣"，吴氏以杂仪目之，对于礼义的把握显然有欠精准。又如"请期"到"启殡"，吴廷华全部纳入"启"一章，曹元弼则析分为"先葬二日"与"既定期，明日"两章，将"启殡"亦归入"明日"的章节之中，显然更为合理。

至于《仪礼集编》《钦定仪礼义疏》和《五礼通考》，在分节处理上多

---

① 沈文倬：《菿闇文存》，商务印书馆2006年版，第27页。

有受江永《礼书纲目》的影响，尤其划分"始死"和"复魂"为两个仪节。胡培翚《仪礼正义》虽然没有析分为二，但改为"始死复"，显然也是参酌了江永的意见。至曹氏所谓"自篇首至设重，皆始死日事"分章中也特别突出"始死"的时间点，也不难看到江永以来的传统脉络。但在"陈沐浴袭饭含之具""陈小敛衣绖带奠"两处，诸家又明显沿张氏《仪礼郑注句读》，从中也可看出张氏对整个清人《仪礼》分节的重要影响。

而比较诸家对大敛仪节的划分，曹元弼与江永、吴廷华、《钦定仪礼义疏》、胡培翚等一致，而与张尔岐、盛世佐、秦蕙田分歧较大。张尔岐等人将经文"宵，为燎于中庭"一段归入"厥明，灭燎"之中。曹氏等人则认为大敛的正礼应自"厥明，灭燎"至"就次"，以上分属小敛后之礼。根据丧礼礼仪流程的结构而言，"宵，为燎于中庭"乃承上小敛奠而言，显然曹氏等的读法更为合理。

此外，经文"君若有赐焉"一节，并非礼典必有的仪节，故曹氏以"别出"标注，不干正礼，从而使礼典结构清晰，主从分明。张尔岐等人则未做此区分，甚至通言之"以上皆丧亲第三日事"。

"三日成服"乃是丧礼中一重要仪节，郑玄《注》云："既殡之明日。"则大敛之明日。另据经文云"三日成服，杖"可知，柱杖也是重要的外在标识。对于此处张尔岐等人皆以"成服"命名的做法，对于熟识礼文者而言，自然明白涵摄有杖在内。然而时移世易，曹氏特别指出"大敛之明日成服，杖"，对于初学《仪礼》者而言，显然更具启示意义。而"别为一节"的标注，也凸显"成服"在整个丧礼中的时间标志性和象征意义。

其他有受前人影响而斟酌分合者，如"朝夕哭奠"和"朔月奠及荐新"，皆属于大敛后、葬前之事，故曹氏与秦蕙田《五礼通考》一致，合并为一章，下分两节，其中层次亦很清晰。"将葬"，分别经历"筮宅"，"哭柩、哭明器"和"卜葬日"的仪节，曹氏合此三节为一章，又与吴廷华的处理方式接近，也较张尔岐等受限于著述体例，分别罗列更具结构性。

总之，从曹氏的划分中可以看出，丧礼这一礼典的中心程序非常清楚，即：始死—小敛—大敛—殡—葬—祭。

表4　《士丧礼》清人八家仪节划分对照

《仪礼郑注句读》	《礼书纲目》	《仪礼集编》	《仪礼章句》	《钦定仪礼义疏》	《五礼通考》	《仪礼正义》	《礼经学》	
复魂	始死	始死	始死诸杂仪	始死	始死	始死复	自篇首至设重，皆始死日事	复
	复	复		复	复			
事死之初事	楔齿缀足	楔齿缀足	奠	楔齿缀足	设奠帷堂	楔齿缀足奠帷堂		楔齿、缀足、奠
	始死奠帷堂	设奠帷堂		始死奠帷堂				
使人赴君	命赴拜宾	赴于君	赴君	命赴者	赴于君	使人赴君		赴于君
主人以下室中哭位	室中位	哭位	面位	哭位	哭位	尸在室主人以下哭位		序主人以下哭位
君使人吊	君使人吊	君使人吊	君使人吊	君使人吊	君使人吊	君使人吊裞		君使人吊
君使人裞	君使人裞	君使人裞	裞	君使人裞	君使人裞			君使人裞
亲者庶兄弟朋友裞	亲友裞	亲者庶兄弟朋友裞		庶裞	亲者庶兄弟朋友裞	亲者庶兄弟朋友裞		亲者、庶兄弟、朋友裞
为铭	为铭	为铭	含袭诸仪	为铭	为铭	为铭		为铭
沐浴含饭之具陈于阶下者	陈沐浴袭饭含之具	陈沐浴袭饭含之具	陈设	掘坎为垼濯器	沐浴饭含之具陈于阶下者	沐浴饭含之具陈于阶下者		陈沐浴、饭含、袭之在阶下者

续　表

《仪礼郑注句读》	《礼书纲目》	《仪礼集编》	《仪礼章句》	《钦定仪礼义疏》	《五礼通考》	《仪礼正义》	《礼经学》	
陈袭事所用衣物于房中	陈沐浴袭饭含之具	陈沐浴袭饭含之具	含袭诸仪／陈设	陈袭事	袭衣服陈于房中者	袭事所用衣物陈于房中者	自篇首至设重，皆始死日事	有在房中者
沐浴饭含之具陈于序下者			含袭诸仪／陈设	陈沐浴饭含之具	沐浴饭含之具陈于西序下者	沐浴饭含之具陈于序下者		有在序下者
沐浴	沐浴	沐浴	沐浴	沐浴	沐浴	沐浴		沐浴
饭含	饭含袭	饭含	饭含袭	饭含	饭含	饭含		饭含
袭尸		袭	饭含袭	袭	袭	袭		袭
设重	设重置铭	设重	设重	设重置铭	设重	设重		设重
陈小敛衣		陈小敛衣	小敛礼／陈具	陈小敛衣	陈小敛衣	陈小敛衣	亲丧第二日小敛之礼。敛前先陈设衣物	陈衣
馔小敛奠及设东方之盥	陈小敛衣经带奠	陈小敛奠设盥	陈具	馔小敛奠	馔小敛奠及东方之盥	馔小敛奠及设东方之盥		馔奠及东方之盥
陈小敛经带		陈经带	陈具	陈经带	陈小敛经带	陈小敛经带		陈经带
陈床笫夷衾及西方之盥	陈床笫夷衾设盥	陈床笫夷衾设盥	陈具	设床笫盥	陈床笫夷衾及西方之盥	陈床笫夷衾及西方之盥		陈床笫、夷衾及西方之盥
陈鼎实	陈鼎俎			陈鼎	陈鼎实	陈鼎实		陈鼎实

《仪礼郑注句读》	《礼书纲目》	《仪礼集编》	《仪礼章句》	《钦定仪礼义疏》	《五礼通考》	《仪礼正义》	《礼经学》
小敛俟尸及主人主妇祖髻发免髽袭绖之节	小敛	小敛	小敛礼	小敛	小敛	小敛迁尸及主人主妇祖髻发免髽袭绖之节	陈设毕	小敛主人、主妇于是髻发,免、髽
	奉尸俟于堂拜宾	奉尸俟于堂拜宾		奉尸于堂	小敛	小敛		
小敛奠		小敛奠						敛毕乃奠
此小敛后节哀之事	小敛奠			小敛奠	小敛奠	小敛奠	代哭	代哭
小敛后致襚之仪	有襚者	襚		重记襚礼	有襚者	小敛襚	小敛后致襚之仪	小敛后	宾或有襚者
	设燎			为燎	设燎		小敛之夜设燎	宵为燎
陈大敛衣奠及殡具	陈大敛衣奠及殡具	陈大敛衣奠及殡具	大敛之仪	陈具	陈大敛衣	陈大敛衣奠及殡具	陈大敛衣奠及殡具	亲丧第三日大敛而殡之礼	陈大敛衣奠及殡具
					馔殡奠				
					为殡具				
					陈鼎				
彻小敛奠	彻小敛奠帷堂	彻小敛奠帷堂		彻小敛奠	彻小敛奠	彻小敛奠	彻小敛奠		彻小敛奠
大敛	大敛	大敛		大敛	大敛	大敛	大敛		大敛

续　表

《仪礼郑注句读》	《礼书纲目》	《仪礼集编》	《仪礼章句》		《钦定仪礼义疏》	《五礼通考》	《仪礼正义》	《礼经学》	
殡	殡	殡	大敛之仪	殡	殡	殡	殡	亲丧第三日大敛而殡之礼	殡
大敛奠	大敛奠	大敛奠		大敛奠		大敛奠	大敛奠		大敛奠
大敛毕，送宾送兄弟及出就次之仪	丧次	宾出主人就次		就次	殡奠		大敛毕送宾兄弟及出就次之仪		送宾
君临亲视大敛之仪	君视敛	君视大敛			君视大敛	君视大敛之仪	君临视大敛之仪	别出君视大敛之仪	
成服	成服	成服拜君命及宾		成服	成服	成服	成服	大敛之明日成服，杖，拜君命及宾。别为一节	
	拜君命及宾				拜吊者				
朝夕哭奠	朝夕哭	朝夕哭	殡后诸杂仪	朝夕哭	朝哭	朝夕哭奠	朝夕哭奠	第四日至葬前	每朝夕哭奠
	彻大敛奠	彻大敛奠		彻大敛奠	彻殡奠				
	朝夕奠	朝夕奠		朝夕奠	朝奠				
朔月奠及荐新	朔月奠荐新	朔月奠荐新		朔奠	朔奠	朔月奠　荐新奠	朔月奠及荐新		朔月奠及荐新
筮宅兆	筮宅	筮宅	营葬	筮宅	筮宅	筮宅	筮宅兆	将葬	筮宅

续　表

《仪礼郑注句读》	《礼书纲目》	《仪礼集编》	《仪礼章句》		《钦定仪礼义疏》	《五礼通考》	《仪礼正义》	《礼经学》	
哭柩 哭器	井椁 献明器	哭柩 哭器	营葬	井椁 献明器	视椁 视器	哭椁 哭器	视椁 视器	将葬	哭椁、哭 明器
卜葬日	卜葬日		卜日		卜葬日	卜日	卜葬日		卜葬日

表5　《既夕礼》清人八家仪节对照

《仪礼郑注句读》	《礼书纲目》	《仪礼集编》	《仪礼章句》		《钦定仪礼义疏》	《五礼通考》	《仪礼正义》	《礼经学》	
请启期	请启期	请启期		请启期	请启期	请启期	请启期	先葬二日	既夕哭，请启期
豫于祖庙陈馈	陈朝祖奠具	陈朝祖奠	启	陈具 即位	陈祖奠器馔	陈朝祖奠	豫于祖庙陈馈		祖庙陈馈
启殡	启	启		启殡	启	启殡	启殡		启殡
迁柩朝祖	朝祖荐车设奠荐马	朝祖	迁祖	朝祖	朝祖	朝祖	迁柩朝祖	既定期，明日	迁柩朝祖
荐车马，设迁祖之奠		请祖期		奠及荐车马 请祖期	荐车设迁祖奠荐马	荐车马，设迁祖奠	荐车马设迁祖之奠		荐车马 设迁祖奠
将祖时，先载柩，饰柩车	请祖期 载 饰柩	载柩		请祖 载柩	载柩	载柩，饰柩车	将祖时先载柩饰柩车		请祖期，乃载柩、饰柩车

《仪礼郑注句读》	《礼书纲目》	《仪礼集编》	《仪礼章句》	《钦定仪礼义疏》	《五礼通考》	《仪礼正义》	《礼经学》
陈器与葬具、载柩陈器	陈器	祖	饰柩	陈器	陈明器	陈器与葬具	陈器与葬具
			陈器				
还柩车，设祖奠	祖奠荐马		还车	祖	祖奠	还柩车设祖奠	还柩车
			祖奠				设祖奠
	请葬期	请葬期	请葬期	请葬期			既定期，明日
国君赗礼	公赗	公赗	公赗	公赗	公赗	国君赗礼	其日公有赗、宾有赗、有奠、赗赠
宾赗奠赗赠之礼	亲宾赗奠赗赠	宾赗奠赗赠	赗赠　宾赗赗	宾赗奠赗赠	宾赗奠赗赠	宾赗奠赗赠及代哭为燎之事	
				代哭			
				为燎			
葬日陈大遣奠	陈遣奠　遣奠	遣奠	陈具　奠	遣奠	遣奠	葬日陈大遣奠	陈大遣奠
将葬，抗重出	重出车马奠器从	重出车马奠器从	枢行之仪　器出于道	出重与车马	出重与车马	将葬重出车马苞器以次先行乡圹	及葬日　出重、行器
车马苞器以次先行乡圹				苞牲	苞牲		
				行器	行器		
读赗读遣	读赗	读赗读遣	读书	读赗读遣	读赗读遣	读赗读遣	读赗、读遣

续　表

《仪礼郑注句读》	《礼书纲目》	《仪礼集编》	《仪礼章句》		《钦定仪礼义疏》	《五礼通考》	《仪礼正义》	《礼经学》	
枢车发行及在道君使宰赠之仪	枢行	枢行	枢行之仪	枢行	枢行	枢行	枢车发行及君使赠之仪		枢车发行、君使宰夫赠于邦门
	公使人赠	公赠		公赠	公赠	公赠			
窆枢藏器葬事毕	至圹	窆	葬礼	至圹	窆	窆	窆枢藏器葬事毕	及葬日	葬
	窆			窆					
反哭于庙于殡宫出就次于是将举初虞之奠矣	反哭	反哭	反哭诸杂仪		反哭	反哭	反哭于庙于殡宫出就次于是将举初虞之奠		反哭
略言葬后仪节及丧祭之目	虞卒哭祔				虞卒哭祔	举葬后仪节	略言葬后仪节及祭名		略言葬后仪节及丧祭之目

至于《士虞礼》的部分（见表6），曹元弼与张尔岐、江永、盛世佐、《钦定仪礼义疏》、秦蕙田和胡培翚最大的不同，在于围绕尸祭的前后进行体系的构建，依次展开整个礼典的进程："将祭""祭之始事""正祭""正祭毕，改馔西北隅以厌饫神"和"祭礼毕，送宾"五个环节，结构清晰，层次清楚，尤便初学。

再比较吴廷华与曹元弼的分节，二者主要的分歧在于对"正祭"的不同理解。宗庙之祭必立尸，尸为代替鬼神受祭之人。因此祭祀的礼典中心，围绕尸入室和事尸的行为展开。以士祭为例，凡尸未入室之前，设馔于奥,为阴厌;尸入九饭,卒食酳尸,主人、主妇、宾长三献后尸出;尸既出室之后,改馔于西北隅,行阳厌。以此观之,尸入九饭和卒食酳尸的室内之礼皆为正祭之事,吴氏将"卒食三献"排斥于正祭之外,并不符合经文之义。且其"飨神"的说法,也不如阴厌更为准确;另外阳厌为重要仪节,不应以杂仪视之,当如曹氏、张氏等人单列为一节。

表6 《士虞礼》清人八家仪节对照

《仪礼郑注句读》	《礼书纲目》	《仪礼集编》	《仪礼章句》	《钦定仪礼义疏》	《五礼通考》	《仪礼正义》	《礼经学》	
陈虞祭牲羞酒醴器具	陈馔具	陈设	馔具	陈馔具	陈馔具	陈虞祭牲酒器具		陈牲酒、器具
主人及宾,自门外入即位	门外位／门内位	即位	面位	门外位／门内位	主人及宾入即位	主人及宾自门外入即位	将祭	主人及宾自门外入,即位祭前事
设馔飨神,是为阴厌	设馔／飨神	阴厌	祭前之礼	陈设／飨神	设馔飨神是阴厌	设馔飨神是阴厌	祭之始事	设馔飨神是谓阴厌
延尸妥尸	迎尸	迎尸	正祭	尸入	迎尸	迎尸妥尸	正祭	延尸、妥尸
飨尸,尸九饭	尸食	尸九饭		九饭	尸食	飨尸尸九饭		飨尸,尸九饭
主人献尸,并献祝及佐食／尸醋主人	主人酳尸／尸酢主人	主人酳尸／尸酢主人	卒食三献	主人酳尸／尸酢主人	主人酳尸／尸醋主人	主人献尸并献祝及佐食		主人献尸并献祝及佐食

续　表

《仪礼郑注句读》	《礼书纲目》	《仪礼集编》	《仪礼章句》		《钦定仪礼义疏》	《五礼通考》	《仪礼正义》	《礼经学》	
主人献尸,并献祝及佐食	主人献祝	主人献祝	卒食三献	主人献祝及佐食	主人献祝佐食	主人献祝	主人献尸并献祝及佐食	正祭	主人献尸并献祝及佐食
	主人献佐食	献佐食				主人献佐食			
主妇亚献	主妇亚献	主妇亚献		主妇亚献	主妇亚献	主妇亚献	主妇亚献		主妇亚献
	主妇献祝佐食			主妇献祝及佐食	主妇献祝佐食				
宾长三献	宾长三献	宾长三献		宾长三献	宾长三献	宾长三献	宾长三献		宾长三献
祝告利成,尸出	祝告利成	祝告利成尸出	祭后诸杂仪	祝告利成	祝告利成	祝告利成,尸出	祝告利成尸出		祝告利成、尸出
	尸出降			尸出	尸出				
改设阳厌	阳厌	阳厌		改馔	改设	改设馔,是为阳厌	改设阳厌		正祭毕,改馔西北隅以厌饫神,为一节,是谓阳厌
礼毕送宾	事毕	事毕宾出		礼毕	事毕	事毕送宾	礼毕送宾		祭礼毕,送宾

总之，礼典具有整体性，其所有组成部分之间，皆有密切的关联性。从张尔岐、吴廷华等人的分节之中，不难看出他们已初步具备礼典整体性的意识，但在完善性方面尚不如曹氏。这和著述体例、时代先后固然有

关，但也与曹氏本人"少治《礼经》，熟读其文，潜研其义"①的经历密不可分。正是在前人的基础之上，曹元弼通过仪节层次的划分、礼典界限的说明，最终架构起某一礼典的整体结构，将《仪礼》分节之业推上了新的高度。

三、守约治经与《仪礼》分节的第三种方式

《仪礼》仪节的划分，其目的是更好地理解和诠释经文的内涵，这两者紧密相关。曹元弼《礼经学·要旨》一篇，着眼的就是礼义的阐发。过去受限于著述体例，无论是贾公彦、朱熹、张尔岐、江永、盛世佐、吴廷华之作还是《钦定仪礼义疏》《五礼通考》《仪礼正义》，都是附属于经文的方式，成为分节与经文合一的文本。然而曹元弼在《礼经学·要旨》中所做的仪节划分，却展示了在随文说明和分段标注两种方式之外的第三种方法——仪节的独立呈现。同时，曹元弼将一节之中能够体现经文礼义的部分摘出，引用《注》、《疏》、诸家之说或自下按语，另行说明，以疏通经文礼义，达到提要钩玄的目的。这种将《仪礼》分节抽离于经文，同时诠释大义的方法，缘于曹元弼撰作《礼经学》一书的时代背景和其强调的"守约治经"的经教之法。

光绪二十三年（1897），曹元弼受聘于张之洞为两湖书院经学总教。光绪二十四年（1898），张之洞撰成《劝学篇》，以辟邪说，正学术，维世道。曹元弼因撰《原道》《述学》《守约》三篇以推广其说，开示诸生为学之方。如其《守约》一篇言：

> 时局之危，朝不谋夕。需材之亟，刻不容缓。前举各书遍读尽通，已非十余年不为功。今日之学，如理军市、如救水火、如医急症、如求亡子。风雨漂摇，危急存亡之秋，岂能从容待此？善乎南皮

① 曹元弼著，许超杰点校：《礼经大义》，见干春松、陈壁生：《曹元弼的生平与学术》，中国人民大学出版社2018年版，第191页。

张相国之《劝学篇》，设治经简易之法，为守约之说。[①]

　　面对晚清风雨飘摇的时局，曹元弼认为已无时间和精力允许学子从容沉潜经义，必须在短时间内作育出足够应付时艰的人才，如此唯有强调守约一法，即将经学要义概括出来，切于实用，便于教学。曹元弼对现实有深深的忧虑和关切，所谓："丁酉、戊戌间，邪说横流，暴行将作，学非而博、言伪而辨之徒谋乱天下，先乱圣经。"[②]在这种情况下，"张文襄师与余商榷，欲将经义提纲挈领，昭示上林，以闲圣道、放淫辞"[③]。这一"将经义提纲挈领，昭示上林"的做法，就是后来的《十四经学》。曹氏在《周易郑氏注笺释》中说：

　　　　文襄师以世道衰微，人心陷溺，邪说横行，败纲斁伦，作《劝学篇》以拯世心，内有《守约》一章，立治经提要钩元之法，约以明例、要旨、图表、会通、解纷、阙疑、流别七目，冀事少功多，人人有经义数千条在心，则终身可无离经叛道之患，属元弼依类撰集《十四经学》。[④]

　　可见所谓守约之法，即张之洞《劝学篇》中提到的"明例、要旨、图表、会通、解纷、阙疑、流别"七种方法。而"要旨"的具体含义，正如曹元弼自己所说：

　　　　旨者，经之所以为心，圣人所以继天觉民，幸教万世，学者治身心、治天下之至道，精微广大，探索无穷。今仿顾氏《日知录》之

---

① 曹元弼：《复礼堂文集》卷一《守约》，文史哲出版社 1973 年版，第 46-47 页。

② 曹元弼著，许超杰、王园园点校：《复礼堂述学诗》卷十三，中国社会科学出版社 2022 年版，第817 页。

③ 曹元弼著，许超杰、王园园点校：《复礼堂述学诗》卷十三，中国社会科学出版社 2022 年版，第817-818 页。

④ 曹元弼：《周易郑氏注笺释·序》，民国十五年（1926）曹氏刻本，第 517-518 页。

例，掇举经句，系以先儒成说，并下已意，为有志闻道者举隅。①

对于素来抱有扶持"名教纲常之责"的曹元弼来说，能以简易方法教授经学要义大旨，从而发挥"正人心、息邪说"的经世之用，维护传统的纲常名教，是曹元弼义不容辞的事业。其《礼经学》正是在这样的背景下，从注重教学实践的需要中产生，自然有不同于张尔岐、吴廷华、胡培翚等前人之所在。

考之曹元弼《礼经学·要旨》中，其分节之后摘取章节以作诠释的内容，大体可分如下四种。

（一）有阐发礼教大义者

《仪礼》礼仪琐碎，初学不明其义，往往不得要领。曹元弼一生究心于礼学，处于清末立宪改革声浪之中，欲寻礼以传扬兴复之道。故行文、讲学，每重礼经大意之阐发。其于《礼经学·要旨》中，首先引述凌廷堪《复礼》、张惠言《原治》二文，从总体上阐发礼意宏旨、教化之道，并于仪节划分之中，多次申发亲亲、尊尊、长长、贤贤和男女有别的"礼之大体"②。如《冠礼》：

> 见母节。《记》曰："见于母，母拜之，成人而与为礼也。"案：见母在闱门之外。《校释》曰："冠礼，父入庙行礼，母离寝而在庙之闱门外待之，盖父母共以成人之礼成其子也。兄弟随父而立于堂下，以观礼。姑、姊随母而待于寝门内。"读此经，令人孝弟之心油然生矣。又曰："父母生子，自呱呱一声而后，无一刻不望其长大成立。故冠礼父主之，冠毕，即急见母也。圣人制礼，曲达人情如此！母

---

① 曹元弼:《周易学·十四经学略例》,见复旦大学图书馆古籍部:《复礼堂遗书》第1册,中华书局 2019年版,第52页。

② 曹元弼著,周洪校点:《礼经学》,北京大学出版社2012年版,第1页。

拜，与为礼，亦所以深动人子事亲、立身、孝敬之心。"①

　　冠礼为礼之始，其目的在于责求成人之道。冠礼三加之后，冠者取脯，适东壁见于母。对于这一见母的仪节，诸家所论多在见母之地点和母何以拜子两方面。郑《注》以"适东壁"为出闱门，对此曹氏沿郑《注》脉络，肯定这一说法之后，乃转而阐发其中所呈现的"孝弟之心"。母拜子，也是出于触动"人子事亲、立身、孝敬之心"。可以说，其阐述角度区别于以往礼家之视域，融入了父母对子女的关心期盼以及子女孝亲诸多情感因素，引入日常生活经验，使仪节不再是枯燥、遥远的繁琐仪式，而体现出亲子之间的爱敬之道。

（二）有发挥郑《注》礼义者

　　《礼记》所谓："礼之所尊，尊其义也。失其义，陈其数，祝史之事也。"②可见礼学研究，根本之处还在明晓其义。郑玄《仪礼注》之所以为后世轨范，正因其不但详于训诂名物与典章制度，更在于能发挥礼义的内涵，创通大义。然郑《注》简约，其中深刻处有待后人诠说，以崇尚郑学为标榜的曹元弼对此有深刻的体悟和阐发，并将之体现于仪节划分之中，如《乡射礼》：

　　　　献众宾节。《注》曰："献宾毕，乃与众宾拜，敬不能并。"《校释》曰："君子之行礼也，致敬于一人，则不以他人贰之。故拜众宾必在献宾毕，遵入必在一人举觯后，所谓持一中者谓之忠也。若以拜众宾之节，杂于献宾之时，则其心先不诚，而礼皆不可行矣。敬不能并，礼之通义。"③

① 曹元弼著,周洪校点:《礼经学》,北京大学出版社2012年版,第61页。

② 郑玄注,孔颖达疏:《礼记注疏》卷二十六,艺文印书馆1976年版,第504页。

③ 曹元弼著,周洪校点:《礼经学》,北京大学出版社2012年版,第88页。

礼以敬为上，可此处郑玄却强调"敬不能并"的原则。此盖因乡射之礼，有宾与众宾之分。宾为尊，众宾差之。主人朝服速宾之后，宾及众宾从主人而来，主人与宾行再拜礼，与众宾行揖礼。其后主人与宾行宾、主一献之礼，献宾完毕，主人方拜众宾，故郑玄以此为"敬不能并"。从行礼程序上而言，自宾来之后，先与宾行饮酒之礼，礼典中心在宾主相对行礼，故礼在此二人。其内在精神正如有学者所言："主、客行礼方面的敬不能并，就是要通过区别行礼的主次先后次序来达到不并敬的目的。"①所以主人不于此间礼众宾。若众宾与宾同时得再拜之礼，则尊无所差，嫌有二正宾，混乱礼典之进行，曹氏认为如此"其心先不诚，而礼皆不可行"，从"礼之通义"的角度深刻诠释了郑《注》"敬不能并"的礼义。

（三）有强调士君子人格者

传统经学并不仅仅是一个纯粹的知识体系，更是一种深刻的人文教育，注重于治经者或读书人的内在修养与外在淑世的一以贯之。故读书人的士风问题向来是儒者关切之重点，尤其在衰乱之世，更以激切士心、涵养士德为拨乱世、反诸正的重要举措。曹元弼抱耿介孤忠，律己甚严，于士人的德性修养和世道安危间的关联多有阐述，如《士相见礼》：

> 进言节。"与君言，言使臣。与大人言，言事君。与老者言，言使弟子。与幼者言，言孝弟于父兄……"按：孝弟忠信慈祥，士之所以为士。士之言如此，则士心正。士心正，则人心正。盖仁义礼智生于心，若性命肌肤之不可移，而后出言有章，辨说得当，相劝而善，相励以礼，父兄之教先而子弟之率谨，虽欲风俗不美，道德不一，其可得乎？后世士不成士，群居终日言不及义，混然无道如蛮如髦，鄙倍成风，是非无正，而邪说暴行作矣。所望有道仁人恪守此礼，非法不言，惠训不倦，虽沧海横流非一朝一夕之故，而民之秉彝不能尽泯，千百人中，必有一二人奉我教者。千百言中，必有一二言入人心

---

① 郭超颖：《〈仪礼〉文献探研录》，人民出版社2020年版，第104页。

者。为天地存人心，为国家培元气，通经致用，莫急于此！①

《士相见礼》此处所论，并无突出强调士人德性的一面，然而曹元弼却指出"孝弟忠信慈祥，士之所以为士"，并将之引申为"士之言如此，则士心正。士心正，则人心正"的风俗教化问题。慨叹当世所之以为是非无正、邪说暴行有作，正在于"士不成士，群居终日言不及义，混然无道如蛮如髦，鄙倍成风"，从而希望"千百人中，必有一二人奉我教者"，从而达到能为天地存人心、为国家培元气的目的。从大的方面而言，强调士风自然体现了一定的经世意涵，而对于人格的养成，又适成为通经致用的起点②。

（四）有注重经世之用意者

清代自道光之后，内忧外患同时并发，深刻的危机感使许多读书人无法从容治学、走乾嘉经典考证之路，其学术精神也从考据转向经世致用。曹元弼处晚清多事之秋，以维护纲常名教、阐发礼义微言为己任，经世之志常流露于著述之间。礼学在其看来，可以"纾君父之忧，闲周、孔之道，正人心、息邪说、激智勇、兴政艺、强中国、御外患"，是可以应对危局，复兴国家之所在。故其亦于仪节细微之处，揭举经世之义，如《大射》：

> 张射侯节。注曰："侯，谓所射布也。尊者射之以威不宁侯，卑者射之以求为侯。"……问者曰：得为诸侯与否，惟决于射乎？曰：射，兵事也；诸侯，后世之疆臣将臣也。知兵者，可使为疆臣将臣；不知兵者，不使为疆臣将臣，所以保国而庇民也。古之诸侯无不能军，中国所以强也；无不能礼，天下所以安也。……"大侯之崇，见鹄于参"，注曰："鹄，所射之主。《射义》曰：'为人君者以为君鹄，

---

① 曹元弼著，周洪校点：《礼经学》，北京大学出版社2012年版，第76-77页。

② 有关曹氏自身功夫修养、个体道德与经世之间的关联，可参看本书第五章。

为人臣者以为臣鹄，为人父者以为父鹄，为人子者以为人鹄。'言射中此，乃能任已位也。鹄之言较，较，直也，射者所以直已志。然则正者，正也。"……问者曰：射者之鹄，于父子君臣何与？曰：天下之人，父子君臣尽之，而所以能君君、臣臣、父父、子子无离散死亡之祸者，皆兵之由。故射者，男子之所有事也。苟一人不举其事，即天下有无兵之渐，而彝伦有或斁之忧。圣人之教射，使天下人人互相卫以自卫。为君父者，以为保有臣子，在此鹄也。为臣子者，以为翼戴君父，在此鹄也。孝子战阵必勇，以为臣鹄，以为子鹄也。偾军之将、亡国之大夫，不知己之鹄者也。[1]

儒家一向反对暴力，并不过于强调勇力和技艺，故其射礼也成为一种"饰之以礼乐"的寓教于射的活动[2]，体现为正心修身、反躬自省的方式。其射中目标与否，端取决于射者是否"内志正，外体直"的心志中正与行礼规范。曹元弼在上述传统内涵中，面对问者所谓"得为诸侯与否，惟浃于射乎"的疑问，突出了"射，兵事也"，知兵者与不知兵者所带来的后果截然相反，着眼点在保国而庇民，并将之与中国所以强和天下所以安相关联，不能不说隐含着对时局的关切和忧心。而对于"射者之鹄，于父子君臣何与"的问题，曹氏也从军事纷争说起，强调"圣人之教射，使天下人人互相卫以自卫"，较之郑《注》所谓："言射中此，乃能任己位也"的一般叙述，更突出了保有臣子、翼戴君父、战阵必勇等时代色彩鲜明的内涵。不能不令人感慨晚清时局带给传统经学者的压力。

四、结论

有关《仪礼》仪节的划分，是阅读礼书的基础，也是研究礼学的重要方法。本章通过对曹元弼《礼经学·要旨》中所涉《仪礼》仪节的划分，

---

[1] 曹元弼著，周洪校点：《礼经学》，北京大学出版社2012年版，第101页。

[2] 彭林：《中国古代礼仪文明》，中华书局2005年版，第158页。

讨论了曹元弼《仪礼》分节的有关思想。易言之，曹氏在贾公彦、朱熹、张尔岐、江永、盛世佐、吴廷华、《钦定仪礼义疏》、秦蕙田和胡培翚等开辟的基础之上，展现出更加注重层次和礼典过程的先后与展现时间的纵深感、划分正变与展现礼典界限的主从之别、构建整体结构与呈现内在条理的三大特色。同时因面临晚清的时代困局，曹氏受张之洞"守约治经"说的影响，撰作《十四经学》以为经学教本的过程中，也开创了在随文说明和分段标注两种仪节划分方式之外的第三种方法，较好达到了疏通经文礼义与提要钩玄相统一的目的，实具有重要的学术价值。

晚近以降，经学解体，已鲜有人阅读经书（礼书），相反关于经学（礼学）通论、概论一类通识性著作不胫而走。曹元弼这种抽离了经书原文，单独呈现仪节划分的方法，成为多数礼学类通论著作的选择，如钱玄《三礼通论》中《冠礼通释》《婚礼通释》《丧礼通释》《祭礼通释》和《聘礼通释》中"仪式"部分内容或叶国良先生《中国传统生命礼俗》中对先秦冠笄之礼、先秦婚礼、先秦丧葬礼仪和先秦祭祖礼仪的描述之类都是单列仪节的介绍性文字。经过多年的探索和发展，现代学人对仪节划分的精确方面，显有比之曹元弼等传统经师更进步之处，但对于曹氏这种融仪节与礼义为一体的做法，似并未被继承，不能不说多少有些遗憾，仍有待学界的继续努力。

第五章　学为圣贤与礼以治心

——曹元弼日记所展现的生命修炼

曹元弼作为近代重要的经学家，当前学界已从多个角度对其进行了研究。但整体来说，现有研究多关注其学说，其本身个性形象如何，因史料中刻画不多，学界论述也多从护持纲常的卫道者角度进行论述。凭此建构起来的曹氏形象无疑过于简单。正如柯雄文所指出的："每一个活着的人都寄寓在一个历史情境（historical situation）之中。在面对变动不居的环境时，他是活在他的文化传统里的。"[①]对于曹元弼而言，其所生活的晚清，实为中国文化之大结集时代，曹氏一生实将儒家传统的内容倾注于自己的生命之中，而形成一种既继承传统，又有着时代烙印之下的独特生命风格。

这一独特的生命风格究竟为何，正是学者需要去深入探究的。近来曹氏日记的整理出版，恰可为我们认知曹氏形象和其生命底色提供直观的素材[②]，这其中尤以理学对曹氏的影响具有重要的学术思想史意义。传统认为宋明理学在清代日益衰落，当时占据主流的为乾嘉考据学。但实际上，"宋明以来的理学传统在有清一代持续有所发展，特别是作为一种'身心

---

①　柯雄文著，沈清松审订：《君子与礼：儒家美德伦理学与处理冲突的艺术》，台大出版中心2017年版，第2页。

②　曹氏日记整理者李科在《曹元弼日记》前言中已从丰富对曹氏思想学术的认识、提供丰富的生平资料、补充曹氏交游资料和补充相关人物生平资料四个方面对曹氏日记的学术价值进行了简要梳理。可参曹元弼著，李科整理：《曹元弼日记》前言，凤凰出版社2020年版，第8—20页。

修炼'的功夫实践，以更为日常化的方式为儒家士人所践行"①，这方面，曹氏的日记便是一个集中的展现，恰好"为我们提供了一个认识理学对其立身行事产生影响的窗口"②。从其日记中，我们不但能够看到曹氏如何将"学做圣贤"的道德理想贯彻于一生之中，也能看到礼学作为一种治心养身之术如何发挥汉宋兼采的效用，更重要的是让我们看到作为一个自觉秉持理学传统的经学家是如何在日常生活之中保持身心修炼的功夫实践。而这一切都为我们更好地认识曹元弼其人其学的现代价值增加了一个新的理解层面。

一、"希圣希贤"的道德追求和对"心"的修炼

诚如学者指出的"如果我们承认修身（self-cultivation）是儒家传统最为核心的一项内容，那么，儒家修身传统的实践，即'变化气质'、学习成为君子并最终达到圣贤境界，就恰恰可以说是一种精神修炼和欲望治疗。这种实践最终所带来的同样是一种全面的存在性和终极性的自我转化"③。事实上，对于儒家而言，无论君子、圣贤都是对于一种理想人格的描绘，而这一理想人格又是以"成德"作为其最核心的关切。修身正是围绕"成德"目标，对自我身心中的不良欲望与性格不足进行持续不懈的自我转化与道德实践的修学进程。这一传统发端于孔子，中经孟子、荀子的开拓，至宋明理学可谓"精彩酣畅，内蕴尽出"④，宋明儒对心性的体验特深，并因此形成一套严密的功夫论。这一对心性关照的内圣功夫，发展到晚明，又与当时社会流行的《功过格》等道德劝善运动相结合，"由孔子的'自讼'、程朱的'主敬'引申出一套'焚香告天'的仪式"⑤，涌现出如刘宗周《人谱》或以日记方式等希借"改过迁善"以"优入圣域"

---

① 彭国翔：《身心修炼：儒家传统的功夫论》，上海三联书店 2022 年版，第 263 页。

② 曹元弼著，李科整理：《曹元弼日记》前言，凤凰出版社 2020 年版，第 9 页。

③ 彭国翔：《身心修炼：儒家传统的功夫论》，上海三联书店 2022 年版，第 11 页。

④ 杨儒宾：《儒家身体观》，上海古籍出版社 2022 年版，第 1 页。

⑤ 吴震：《明末清初劝善运动思想研究》，上海人民出版社 2016 年版，第 5 页。

的实践方案。这一运动即便到清代，仍有相当大的影响，如清初陆世仪即非常看重修身日记的重要性①，与友人之间也常常彼此劝善纠过。尤其咸、同以降，以曾国藩、倭仁等为代表的理学家提倡道德心性修养，踏实做圣贤功夫，以此倡明正学，维系人心风俗。曹元弼身处晚清，虽诠释经义之作多有受乾嘉汉学之影响，但其精神世界仍不脱理学烙印，并深受当时改过成德思想之影响②。曹氏日记正向我们展示了一个秉持儒家尤其理学传统的经学家，如何在其日常生活中从事身心修炼的自我见证。这一点，从翻开曹氏日记，映入眼帘的卷首之作《懿斋字说》即可看出：

> 昔卫武公年九十有五，作《懿戒》以自儆。夫以睿圣之德，好学自修，臻于至善，犹欲然不自满，兢兢焉救过不遑。惟圣克念，尚惧作狂，况于本狂，敢云睎圣？於乎！小字未知臧否，自顾生平，自少至壮，无一善状，读圣贤书不能自克，辄取愆尤，用是困极知返。早夜以思，处相攻相取之时，求寡悔寡尤之道，发自怨自艾之心，谨附经义，自号懿斋，窃比前贤。白圭三复，天地屋漏，先圣先师实鉴此心。戒之哉！知过非艰，改过惟艰，顾名思义，庶无大悔。③

曹氏不但效仿卫武公晚年作《懿戒》自警的典故，自号"懿斋"，且文中"读圣贤书不能自克""求寡悔寡尤之道，发自怨自艾之心""知过非艰，改过惟艰"等语，都是极其鲜明的儒家修身改过用语。曹氏将此文置于整个日记之前，不啻奠定了其日记的基调，也足见其改过自修、追慕前

① 吴震：《明末清初劝善运动思想研究》，上海人民出版社2016年版，第290页。

② 关于曹氏所受劝善改过思潮的影响，可以其对《太上感应篇》一书的态度为例。在《重刊太上感应篇惠氏注序》一文中，曹氏从深赞圣人如何"警觉斯民"，使之"敬天修身"入手，认为《太上感应篇》为"劝善书之最古者"，"其语又皆平易近人，实事求是，合乎儒书之旨"，复以自身借刊印此书以广其传而母疾即愈的经历证此书"感应之速"，呼吁读是书者，当"惕然自省，奋然自立，痛改已往之非，力行可为之善"，并进而"博考声音训诂典章制度，以得六经之微言大义，存之心，体之身，克己复礼，立人达人"。见《复礼堂文集》卷八《重刊太上感应篇惠氏注序》，文史哲出版社1973年版，第791—796页。

③ 曹元弼著，李科整理：《曹元弼日记》，凤凰出版社2020年版，第1页。

贤、止于至善之决心。

　　具体而言，曹氏深受理学影响的一大表现，即在理想人格的祈求上，是以作"圣贤"为道德目标。熟悉儒学史和理学史的人皆知宋代理学的思想特征之一便是"圣人可学论"，这是"所有的道学者共有的思想前提"[①]，理学所谓的"功夫"，其最后目的正是为了成为"圣贤"。理学开山周敦颐在他的《通书》中强调："圣可学乎？曰：可。"并要求学者"圣希天，贤希圣，士希贤。……志伊尹之所志，学颜子之所学，过则圣，及则贤，不及则亦不失于令名"[②]。程颐则曰："人皆可以至圣人。而君子之学，必至于圣人而后已。不至于圣人而后已，皆自弃也。"[③]其《颜子所好何学论》更是几乎决定了以后理学的发展方向。另一理学大师张载说的更为明晰："学必如圣人而后已。知人而不知天，求为贤人而不求为圣人，此秦汉以来学者之大蔽也。"[④]此外，朱子也认为："凡人须以圣贤为己任。"[⑤]众所周知，在宋代以前，"圣人"更多义指文化、文明的创设者或承受天命治天下的非凡人物，而在理学家看来，人的差别在于气质的差别，"圣人"成了那无纤毫私意、精神境界很高的人格楷模。学者如果肯着实下功夫，克治自身偏浊的气质，则可以成为圣人。这一追求在曹氏的日记中同样格外的明显。如：

　　光绪二十一年（1895），曹元弼二十九岁时写的《懿斋日记》十一月八日（12月23日）记云：

　　　　人当以圣贤为己任，遇事以圣贤为衡，其有疑难，则思圣贤当此何以处之。圣贤之理在心，思之即得，既得之则孤行直上，强立不桡。积之既久，自然清明在躬，气志如神矣。读《周官》《仪礼》，当

---

　　① 吾妻重二著，傅锡洪等译：《朱子学的新研究——近世士大夫思想的展开》，商务印书馆2017年版，第96页。

　　② 周敦颐：《通书》，上海古籍出版社2012年版，第35页。

　　③ 程颢、程颐：《河南程氏遗书》卷二十五，见《二程集》，中华书局1981年版，第318页。

　　④ 张载：《正蒙·乾称》，见章锡琛《张载集》，中华书局1978年版，第65页。

　　⑤ 黎靖德编，王星贤点校：《朱子语类》卷八，中华书局2004年版，第133页。

如见周公；读《论语》《孝经》，当如见孔子；读《三礼》郑注，亦当观郑君大体所在。如是，方能抉经之心，执圣之权，达道德治化之本原，而不同于章句陋儒也。①

后两年（1897），三十一岁时写的《不远复斋日记》夏四月四日（5月5日）记云：

人苟不以圣贤自任，则委靡浮沉，日究汗下，势必尽丧其本来而后已。自今以往，当奋志刻厉，修德讲学，迁善改过，非仁无为，非礼无行，敬养夹持，动静交养，庶几山径重开，桑榆复旦。天地神明、先师先圣、先考先妣实鉴此心。②

光绪二十四年（1898），三十二岁时写的《笃信斋日记》，其冬十有一月十有九日（12月31日）记曰：

入道自笃信圣人始，万事万物之来，一以圣人之言为折中。③

光绪二十五年（1899年），三十三岁时写的《笃信斋日记》二月八日（3月19日）记曰：

改过迁善，笃信好学，斯格于上圣矣。吾之心正，而天地之心亦正；吾之气顺，而天地之气亦顺。顷刻之间，可以希圣参天，仁远乎哉！④

---

① 曹元弼著，李科整理：《曹元弼日记》，凤凰出版社2020年版，第10页。
② 曹元弼著，李科整理：《曹元弼日记》，凤凰出版社2020年版，第24页。
③ 曹元弼著，李科整理：《曹元弼日记》，凤凰出版社2020年版，第31页。
④ 曹元弼著，李科整理：《曹元弼日记》，凤凰出版社2020年版，第35页。

立志是自觉的道德人生之始，曹氏从青年便已立下"人当以圣贤为己任"之志，此后成为其一生努力实践的基本方向。光绪三十一年（1905），三十九岁的曹元弼在接近不惑之年时，回顾前半生经历，在《日知后录》的卷首写下这样一段话：

> 余之生三十有九年，思十九年时，志高气盛，以圣贤为必可为，以道济天下为非他人任，忽忽十年，德无所进，又十年，以至于今，而学益退，气且衰矣。知及之仁，不能守之，虽得之，必失之。曰古之人，古之人夷考其行而不掩，古人传我而我不往，且驰而背之，如之何其可邪？今觉而反之，其已无及乎？其尚可及也，一息尚存，我欲仁，仁斯至矣，何不及之有？亭林顾先生，豪杰士也，资其浩气以策顽懦，志此录以励日新云尔。①

曹氏回顾半生经历，虽表面上认为自己"以圣贤为必可为"是年少时气盛之语，十余年来"德无所进"，"学益退、气益衰"，但并未真正对成圣事业有所质疑，更多的是自我悔恨，是慨叹功夫修炼的不足。故一转手间曹氏又提出要"一息尚存，我欲仁，仁斯至矣"，意欲效仿顾炎武的刻苦自励以策顽懦，勉励自我，显然这是一种极高的自我要求。正如其在光绪三十四年（1908），四十二岁时所言："读书志道几三十年，而不能变化气质，克去私欲。已则败礼，何以教人？自今以往，痛自惩艾，戒欺慎独。每动邪念，即诵圣经贤传自克。如不能克，必直书所过，任人见之，庶因愧耻之心可以坊欲进德。古圣人于欲曰窒，于己曰克，非心刚力果，强毅有恒，不能济。如用兵救火，必扑灭而后已；如尝毒探汤，一误不再误，其庶乎！"②对圣贤的道德追求只增不减，尤其辛亥之后，曹氏为清遗民，避地隐居，操坚贞之节，抱守先待后之志，惟"奋力为善，笃志明

---

① 曹元弼著,李科整理:《曹元弼日记》,凤凰出版社2020年版,第41页。
② 曹元弼著,李科整理:《曹元弼日记》,凤凰出版社2020年版,第53页。

道，死而后已"①，以至七十六岁时，日记中仍然记有：

> 希圣希天，念兹在兹，本心常存，万理莹彻，物来顺应，行所无事矣。②

接近八十之年，仍在"立志希圣"，欲"坚定不移，惩忿窒欲，迁善改过，终日乾乾，不息于诚，直上达天德"③，这番"希圣希贤"的赤忱之念直坚持到生命的最后数年，其八十四岁，庚寅年（1950）五月初十（6月24日）记曰：

> 年迈目眊，岁不我与，他无可为，惟将数十年读书所得，精理至言，养我元神，乐天知命，强为善而已矣。④

八十五岁，辛卯年（1951）九月二十三日（10月23日）记曰：

> 读书数十年，著书百余卷，精华已竭，一病几死，而竟不死，是天鉴其任重道远之苦心，以为能堪其事，而不遽放归者也。自今以往，当严自思察，如临帝天，如临父母，窃取卫武公《抑戒》之义，凡往日之小善未为者必为之，小恶未去者必去之，如昔人所谓"昨日有过如昨日死，今日改如今日更生"，终吾生强为善而已矣。⑤

八十六岁，壬辰年（1952）八月初八（9月26日）记曰：

> 知其不可而为之，圣人之仁也；知其不可奈何而安之若命，达士

---

① 曹元弼著,李科整理:《曹元弼日记》,凤凰出版社2020年版,第131页。
② 曹元弼著,李科整理:《曹元弼日记》,凤凰出版社2020年版,第167页。
③ 曹元弼著,李科整理:《曹元弼日记》,凤凰出版社2020年版,第191页。
④ 曹元弼著,李科整理:《曹元弼日记》,凤凰出版社2020年版,第219页。
⑤ 曹元弼著,李科整理:《曹元弼日记》,凤凰出版社2020年版,第220页。

之智也。伊尹乐尧舜之道，颜子箪瓢陋巷不改其乐，伏生、董子、郑君之志学专一，诸葛武侯、陶渊明之抱负远大，胸怀超旷，夫岂以死生富贵动其心哉？吾读书数十年，翘企前贤，犹甚自愧。此其所以苦趣多，乐趣少也。①

八十七岁，在其去世前的四个多月②，即癸巳年（1953）五月初十（6月20日）的日记中仍不忘记曰：

> 自今以往，当深自思察，精神之运，心术之动，弗使有毫厘之错，有则必谨书之。日慎一日，以终吾身。③

从这些日记中我们看到的是一个真诚笃实且日进不已的精神世界，一个内在于理学传统的自觉生命追求，特别是其生命的最后几年仍然坚持不懈、深自思察，一丝不苟地从事道德实践，真正做到了终其身"强为善而已"。这种生动画面不但体现了儒学尤其理学传统精神在后世的强烈感召，也展现了曹氏一生对"希圣希贤"这一成德之教的执着追求。

除此之外，曹氏与众多的理学家一样，格外重视"治心"之功，并将之视为成就理想人格的不二法门。早在先秦，孟子即已提出"尽心""养气"之术，到了理学更将之发展为一套专门针对此心的诚意正心之学。如杨儒宾所概括的那样："理学家主张道德行为当从道德'心'而发，而学者的道德心乃依人存在根源的道德之'性'而来，学者本性又无限地通向宇宙本体之'道'。若此总总，可谓理学套语，我们不妨将它们视为理学流派中的共识。理学家讲的这套学问，笼统言之，可称之为心性之学。由此心性之学出发，即有与之相应的工夫论及形上学。"④翻阅曹氏的日记，

---

① 曹元弼著，李科整理：《曹元弼日记》，凤凰出版社2020年版，第221页。

② 据《吴县曹先生行状》，曹氏卒于农历癸巳（1953）九月十五日（10月22日），享年八十有七。

③ 曹元弼著，李科整理：《曹元弼日记》，凤凰出版社2020年版，第221页。

④ 杨儒宾：《儒家身体观》，上海古籍出版社2022年版，第1页。

其对于"心"的修炼，可说从青壮到暮年一以贯之，其自言："学问事业，皆由心起，治心之道难矣哉"①，"凡事以心为主，未有心不定而能治事进德者"②，"养心为万世根本"③。至于如"定心""心定则气清""心地闲静""心地虚静""心气和平"等字眼更可谓触目皆是。其二十九岁时所作《懿斋日记》中，即有多条涉及"心"的存养问题，如光绪二十一年（1895）夏六月十有三日（8月3日）记云："心为物役，存者鲜矣。呜呼！此心陷溺已深，及今振拔，庶出禽门。中无主则外感乘虚而入。"又同年同月十有四日（8月4日）至十有八日（8月8日）记云："心为物役，恶不胜书。一经悔悟，下涕沾襟。悲乎！君子之弃而小人之归乎！"④其他则如该年秋七月二日（8月21日）记云："读《孝经》、《礼经》、《论语》、《通鉴》《近思录》、古文。妄念蜂起，丧其本心。扰则昏，昏则蔽。"紧接着四日（8月23日）记云："心放学废。"十一日（8月30日）记云："多失言，心不固矣。读《孝经》《论语》。《孟子》'牛山之木'章、'山径之蹊间'章，当终身诵之。数息四百，起念九。仁人，心也。心未死，仁必有至之时，至而即去，如之何？"十二日（8月31日）复记云："读《孝经》《论语》《礼经》《通鉴》《近思录》。数息三百，心乱。操养不熟，临事辄纷。魂梦不安，思心有尤之咎征也。"十四日（9月2日）："中无主则事物摇夺之矣。利疚威惕，何以为君子？"⑤短短一月之内，曹氏即多次感慨自己"心为物役"，对于心的放失问题极为敏感，所谓"儒者一念之敬，可以为天地立心，为生命立命；一念之怠，文武之道坠于其手，可不戒哉！"⑥在其看来，"心志易乱"的原因，皆由于"操养之功浅"⑦，心志不够坚定，容易受外物所迷惑，故推崇曾国藩的《五箴》，誉谓"文正五箴，

---

① 曹元弼著，李科整理：《曹元弼日记》，凤凰出版社2020年版，第30页。
② 曹元弼著，李科整理：《曹元弼日记》，凤凰出版社2020年版，第60页。
③ 曹元弼著，李科整理：《曹元弼日记》，凤凰出版社2020年版，第192页。
④ 曹元弼著，李科整理：《曹元弼日记》，凤凰出版社2020年版，第2页。
⑤ 曹元弼著，李科整理：《曹元弼日记》，凤凰出版社2020年版，第3页。
⑥ 曹元弼著，李科整理：《曹元弼日记》，凤凰出版社2020年版，第50页。
⑦ 曹元弼著，李科整理：《曹元弼日记》，凤凰出版社2020年版，第30页。

真不厌百回读，不可斯须去"①，"曾文正曰：'吾志则一，彼纷不纷。'此治心治事之要。"②

实事求是地说，曹氏一生"治心"之功确是极严。在宣统二年（1910）的正月初一（2月10日），即记有如下的日记：

> 戒之戒之，勿以善小而勿为，勿以恶小而为之。无有师保，如临父母。惧以终始，庶几无咎。窃比先贤，焚香告天。夕而计过，严著于篇。③

随后在二月十九日（3月29日）又再次自戒自省曰：

> 天予我以聪明，识义理，通经术，而不汲汲皇皇担荷圣道，是自弃职守而误世道人心也，罪孰大焉！自今以往，痛戒前失，日进不已，以不负天降下民作师之意。呜呼勖哉！④

这种在正月伊始即发心要立志修德的记录，在曹氏的日记中并不少见，如在民国二十七年（1938），当曹氏已七十二岁时，其《复礼堂修省录》正月十二日（2月11日）记曰：

> 自今以往，立心处事，严密思察，恐惧修省，如临帝天，一念之疚，必谨书之，裨一于善而无自欺。⑤

曹氏在该年的二月初一（3月2日）又再次记曰：

---

① 曹元弼著，李科整理：《曹元弼日记》，凤凰出版社2020年版，第62页。
② 曹元弼著，李科整理：《曹元弼日记》，凤凰出版社2020年版，第182页。
③ 曹元弼著，李科整理：《曹元弼日记》，凤凰出版社2020年版，第72页。
④ 曹元弼著，李科整理：《曹元弼日记》，凤凰出版社2020年版，第76页。
⑤ 曹元弼著，李科整理：《曹元弼日记》，凤凰出版社2020年版，第116页。

自今以往，当按时量力，日有常课，治气养心，积善耽道，如临帝天，如对圣贤，一息不懈，以弥吾年，庶几抑戒，顺德无愆。①

八月初一（9月24日）记曰：

回念生平，自成童后，弱冠前，笃志治经，求道不为不早，积数十年深造之功，见道不为不真，然以我所学，律我所行，察我所存，合者几何，离者几何？其能追踪渊骞，接武郑朱乎？抑未免为乡人乎？仁以为己任，勉焉，日有孳孳，老耄不自舍，夙知而暮成，未必不如《抑戒》所云也。②

正是在这种"欲正人心，先正己心；欲息邪说，先息邪念"③的观念之下，曹氏一生皆体现出极严格的道德追求，认为自己"天授我以贤圣才能，俾以其有余济人之不足，而放逸怠慢，不惟付托之重自弃，以弃天下万世，是滔天而方命也"④，时常慨叹"旷时可惜，放心可惧"⑤，"非圣人之志不敢存"⑥，以至于"变化气质，须随时随地用功，勿以老耄而自舍"⑦。曹氏引程颢之言，认为"圣贤决不患心疾，光明四通"，所谓：

万无此理而妄意之，是谓惑，是谓心疾。疾在身，犹可言也；疾在心，岂不哀哉！疾在身，以药医之；疾在心，亦以心药医之。心药者何？曰：圣人之言，天理之正，人心之所同然。用心药之法奈何？

① 曹元弼著,李科整理:《曹元弼日记》,凤凰出版社2020年版,第116页。
② 曹元弼著,李科整理:《曹元弼日记》,凤凰出版社2020年版,第120页。
③ 曹元弼著,李科整理:《曹元弼日记》,凤凰出版社2020年版,第53页。
④ 曹元弼著,李科整理:《曹元弼日记》,凤凰出版社2020年版,第99页。
⑤ 曹元弼著,李科整理:《曹元弼日记》,凤凰出版社2020年版,第99页。
⑥ 曹元弼著,李科整理:《曹元弼日记》,凤凰出版社2020年版,第100页。
⑦ 曹元弼著,李科整理:《曹元弼日记》,凤凰出版社2020年版,第162页。

曰笃信圣人。①

　　在其看来，笃信圣人正是治心之药。学圣贤是为了克治身心，也是为了抉经之心，执圣之权，不断的自我反省与自我检点，以达到"君子之学也，将为天下万世明其道"②的目的。其在日记中记曰：

　　　　学莫先乎得其本心。人题直立端，正当天地，以有心尔，心正而天地之情可见。圣人先得我心之所同然，正朝夕者视北辰，正嫌疑者视圣人。③

　　圣人先得我心之所同，可以为万世之楷模。圣人不可见，然其言其行具载于儒家六经，故学者要"游乎诗书之源，行乎仁义之途"④，"经不可须臾离，离经即叛道矣"⑤。在其日记中，多可见"定心温经""读经""诵经"的记录，甚至经常编订日程，以为自警。如庚辰年（1940）《复礼堂日记》正月十五日（2月22日）记曰："修学养身，须有定章，列目如下：每日读书外，必行一实事；作文不得过三千字；友朋来书即覆；妄念来即廓清之；以积善解悲，以闲邪养心；正谊明道，不计其他。"⑥其他类此者甚多，读者只需稍一翻阅即可自见。

　　总而言之，曹氏于壬午（1942）九月二十一日（10月30日）所记"道得于心之谓德，不能治心，虽所学至精，所言至当，犹是艺成而下，非德成而上也"⑦之言可视为其对治心与成德之间关系的精微之言。在其看来，如能坚持"克己之功"，则可将"数十年积病涤瑕荡秽，刮垢磨

① 曹元弼著，李科整理：《曹元弼日记》，凤凰出版社2020年版，第37页。
② 曹元弼著，李科整理：《曹元弼日记》，凤凰出版社2020年版，第30页。
③ 曹元弼著，李科整理：《曹元弼日记》，凤凰出版社2020年版，第40页。
④ 曹元弼著，李科整理：《曹元弼日记》，凤凰出版社2020年版，第34页。
⑤ 曹元弼著，李科整理：《曹元弼日记》，凤凰出版社2020年版，第35页。
⑥ 曹元弼著，李科整理：《曹元弼日记》，凤凰出版社2020年版，第140页。
⑦ 曹元弼著，李科整理：《曹元弼日记》，凤凰出版社2020年版，第175页。

光"，最终"朗朗如玉山上行，岂不快哉！"①但功夫论之所以成为功夫论，或者说功夫论的主要内容，更多地还不在于对理想人格的理解，而在于对如何实现和达成这一人格所提出的一整套实践方法，对曹氏而言，其最重要的功夫修炼便是强调"以礼治心"。

二、"以礼治心"与主敬的功夫实践

礼在中国传统文化中是一个极其宽泛而包容的总体性概念，钱穆先生曾指出：在古代，"一切以为政事、制度、仪文、法式者莫非'礼'"②，它是关乎一个"包含仪式（rites）、典礼（ceremonies）、礼仪（decorum）、礼意（courtesy）、礼文（civility）的规范性领域"的总范围。这个范围，是"由个人及社会在互动中，于不同情形之下，对恰当行为之具体要求或规矩所组成"③。曹氏自少笃志研礼，其对于礼的认识和强调，实可分为内外两方面。从外在政教、制度层面而言，"圣人制礼立人伦"，"礼之大体曰亲亲、曰尊尊、曰长长、曰贤贤、曰男女有别"④，乃将之看作传统文化现象的总汇，成为支撑中华文明的骨干，如《左传·隐公十一年》中所言："礼，经国家、定社稷、序民人、利后嗣者也。"这一点在其日记中也有体现，如甲申年（1944）十月初二（11月17日）记曰："礼所以明人伦，非礼勿视、听、言、动，则于人伦各尽其当然之则，而无一毫私欲之伤吾仁矣。"⑤又乙酉年（1945）的《复礼堂日记》三月初五（4月16日）记曰："礼所以明人伦，无一言一动之非礼，则察乎人伦。"⑥随后九月二十六日（10月31日）又记曰："礼所以明人伦，隆礼由礼，斯须不去诸

---

① 曹元弼著，李科整理：《曹元弼日记》，凤凰出版社2020年版，第171页。

② 钱穆：《国学概论》，商务印书馆2006年版，第36页。

③ 柯雄文著，李彦仪译：《君子与礼：儒家美德伦理学与处理冲突的艺术》，台大出版中心2017年版，第111–112页。

④ 曹元弼著，周洪校点：《礼经学》，北京大学出版社2012年版，第1页。

⑤ 曹元弼著，李科整理：《曹元弼日记》，凤凰出版社2020年版，第200页。

⑥ 曹元弼著，李科整理：《曹元弼日记》，凤凰出版社2020年版，第204页。

身，则人伦之极，由我立矣。"①更进一步，曹氏在明伦的基础上，提出以礼融会汉宋之说，如："汉儒尊经术，宋儒阐性理，经术之要在明人伦，明人伦在隆礼由礼。"②

而从内在角度，即落实到具体人身而言，礼又成为成就一己德性的功夫实践，如孔子所云"立于礼""不学礼，无以立"。因此曹氏的礼学，既指向整体文明的秩序重建，又内化于个人生命的身心修炼之中，两者泯不可分。甚至后者从根本上来说，乃是前者的基础。因为圣人制礼，在曹氏看来，"莫非使人敬人、使人爱人，相生相养而不相杀，故《礼经》十七篇皆爱敬生养之大义也"③。人伦相接，所以各致其爱敬者，"在容貌、颜色、辞气"，正如《孟子》所言："形色，天性也，惟圣人然后可以践形。"《荀子》也说："君子之学也，以美其身。"无论是孟子的"践形"，还是荀子的"美身"，其实都在强调这样一种观念：个体经由长期坚持不懈的修身功夫之后，他的身体自然会发出一种道德的光辉，达到身心内外的一体通透，形成《大学》所谓"德润身"，宋儒所谓"变化气质"的效果。因此可以说，人伦之本在身，只有具备极高道德修养或严格道德自律的人，方始能真正做到爱人敬人，在日常生活中落实好父子、君臣、兄弟、夫妇、朋友等五伦相处的恰当关系，由修身达到家齐、国治、天下平。故曹氏尝言：

> 孔子曰"天地之大德曰生"，又曰"天地之性人为贵"，贵者何？贵其异于禽兽也。所以异于禽兽者，谓能体天地生物之心为心也。所以能体天地之心为心者，谓有礼也。礼者，理也，履也。统之于心之谓理，践而行之之谓履。非博辨详考之为难，而躬行实践之为难也。人之有君臣、父子、兄弟、夫妇、朋友之亲，有恻隐、羞恶、辞让、

---

① 曹元弼著，李科整理：《曹元弼日记》，凤凰出版社 2020 年版，第 208 页。

② 曹元弼著，李科整理：《曹元弼日记》，凤凰出版社 2020 年版，第 198 页。

③ 曹元弼著，许超杰点校：《礼经大义》，见干春松、陈壁生：《曹元弼的生平与学术》，中国人民大学出版社 2018 年版，第 193 页。

是非之端，灿然明备，是故为子能极其孝，为臣能极其忠，为弟能极其敬，以至于夫妇有别、朋友有信，耳极天下之聪，目极天下之明，所以参天地、赞化育者，即极于此。故中和位育，不过全其为人之道而已。①

礼是人所区别于禽兽的标志，它既是"统之于心"的规范道理，是天地生生之德在人心中的体现，又需要在日常生活中"践而行之"。可以说，在曹氏看来，人之所以为人，正在于人能与"礼"合为一体。并且这"礼"非"博辨详考之为难，而躬行实践之为难也"，因为如何做到"子能极其孝，为臣能极其忠，为弟能极其敬，以至于夫妇有别、朋友有信"等皆赖于学者自身的德性修养和操守言行是否能真正落实于躬行之间。因在儒家传统的生活世界中，其人伦规范皆由礼而规定，人们承担各自的社会角色和不同的社会义务，在这种意义上，人伦的完成其实就是个人的实现，也就是个体成德的完成。"礼"成为个体生命的存在方式，"约束着学者的身心行为，凝结为内在的德行品质，这是君子立身行道的基础"②。如此一来，礼既是个体德性的内在基础，又是人之为人的基本依据。事实上，将"礼"的道德价值规范融化于身心血肉之中，是一份极其艰难而不易的事业，需要长期不懈的功夫修炼。对此，孔子提出"克己复礼"，通过自觉的修炼抑制或约束人心的阴暗、偏私、欲求乃至性格中的弱点，使自身受到礼的规范，成就自身的德性。在这方面，曹氏一生依循孔子所提"克己复礼"的路径，所谓："'非礼勿视'四语，念释在兹，须臾不离，方能遏人欲于将萌，达天德而直上。"③强调"以礼治心"的功夫实践。其曰："礼者，养也。视、听、言、动悉范乎礼，养心莫善焉。"④在与友人张锡恭的信中，曹氏也认为其二人"相契至深，同以圣贤之道自任，律身

① 曹元弼著，许超杰点校：《礼经大义》，见干春松、陈壁生：《曹元弼的生平与学术》，中国人民大学出版社2018年版，第192—193页。

② 何益鑫：《成之不已：孔子的成德之学》，复旦大学出版社2020年版，第245页。

③ 曹元弼著，李科整理：《曹元弼日记》，凤凰出版社2020年版，第89页。

④ 曹元弼著，李科整理：《曹元弼日记》，凤凰出版社2020年版，第209页。

以礼，待人以诚"①。而翻阅日记，也可见其对"以礼治心"或"以礼存心"的一再强调。

如宣统元年（1909）二月二十三日（3月14日）记曰：

何以治心，曰礼。……凡事皆当有规矩准绳，所谓君子勤礼。②

又同年四月二十日（6月7日）记曰：

治气养心之术，莫径由礼。古人明训，岂欺我哉？③

宣统三年（1911）正月十三日（2月11日）记曰：

君子见善则迁，有过则改，终日乾乾，自求多福。礼乐不可斯须去身，致礼以治躬，则不陷乎人欲之阱，而各正性命矣；致乐以治心，则无往非名教之乐，而保合大和矣。乾道变化，君子以之变化气质，所谓君子行此四德也。礼以治身则安处善乐，以治心则乐循理。④

宣统三年（1911）三月初一（3月30日）记曰：

治气养心之术，莫径由礼。颜子四勿，孟子所以行无不慊，以生浩然之气也。元弼虽不敏，当于此实用其力，勿令邪气得干其间。⑤

---

① 曹元弼：《致娄县张闻远同年锡恭》，见崔燕南：《曹元弼友朋书札》，上海人民出版社2018年版，第384页。

② 曹元弼著，李科整理：《曹元弼日记》，凤凰出版社2020年版，第60页。

③ 曹元弼著，李科整理：《曹元弼日记》，凤凰出版社2020年版，第63页。

④ 曹元弼著，李科整理：《曹元弼日记》，凤凰出版社2020年版，第90页。

⑤ 曹元弼著，李科整理：《曹元弼日记》，凤凰出版社2020年版，第92页。

甲申年（1944）闰月初五日（5月26日）记曰：

> 刚健笃实，则克己复礼，统心践履，诚中形外，故辉光日新。①

同年九月十七日（11月2日）复记曰：

> 潜心于圣，所以事天；约身以礼，所以立命。心定则学自有得。②

乙酉年（1945）十月十八日（11月22日）记曰：

> 礼者，养也。视、听、言、动悉范乎礼，养心莫善焉。③

曹氏一生精研礼经，晚号复礼老人，于礼学可谓湛深。礼学对于他而言，不仅仅是治国安民、维系纲常之道，也是"养心"之术。所谓"礼者，养也"，将礼学所具有的那种制外养中，借约束外在威仪细行，以涵养内在心德的一面表露无遗。曹氏在1943年日记中有这样一条："《诗》教思无邪，《礼》教毋不敬，一言括之，曰闲邪存诚。"④此处，曹氏明确将传统上礼的"毋不敬"视为"闲邪存诚"，则以礼治心，也就是闲邪存诚的克治之功。同年五月初三（6月5日），又记有如此一条："'复礼'二字，顾名思义，瞬存息养，须臾弗离，自今伊始，终吾身而已矣。"⑤其后又于六月初六（7月7日）记曰："治《礼》数十年，克复之功，尚未实践，老已矣，敢不勉乎！"⑥是年曹氏七十七岁，所谓"克复之功，尚未实

① 曹元弼著，李科整理：《曹元弼日记》，凤凰出版社2020年版，第194页。
② 曹元弼著，李科整理：《曹元弼日记》，凤凰出版社2020年版，第200页。
③ 曹元弼著，李科整理：《曹元弼日记》，凤凰出版社2020年版，第209页。
④ 曹元弼著，李科整理：《曹元弼日记》，凤凰出版社2020年版，第182页。
⑤ 曹元弼著，李科整理：《曹元弼日记》，凤凰出版社2020年版，第184页。
⑥ 曹元弼著，李科整理：《曹元弼日记》，凤凰出版社2020年版，第185页。

践"，显然并非实指，而应视为曹氏对自己的严格要求与自我反思之言。其坚定之心，贯穿始终。直到戊子年（1948），曹氏八十二岁所作《复礼堂俟命录》中，三月十四日（4月22日）仍记曰：

> 余自号复礼老人久矣，抚躬自问，己其能克乎？礼其能复乎？虽不逾大闲，而小疵日多，能无悔吝交乘乎？顾名思义，日省厥身，如对帝天，如临父母，庶乎既耄犹可进德。①

从上述记录可见，曹氏发挥了《尚书·仲虺之诰》的"以义制事，以礼制心"、《孟子·离娄篇下》的"以礼存心"之说，从心底认同"礼"为"治气养心之术"，指出"人有礼则安，无礼则危。以礼存心，其安何如？人心之危，惟礼可以安之"②。在其看来能否做到"洗濯其心，反复其道，神明其德，闲邪存诚，非礼不动"是"希圣希天"之道的所在③，直到垂暮之年，仍心念不已，反躬自问"己其能克乎？礼其能复乎？"日省厥身，直到生命最后一刻都丝毫没有放松对身心的修炼，成就《论语》中所言"君子无斯须去礼，故无终食之间违仁"的修身典范。

而再观《复礼堂日记》九月初八（1909年10月21日）记曰：

> 君子以仁存心，则偏私之见无由起；以礼存心，则惰慢之气无自乘。君子终日行此乾乾，终身守此战战。容体正，颜色齐，辞令顺，礼义之始，人之所以为人也。人而无正，相鼠之讥，吁可惕哉！《书》曰："无戏怠，懋建大命。"此即威仪立命之说所由来。君子闲邪存诚，毋不敬，俨若思，是以心正气顺，自天右之，吉无不利。④

---

① 曹元弼著，李科整理：《曹元弼日记》，凤凰出版社2020年版，第213页。
② 曹元弼著，李科整理：《曹元弼日记》，凤凰出版社2020年版，第64页。
③ 曹元弼著，李科整理：《曹元弼日记》，凤凰出版社2020年版，第185–186页。
④ 曹元弼著，李科整理：《曹元弼日记》，凤凰出版社2020年版，第68页。

又同年十月十一日（11月23日）记曰：

> 《礼运》夫子极言礼，而引《相鼠》之诗以明礼之急。一日克己
> 复礼，则天下归仁；一日纵欲败礼，菑必逮夫身。圣狂之界，危乎微
> 乎，曷其奈何弗敬？……盘庚之诰曰："无戏怠，懋建大命。"祖伊之
> 训曰："淫戏用自绝。"戏之为害大矣，是故君子勤礼，齐庄中正，足
> 以有敬。[1]

宣统三年（1911）辛亥《孔思堂日记》六月六日（7月1日）记曰：

> 君子以仁存心，则情可恕，理可遣；以礼存心，则敬胜怠，义
> 胜欲。[2]

以上三条日记，如"容体正，颜色齐，辞令顺""毋不敬，俨若思"
"君子勤礼，齐庄中正，足以有敬""以礼存心，则敬胜怠"等语皆共同指
向了礼主敬的原则。在儒家的传统视域中，诚敬可以说是礼的一种一般意
义。孔子曰："为礼不敬，吾何以观之哉。""居处恭，执事敬，与人忠。"
《礼记》开篇即曰："毋不敬。"《左传·成公十三年》中有"礼，身之干
也。敬，身之基也。……勤礼莫如致敬"之语，足见早在先秦时期，即已
认识到诚敬是礼的内在精神，强调在礼仪行为中要时刻保持严肃之心的思
想。但将敬作为收敛身心的主要功夫所在，则是程朱理学的一大发明，朱
子尝言：

> 自秦汉以来，诸儒皆不识这"敬"字，直至程子方说得亲切，学
> 者知所用力。[3]

---

[1] 曹元弼著,李科整理:《曹元弼日记》,凤凰出版社2020年版,第69页。
[2] 曹元弼著,李科整理:《曹元弼日记》,凤凰出版社2020年版,第102页。
[3] 朱熹:《朱子语类》卷十二,中华书局2004年版,第207页。

盖吾闻之，敬之一字，圣学所以成始而成终者也。为小学者，不由乎此，固无以涵养本原，而谨夫洒扫应对进退之节，与夫六艺之教。为大学者，不由乎此，亦无以开发聪明，进德修业，而致夫明德新民之功业。[1]

"敬"之一字，万善本根，涵养省察、格物致知，种种功夫皆从此出，方有据依。[2]

这里，朱熹不但将程颐的主敬思想视为其对儒学的一大贡献，且将"敬"之一字作为儒家成始成终的功夫，可由小学"洒扫应对"进至大学"明德新民""涵养省察""格物致知"等种种功夫也皆从此出，成为上下一贯的根本所在。诚如学者所言："在宋明理学史上，自北宋程颐提出'涵养须用敬，进学则在致知'以来，经南宋朱熹的阐扬发挥，主敬与致知构成了缺一不可、互相为用的一套工夫论体系"[3]，"程颐和朱熹将居敬作为实践思想的一根支柱"，是将传统儒教"所具有的自我控制理念精彩地总括起来"[4]，而且在朱熹的"理论构造中，'心是做工夫处'也只有在其'敬义夹持'的'居敬'理论中才能落实"[5]。在朱子看来，敬是收敛、是谨畏，也是提撕、主一和整齐严肃，其最基本的要求就是"要做到内无妄思，外无妄动"[6]，是令此心"作主""常存"的保证，如其言：

"涵养须用敬，进学则在致知。"无事时，且存养在这里，提撕警

① 朱熹：《大学或问》，见朱杰人、严佐之、刘永翔：《朱子全书》第6册，上海古籍出版社、安徽教育出版社2002年版，第506页。

② 朱熹：《朱子文集》卷五十《答潘恭叔》，见朱杰人、严佐之、刘永翔：《朱子全书》第22册，上海古籍出版社、安徽教育出版社2002年版，第2313页。

③ 吴震：《朱子思想再读》，生活·读书·新知三联书店2018年版，第164页。

④ 吾妻重二著，傅锡洪等译：《朱子学的新研究——近世士大夫思想的展开》，商务印书馆2017年版，第277页。

⑤ 吴震：《朱子思想再读》，生活·读书·新知三联书店2018年版，第167页。

⑥ 陈来：《宋明理学（第二版）》，华东师范大学出版社2005年版，第138页。

觉，不要放肆。到讲习应接时，便当思量义理。①

敬者，一心之主宰，万事之本根。②

敬不是万事休置之谓，只是随事专一，谨畏，不放逸耳。③

可见"以敬收心"是朱子敬论的重要思想。"敬"作为一种功夫，主要指向人心而言，包括了外貌的整齐严肃和内心的主一无适。但在朱子的理论框架中，并没有忽略向外即应事接物的一面，所谓"随事专一"表明主敬也必须落实在事上，做一番"集义"的功夫，这又构成了朱子"敬义夹持"、交相为用的观点："若其本领，则固当以敬为主，但更得集义之功以祛利欲之蔽。"④主敬是要"贯穿在知与行，未发与已发的全过程，收敛、谨畏、警省、主一、严肃要贯穿到从格物致知到治国平天下所有节目"⑤。对于"读朱子书，为治心也"⑥的曹氏而言，在其日记中，实鲜明的体现了程朱理学强调"主敬"这一功夫的特色。

如光绪二十一年（1895）十一月二日（12月17日）记曰：

狐疑犹豫，即用猛力去之，又当穷理养心。⑦

光绪二十二年（1896）夏四月四日（5月5日）记曰：

人苟不以圣贤自任，则委靡浮沉，日究汗下，势必尽丧其本来而后已。自今以往，当奋志刻厉，修德讲学，迁善改过，非仁无为，非

---

① 朱熹：《朱子语类》卷九十五，中华书局 2004 年版，第 2456 页。

② 朱熹：《大学或问》，见朱杰人、严佐之、刘永翔：《朱子全书》第 6 册，上海古籍出版社、安徽教育出版社 2002 年版，第 506 页。

③ 朱熹：《朱子语类》卷十二，中华书局 2004 年版，第 211 页。

④ 朱熹：《朱子文集》卷五十九《答余正叔》，见朱杰人、严佐之、刘永翔：《朱子全书》第 23 册，上海古籍出版社、安徽教育出版社 2002 年版，第 2852 页。

⑤ 陈来：《宋明理学（第二版）》，华东师范大学出版社 2005 年版，第 139 页。

⑥ 曹元弼著，李科整理：《曹元弼日记》，凤凰出版社 2020 年版，第 11 页。

⑦ 曹元弼著，李科整理：《曹元弼日记》，凤凰出版社 2020 年版，第 9 页。

礼无行，静养夹持，动静交养，庶几山径重开，桑榆复旦。①

光绪三十一年（1905）八月五日（9月3日）记曰：

程子作字甚敬，存心之验。②

宣统三年（1911）二月二十九日（3月29日）记曰：

两日读书，颇能如志。惜存养省察未能缜密，是以邪气得干其间。自今已往，惟有困勉自强，实用其力，精刚日胜，善建不拔，庶有先尽己于直达天德之一日，万不可存枉尺直寻、月攘一鸡之见以自误。③

戊寅年（1938）十一月二十七日（1月17日）记曰：

读书每字每句能反之身，则获益无方，无所处而不当矣。朱子曰："闲邪则固一矣，主一则更不须言闲邪。"此言当深味。④

辛巳年（1941）二月朔（2月26日）记曰：

闲邪存诚，敬义夹持，动静交养，事天立命，其庶乎？⑤

同年十二月七日（1月23日）记曰：

---

① 曹元弼著,李科整理:《曹元弼日记》,凤凰出版社2020年版,第24页。
② 曹元弼著,李科整理:《曹元弼日记》,凤凰出版社2020年版,第41页。
③ 曹元弼著,李科整理:《曹元弼日记》,凤凰出版社2020年版,第92页。
④ 曹元弼著,李科整理:《曹元弼日记》,凤凰出版社2020年版,第124页。
⑤ 曹元弼著,李科整理:《曹元弼日记》,凤凰出版社2020年版,第155页。

"非礼勿视"四句，先儒谓制之于外，以安其内，实则存之于内，以闲其外耳！①

壬午年（1942）三月二十七日（5月11日）记曰：

《孟子》曰："存其心，养其心，所以事天也。"宋贤云"毋不敬，可以对越在天"，敬则心存而性得其养矣。②

甲申年（1944）六月初三日（7月22日）记曰：

朱子云"静谓心不妄动"，心不妄动则无动非静也。③

同年六月十一日（7月30日）又记曰：

心有主则能不动，操则存，是为有主。④

熟悉理学话语及传统的学者，从上述"穷理养心""静养夹持""动静交养""存养省察""作字甚敬""直达天德""心不妄动""心有主"等语不难看出曹氏所受程朱之学的影响，既有外在的整齐严肃，又有内在的主一无适，其精神世界中念兹在兹的几乎就是终日处于身心修炼的状态之中，真正将以礼治心、以敬存心等功夫烙印于自己的生命之中。尤其那句"'非礼勿视'四句，先儒谓制之于外，以安其内，实则存之于内，以闲其外耳"，更可看出曹氏认为的克己复礼之功，更多的是作内心存诚、涵

---

① 曹元弼著,李科整理:《曹元弼日记》,凤凰出版社2020年版,第164页。
② 曹元弼著,李科整理:《曹元弼日记》,凤凰出版社2020年版,第169页。
③ 曹元弼著,李科整理:《曹元弼日记》,凤凰出版社2020年版,第197页。
④ 曹元弼著,李科整理:《曹元弼日记》,凤凰出版社2020年版,第197页。

养之功，而非仅仅遵循礼学的外在规范，此正是程朱一派强调居敬涵养的功夫进路。

　　然而细阅其日记，并结合其诸多著述可以发现，曹氏并未满足于仅仅局守程朱学说，相反，无论在经说的诠释抑或修炼功夫上，曹氏都有逸出程朱理学而更进一步的发挥。据陈来先生的研究，程朱的主敬很大程度上针对的是困扰理学家的"思虑纷扰"的问题，既包括道德意识的培养，也涉及如何控制意识—心理活动以及如何保有安宁平静的心境两个层面[1]。但曹氏的主敬功夫论除上述之外，还有对治晚清的政教危机和汉宋之争的现实关怀。

　　其一，曹氏作为一名经学家，其区别于以往乾嘉汉学的特点，就在于其对传统经学体系的重建。其学不但深植于有清一代汉学传统，并能有效融会宋学，在继承理学"主敬"修身的功夫基础上，更以"爱敬"来统领儒家《六经》，所谓："爱敬天下之道在经。"其日记中记曰："《易》道首乾，《书》教首钦，《礼》主于敬，《诗》思无邪，《春秋》大居正，圣学纲要，不外一敬而已，所谓君子存之也。"[2]将此处的"圣学纲要，不外一敬"与曹氏在《原道》一文中所言的"六经者，圣人因生人爱敬之本心而扩充之，以为相生相养相保之实政。易者，人伦之始，爱敬之本也；书者，爱敬之事也；诗者，爱敬之情也；礼者，爱敬之极则也；春秋者，爱敬之大法也"[3]相对照，恰可见其内在的呼应。在面对三纲绝纽、道术将裂的晚清乱世，曹氏突破了程朱主敬修身的功夫视域，思以"爱敬"之道会通六经，重整经学，恢复儒家中国的人伦生活世界，以正人心，济危困[4]，这正是其对程朱的时代发展。

　　其二，曹氏以治身心的功夫论来融合汉宋，将两者皆纳入成德的范畴之中。过去讨论晚清汉宋兼采或汉宋会通的视角，往往着眼于经世的诉

---

[1] 陈来：《宋明理学（第二版）》，华东师范大学出版社 2005 年版，第 83 页。

[2] 曹元弼著，李科整理：《曹元弼日记》，凤凰出版社 2020 年版，第 168 页。

[3] 曹元弼：《复礼堂文集》卷一《原道》，文史哲出版社 1973 年版，第 19 页。

[4] 有关曹氏群经会通的思想，可参看本书第六章。

求，此自有其合理之处。但正如学者所言："清代汉、宋关系的变化受多重因素的制约，而由学术内在规定性支配的衍变理路显然不能忽视。"①例如道、咸以来对汉学家学行的批评日渐增多便从一个侧面反映出当时人们对汉学末流炫奇好博、学不顾行，背离儒家修身成德传统的焦虑与反思。如段玉裁曰："今之言学者，身心伦理不之务，谓宋之理学不足言，谓汉之气节不足尚，别为异说，簧鼓后生，此又吾辈所当大为之防者。"②陈澧告诫学者："学汉儒之学，尤当学汉儒之行。"③李慈铭指出："晚近之学所以不古若者，徒以经义之不纯，趋向之不一，正谊明道之不讲，谋利计功之日勤。"④张之洞则认为："通经贵知大义，方能致用，义理必出于训诂。于是因训诂而事考据，因考据而务校勘，久之渐忘本意，买椟还珠，穷末遗本，与身心、世务全无关涉，此汉学之流弊也。"⑤对此，曹氏深有认同。其不但于《复礼堂文集》中云："俗儒鄙夫，遗本逐末，不求闻道，不务躬行，或失之破碎，或失之空寂，或失之迂怪，道术分裂，莫知根源，罕睹儒效。"⑥更在与友人书信中慨叹："近世知德者鲜，动以儒相诟病，聪明才辨之士，视说经如射覆。"⑦以致"民生困苦，人心陷溺已极"⑧。对于当时学风流弊，其在日记中表示"零文碎义，徒耗日力，无补世道，君子不为也"⑨。又记曰：

① 罗检秋：《嘉庆以来汉学传统的衍变与传承》，中国人民大学出版社 2006 年版，第 32 页。

② 段玉裁著，赵航、薛正兴整理：《经韵楼集·附补编·两考》，凤凰出版社 2010 年版，第 185 页。

③ 陈澧著，钟旭元、魏达纯校点：《东塾读书记》，上海古籍出版社 2012 年版，第 2 页。

④ 李慈铭：《杭州敷文书院碑记》，见李慈铭撰，刘再华校点：《越缦堂诗文集》，上海古籍出版社，2012 年版，第 995 页。

⑤ 张之洞：《书札八·致宝竹坡》，见苑书义、孙华峰、李秉新：《张之洞全集》第七册，河北人民出版社 1998 年版，第 12 册，第 10344 页。

⑥ 曹元弼：《复礼堂文集》卷首，文史哲出版社 1976 年版，第 3 页。

⑦ 曹元弼：《致娄县张闻远同年锡恭》，见崔燕南：《曹元弼友朋书札》，上海人民出版社 2018 年版，第 391 页。

⑧ 曹元弼：《致及门王欣夫大隆》，见崔燕南：《曹元弼友朋书札》，上海人民出版社 2018 年版，第 419 页。

⑨ 曹元弼著，李科整理：《曹元弼日记》，凤凰出版社 2020 年版，第 76 页。

藏书万卷，读书万卷，著书万卷，皆糟粕耳。博学反约，守约施博，所读之书，精融形释，神明自得，与道为一。如乾以易知，发之不可胜著也；如坤以简能，敛之无乎不藏也。其斯为经纶懿文德之君子。①

从这些记录可以看出，曹氏对于乾嘉汉学发展至末流所出现的琐碎考据而不讲义理、一味追求读书博览而无以闻道修身、躬行实践等积弊之不满。在其心目中，儒者"读圣人书，务在躬行，若言与行反，即为圣经罪人"②，为学之道，重在体之于身，见之于事，"使所学有诸己，如性命肌肤之不可移，则可谓善人信人"③，若所学反使"大道破碎，儒效罔睹"，则为"君子耻之"④。因此无论汉学、宋学，只要对于修炼身心，涵养德性有实质之益，即可同条共贯，服膺勿失。换句话说，只要对治身心有益，可以不论汉学、宋学之门户，如曹氏在1910年的《复礼堂日记》十月十四日（11月15日）记曰：

心有所蔽，当思古圣贤之言足以为我发蒙辨惑者，默存而深味之，以自易其恶，日至于中。此变化气质，克去私欲之要道也。鱼跃鸢飞，程子活泼之言，为汉学者非之，愚以为可以化凝滞而去偏私，于治身心甚有益。夫苟有益，亦何以同门异户为哉！⑤

又如光绪二十三年（1897）的《潜圣斋日记》十月十八日（12月11日）记曰：

---

① 曹元弼著，李科整理：《曹元弼日记》，凤凰出版社2020年版，第114页。

② 曹元弼著，许超杰、王园园点校：《复礼堂述学诗》，中国社会科学出版社2022年版，第3页。

③ 曹元弼著，李科整理：《曹元弼日记》，凤凰出版社2020年版，第114页。

④ 曹元弼：《复礼堂文二集》卷三《中庸通义序》，见复旦大学图书馆古籍部：《复礼堂遗书》第34册，中华书局2019年版，第587页。

⑤ 曹元弼著，李科整理：《曹元弼日记》，凤凰出版社2020年版，第80页。

神明生道德，道德生文章，故学以治心为本。《大学》"诚意""正心"两章，当熟复深思，用以诚切自治，否则本实先拔，枝叶焉附？虽博极群书，犹未学也。随得随失，何有何亡邪？①

宣统三年（1911）《复礼堂日记》二月六日（3月6日），记曰：

为学当以"知止而后有定"一节为基址，须精思而固守之，日可见之行，方有益。②

众所周知，《大学》自宋以来，就成为儒学中有关自我修养的基本经典。其文本在经过朱子的改订之后，更以"明德、新民、止于至善"的三纲领和"格、致、诚、正、修、齐、治、平"的八条目架构起一套首尾严密的功夫论系统。上举日记初看以为曹氏仍依循程朱理学传统脉络，提倡《大学》之教。然如宣统三年（1911）《复礼堂日记》八月十二日（10月5日）记曰：

熟玩《大学》《中庸》首二章经文及郑注，治心之道，尽于是矣。③

丁丑年（1937）《复礼堂旦明录》五月二十四日（7月2日），记曰：

《大学》"致知""格物"郑注，"诚意"朱注，开示学者，入道之门，最为明切，当服膺弗失。④

---

① 曹元弼著，李科整理：《曹元弼日记》，凤凰出版社2020年版，第29页。
② 曹元弼著，李科整理：《曹元弼日记》，凤凰出版社2020年版，第91页。
③ 曹元弼著，李科整理：《曹元弼日记》，凤凰出版社2020年版，第121页。
④ 曹元弼著，李科整理：《曹元弼日记》，凤凰出版社2020年版，第113页。

庚辰年（1940）《复礼堂日记》三月十二日（4月19日）记曰：

> 郑君说"致知格物"曰："其知于善深，则来善物。"朱子说"诚意"曰："欲其一于善而无自欺。"指示学者，皆极深切。"①

辛巳年（1941年）七十五岁《复礼堂日记》正月十八日（2月13日）记曰：

> 致知在格物，郑注言事缘人好来，此义最为精邃，当深体弗忘。②

由上可知，曹氏虽如朱子一派重视《大学》的功夫次第，但"致知""格物"用的却是郑玄之说，只"诚意"采用朱子之解③。郑玄释"致知"为："知善恶吉凶之所终始也。"释"格物"为："格，来也。物，犹事也。其知于善深，则来善物；其知于恶深，则来恶物，言事缘人所好来也。"在郑玄看来，"知"的内涵即"善恶吉凶"，在现实生活中，人如果懂得"善"的道理深，则行善事，感应而来的自然也是"善物"，好事；反之，人如果了解学习的是"恶"的道理，言行举止也倾向于作恶，那么，感应过来的就是"恶物"、坏事。郑玄的这一注解呼应了《大学》前文"止于至善""事有终始"，强调了个人修养与周围情境的关系，也即彰显他人与我的共同存在问题，起点则在于个人自身的好恶，凸显了人的意念及其行为规范的重要性。如此一来，格物与致知之间关系变成为一种因果联系，即善恶事物之来源于人的善恶之知，只有"知至"才能行善而不行恶。再结合《大学》本作为《礼记》中一篇，则郑玄对其的解读显然是放在作为

---

① 曹元弼著，李科整理：《曹元弼日记》，凤凰出版社2020年版，第142页。

② 曹元弼著，李科整理：《曹元弼日记》，凤凰出版社2020年版，第154页。

③ 有关大学中"格物"的理解，历史上的儒家学者发生过多次论辩，此处因与文章主题无关，故不予详细涉及。

人的现实性展开场所的礼乐制度中，则善恶的标准其实很难离开"君臣父子""亲亲尊尊"等一系列儒家纲常，这一点恰与曹氏的追求相吻合。

反观朱子，"格物"作为其《大学》功夫论的核心观念，其释"致知"为"致，推极也。知，犹识也。推极吾之知识，欲其所知无不尽也"。将"格物"理解为："格，至也。物，犹事也。穷至事物之理，欲其极处无不到也。"朱子所谓"格物"显然就是要"彻底究明事物之'理'"①，正所谓"格物，是物物上穷其至理。致知，是吾心无所不知"，表现出明显的知识取向。虽然有学者指出朱子的格物穷理"并不是单纯的客观知识问题，还有切身的道德实践问题"②，但如何从"事事物物"之理豁然贯通到宇宙普遍的"天理"（也即认识事物的规律和本质）以及如何处理穷理过程中"知""行"先后、格物与诚意如何得以贯通等问题却也构成朱子学说的内在矛盾，引起后学的诸多争论。这一切与其过于强调对外在事物的考究和学习知识的重要性实不可分割③。

因此相比而言，郑玄解为"知善恶吉凶之所终始""言事缘人所好来也"更直接指向学者主体的德行修养与礼乐制度的秩序维系，明确"求善"的意图，这恰可与朱子对"诚意"的注解"诚，实也。意者，心之所发也。实其心之所发，欲其一于善而无自欺也"相关联。《大学》原文并没有直接说明何为"诚意"，只是通过"所谓诚其意者，毋自欺也"的否定式论说，向人们展示了"诚意"不是什么，即"毋自欺"。朱子认为："自欺云者，知为善以去恶，而心之所发有未实也。"这"知为善以去恶，而心之所发有未实也"正是强调自欺是指人知道应该为善去恶，但内心所发之意念有所不诚的心理状态。如此一来，正与郑玄对"格物"的注解相通，二者皆指向道德主体的意念，即对于"善"的追求，而这正是《大学》"知止""止于至善"的题中之义。但依朱子的脉络，因其过于强调"格物"的核心作用，虽也承认"诚意"作为《大学》之本的地位，但很

---

① 藤井伦明：《朱熹思想结构探索：以"理"为考察中心》，台湾大学出版中心2013年版，第126页。
② 吴震：《朱子思想再读》，生活·读书·新知三联书店2018年版，第258页。
③ 陈来：《宋明理学（第二版）》，华东师范大学出版社2005年版，第142页。

难从根本上摆脱二者究竟何者为先的问题，曹氏有鉴于此，引入郑玄之说，从追求个体修养与礼乐制度之"善"的维度，不但提供了针对朱子困境的个人解决方案，也为更好地检摄身心，成就自己的德行做了汉宋的融合。曹氏尝总结之曰：

> 《大学》之教，本于诚意。诚意必先致知，致知在格物。知于善深则来善物，知于恶深来恶物。人心至灵也，一于善而毋自欺，心乃可得而正耳。《道经》曰："人心之危，道心之微，惟一惟精。"不一不精，则散者没而危者亡矣。择善，精也；固执，一也。诚之则心存而道得也。中孚息复，其庶几乎？①

在曹氏看来，《大学》的功夫论实是一套严密的系统，格物致知与诚意正心之间实有主次先后，其本在"诚意"，然"诚意"有赖于格物致知。郑玄的"知于善深则来善物"被其转化接引为"人心至灵也，一于善而毋自欺"的有效前提和保证，从而达至心存道得的境地。这与其强调"学以治心为本""为学当以知止而后有定一节为基址"一体相承，希由身心的严格修炼实现至善成德的君子理想，进而担当起维系现实政治领域秩序的责任。

三、身心修炼与日常生活的一体性

所谓日常生活，无非人们的衣食住行以及平时的言语举止。但在中国的传统文化中，受儒家的影响，这平常的生活却蕴含着丰富的思想，所谓"极高明而道中庸"，它是传统中国人生命存在的意义之源。有学者从"儒家生活世界"的概念出发，认为在日常生活层面上，儒家生活世界展现为"礼俗生活世界或礼俗秩序"②，指出"儒家的道德实践从来不是超越尘世

---

① 曹元弼著，李科整理：《曹元弼日记》，凤凰出版社 2020 年版，第 30 页。
② 顾红亮：《儒家生活世界》，上海人民出版社 2016 年版，第 55 页。

的活动，而是扎根于平庸的现实生活，是每个平常人都可仿效、都可践行的。换言之，儒家倡导的实践具有庸常性，它本来就没有离开过日常生活世界，两者具有天然的联结关系"①。生活世界首先是日常活动的世界，个人融化在这世界之中，使得儒家修身的难，并不在于纯粹理论上的"知之"之难，而在于能否在具体的生存境遇之中，面对活生生的人与事，贯彻落实良善的道德意愿和体现坚忍的道德操守与是非判断，也即能否做到身心通透、言行一致、表里如一，它是一种"行之"之难。说到底，儒家所谓的成德，不在具体的生活实践之外，恰恰就在具体的生活实践之中。这也要求古人的修身，必然是指向实践的智慧，它源于生活，又必须融入生活。这决定了学者必须通过面向具体的生活世界，开展持续的身心修炼。从这一意义上说，儒家的修身本就是学者生命本身的展开方式，或者说，就是一种儒者的生活方式。

正如学者所言："儒家功夫论的一个基本特征，就在于不但不以日常生活为身心修炼的负担，反而恰恰善于将人伦日用的每一个瞬间和场景作为实践身心修炼的机会，在人情世事的风云变幻中始终保有内心的祥和与自由。"②《论语》中《乡党》一篇通过特意记载孔子的日常起居之道，展现了孔子在日常生活之中的礼仪实践，使圣人的"人格"典范更显生动形象。朱熹在面对门人"初学精神易散，静坐如何"的疑问时，如此答道："此亦好，但不专在静处做工夫，动作亦当体验。圣贤教人，岂专在打坐上？要是随处着力，如读书、如待人处事、若动若静、若语若默，皆当存此。"③而阳明之学的主流也都体现出对"事上磨练"的强调。

这种不离日常生活的身心修炼正是儒家功夫不同于佛老之处，"因其肯定现实生活，要开出天下文明"④。对此传统，曹元弼深有体会，光绪二十三年丁酉（1897）秋九月十七日（10月12日）记曰：

---

① 顾红亮：《儒家生活世界》，上海人民出版社2016年版，第44页。

② 彭国翔：《身心修炼：儒家传统的功夫论》，上海三联书店2022年版，第59页。

③ 朱熹：《朱子语类》卷一百十五，中华书局2004年版，第2778页。

④ 牟宗三：《人文讲习录》，吉林出版集团2010年版，第127页。

应事接物，无非学也。苟谓其妨读书而厌拒之，则书与事判为二矣，虽多，奚以为？[1]

其他如《复礼堂日记》己卯年（1939）十一月十六日（12月26日）记曰："养心学道治事，不可偏废，君子慎德，积小高大，贞固不拔，完如金城。"[2]庚辰年（1940）七月二十一日（8月24日）记曰："人生世间，不能无事，治事得理，乃学之验。"[3]同年九月初六（10月6日）又记曰："读书无一字不体验，处心行己，无一事不思察，庶乎有诸己之谓信。"[4]这里看得很清楚，曹氏认为的"养心""安身"之术并非冥然兀坐，不与外接，而是"应事接物，无非学也"，须随事而应，"养心、学道、治事"，不可偏废。但真实行来，却也不易。例如从曹氏在日记中的"有失言"[5]"躁人之辞多，口过之来，由心放也"[6]"事有非宜，正之而已，勿以疾言遽色加人"[7]"时有疾言遽色，不能自克，甚矣，其气不定也"[8]"轻喜易怒，多言而躁，皆德之病"[9]"肝火不潜，学养不足也，自克之谓何"[10]等记载来看，曹氏似有急躁失言、盛气凌人之病。曹氏尽管再三悔过自警，但却屡戒屡犯，于是日记中才反复出现如"戏言出于思，所谓放心也，当切戒"[11]"已过不悔，知过不犯"[12]"妄念一起，即克治之，勿使复萌"[13]

---

① 曹元弼著,李科整理:《曹元弼日记》,凤凰出版社2020年版,第26页。

② 曹元弼著,李科整理:《曹元弼日记》,凤凰出版社2020年版,第138页。

③ 曹元弼著,李科整理:《曹元弼日记》,凤凰出版社2020年版,第146页。

④ 曹元弼著,李科整理:《曹元弼日记》,凤凰出版社2020年版,第147页。

⑤ 曹元弼著,李科整理:《曹元弼日记》,凤凰出版社2020年版,第8页。

⑥ 曹元弼著,李科整理:《曹元弼日记》,凤凰出版社2020年版,第19页。

⑦ 曹元弼著,李科整理:《曹元弼日记》,凤凰出版社2020年版,第70页。

⑧ 曹元弼著,李科整理:《曹元弼日记》,凤凰出版社2020年版,第76页。

⑨ 曹元弼著,李科整理:《曹元弼日记》,凤凰出版社2020年版,第149页。

⑩ 曹元弼著,李科整理:《曹元弼日记》,凤凰出版社2020年版,第189页。

⑪ 曹元弼著,李科整理:《曹元弼日记》,凤凰出版社2020年版,第77页。

⑫ 曹元弼著,李科整理:《曹元弼日记》,凤凰出版社2020年版,第91页。

⑬ 曹元弼著,李科整理:《曹元弼日记》,凤凰出版社2020年版,第149页。

"气习之偏，变化最难，要当以理胜之"①"昔人云治惧难，治怒亦难，二者相反，而或相因，惟定心可以治之"②等记载。《尚书》云："知之非艰，行之惟艰。"曹氏于辛巳（1941年）十二月九日（1月25日）的日记中亦自言：

> 变化气质，为学问第一要义，亦第一难事。③

可以说，曹氏于日常处事之间，以诚笃不欺之心详记自身性格上之缺失，每过必书的背后，为的正是自我警示和变化气质。这一不断自我反省、自我点检的记录，既是曹氏在"慎独"状态下力行身心修炼的自我见证，也印证着古来儒者在人世间修身的不易。

人处天地之间，不离各种伦常关系，面对纷扰多变的人事变迁，是心逐外物还是心有定理，此等处正是实践修身效验之道场。而真正的身心修炼之机会也恰是在此日常生活的人事点滴中觅取。曹氏于此得其三昧，在其日记中既有面对己过的深自痛切，也有记录面对具体人事之际，从初始的心烦纷乱，经有意修身改过之后获得的那份平静的心路历程与感悟。

前者如曹氏为父守孝居丧期间，面对至亲离去的惨变，孝子匍匐哀痛之际，其日记中既有"抢地呼天，攀援无路"④"忧心茕茕，念我父母令德遗教"⑤等发自肺腑的人子之情，又有"礼，非丧事不言，不忘哀也。弼独何心，以他事置喙乎"⑥"丧亲之谓何？而言语衍尔，稍有人心，忍出此哉"⑦"居丧之礼，庐垩室之中，不与人言，况与妇人言乎？败礼忘

---

① 曹元弼著，李科整理：《曹元弼日记》，凤凰出版社2020年版，第166页。
② 曹元弼著，李科整理：《曹元弼日记》，凤凰出版社2020年版，第169页。
③ 曹元弼著，李科整理：《曹元弼日记》，凤凰出版社2020年版，第164页。
④ 曹元弼著，李科整理：《曹元弼日记》，凤凰出版社2020年版，第10页。
⑤ 曹元弼著，李科整理：《曹元弼日记》，凤凰出版社2020年版，第12页。
⑥ 曹元弼著，李科整理：《曹元弼日记》，凤凰出版社2020年版，第11页。
⑦ 曹元弼著，李科整理：《曹元弼日记》，凤凰出版社2020年版，第12页。

哀，至此极矣"①的痛彻自省。回顾曹氏此前丧母之时，在与张锡恭的信中，只因有"初时伏枕饮泣，中夜不寐，乃今甫两越月，而竟渐能安卧"以及"恐过动严亲之哀，因以泣代哭，乃今甫两越月，而哀已渐杀"等事，不惜详陈己罪，"兄所深以为罪者，不孝今皆已犯之，而更有甚者，敢陈诸兄前，以明不孝之罪之上通于天，而因以交警焉"②，慨叹自己"平日言《孝经》《礼经》，所学何事而昧良至此"，发愤当"力持此戒，以期不至终为异类之人"③。无论哪一种都是那么真实不虚，尤其那种因违背丧礼之制的内心自责，读礼而不能行礼的羞愧不安，不正是儒家身心修炼不离日常生活，要在真实生活之中反省检讨的鲜明体现吗？

后者如曹氏入张之洞幕府之经过。据王欣夫先生所撰《吴县曹先生行状》可知，光绪二十年（1894）曹氏会试中式，明年补行殿试，却以目疾不能做楷，以致字迹模糊，未能中选，降列三等五十名。对于年少即笃志研经，志于圣贤，慨然有入世之心的曹氏而言，年届而立却因目疾致科场失利，其心内抑郁愤懑可想而知。在此之后，曹氏曾两次前往金陵拜谒时任两江总督的曾国藩，希望谋取出路。虽最终被其延为书局总教，但其间经过和心理变化颇可一窥曹氏如何在实际中将身心修炼与日常生活融为一体的情况。日记中载，曹氏于光绪二十一年（1895）七月十九日（9月7日）至金陵，当天即"送石农师所属致香帅书"，第二日（9月8日）却"谒香帅未见"。隔日（9月9日）曹氏记曰：

> 正己而不求于人，所以无怨也。今我，《易》之"悔吝为贼"，其能免乎？操存之功，积未及乎沟浍；牿亡之咎，泄有甚于尾闾。静言思之，躬自悼矣。④

① 曹元弼著，李科整理：《曹元弼日记》，凤凰出版社2020年版，第12页。

② 曹元弼：《致娄县张闻远同年锡恭》，见崔燕南：《曹元弼友朋书札》，上海人民出版社2018年版，第385页。

③ 曹元弼：《致娄县张闻远同年锡恭》，见崔燕南：《曹元弼友朋书札》，上海人民出版社2018年版，第389页。

④ 曹元弼著，李科整理：《曹元弼日记》，凤凰出版社2020年版，第4页。

初见不顺，曹氏在此首引《中庸·第十四章》"正己而不求于人"之言，结合其上文"君子素其位而行，不愿乎其外"与下文"上不怨天，下不尤人。故君子居易以俟命，小人行险以徼幸"来看，曹氏实欲表达士君子处事，当素位而行，不愿乎其外，反求其身，如今却言行相违，故而引"《易》之'悔吝为贼'"之言，恰是其当下处境之写照。《周易·系辞传》曰："是故吉凶者，失得之象也，悔吝者，忧虞之象也。"《周易参同契》则曰："纤芥不正，悔吝为贼。"依朱子《周易本义》所言："'吉凶''悔吝'者，易之辞也。'失得''忧虞'者，事之变也。得则吉，失则凶，'忧虞'虽未至凶，然已足以致悔而取羞矣。"①曹氏对此行已然有反悔之心，并引《孟子·离娄下》"七八月之间雨集，沟浍皆盈"、《孟子·告子上》"虽存乎人者，岂无仁义之心哉？……其日夜之所息，平旦之气，其好恶与人相近也者几希，则其旦昼之所为，有牿亡之矣"与《庄子·秋水》"天下之水，莫大于海。万川归之，不知何时止而不盈；尾闾泄之，不知何时已而不虚"之言以自省，慨叹自身存养之功浅。

二十三日（9月11日）虽见到香帅，但似乎也并不如意，日记中也只有"见香帅"三字。其后二十四、二十五、二十六三日皆与友朋相聚，在曹氏看来，却是"两日游谈，旷日肆欲失心"②。二十七日（9月15日）记曰：

> 一转念间，如梦初醒，如死复生，悔悟之机亟乘之，勿再失也。③

此处虽无法得知曹氏所谓的"一转念间"确属何指，但结合二十八日（9月16日）的日记"营营戚戚，只搅我心耳！……静者，积善之本；躁者，长恶之原。虽未至恶，其势已奔赴不可遏矣"来看，因连日不顺，营

---

① 朱熹撰，廖名春点校：《周易本义》，中华书局2013年版，第224页。

② 曹元弼著，李科整理：《曹元弼日记》，凤凰出版社2020年版，第4页。

③ 曹元弼著，李科整理：《曹元弼日记》，凤凰出版社2020年版，第4页。

碌奔波，不但有违儒者"为己"之训，更添其郁躁之心，是以慨叹"静者，积善之本；躁者，长恶之原"，欲一归本心。这番内心想法在其二十九日（9月17日）再次"谒香帅未见"之后的日记中表露得非常清楚：

> 自求多福，在我而已，求人何为？我有心而不能治，是无勇也；心不若人而不知恶，是无耻也。奋发刻厉，坚苦卓绝，何为而不成！①

八月朔（9月19日）记曰：

> 难进而易退者，学也；一往而不复反者，时也。年岁不与，修名不立，不此之忧而反求人，在人者未得，在己者坐失，不智孰甚焉！②

"自今日以往，发愤自立，不复求人"，面对一月来"役于物而放其心"的状态，曹氏以"暂得息，我将息焉；暂得学，我将学焉"的心态，记下如是之言：

> 君子之学也，不择地，不需时。造次必于是，颠沛必于是。过不知则已，知即改之；道未见则已，见即由之。祛过如歼雠，剖惑如除恶疾，必无遗类而后已。吉人之辞寡，其心存也；躁人之辞多，其心放也。③

曹氏于十六日（10月4日）由金陵返，路过镇江。于二十日登临焦山之时，因游彭刚直祠（彭玉麟），谒杨忠愍公（杨继盛）遗像，"慨然有顾

---

① 曹元弼著,李科整理:《曹元弼日记》,凤凰出版社2020年版,第5页。
② 曹元弼著,李科整理:《曹元弼日记》,凤凰出版社2020年版,第5页。
③ 曹元弼著,李科整理:《曹元弼日记》,凤凰出版社2020年版,第5页。

长之慕"，认为"他日以道事君，取法在是"。又"索观阮元所送归忠愍墨迹"，面对卷后如洪亮吉、汪喜孙、翁方纲、胡林翼、曾国藩、张之洞、梁鼎芬等前贤时人的题跋时，曹氏虽以"字劣，未敢下墨"，但却在日记中记有如下一段：

> 苟异时立身行道无愧古人，当重读此卷，附名简后。或字以行重，后之人不至以临池尺寸相绳。呜呼！古人往矣。彼丈夫也，我丈夫也。蒙虽不才，所不以道义自任、为天地立心、为万物立命者，有如明明之日，浩浩之波，山灵江神及我椒山先生在天之灵实共鉴之！①

在连日的自我反思与先贤精神的感召之下，曹氏发出"立身行道无愧古人"之言，可以说至此，已重新找回人生立于天地间的真实依据便在"为天地立心，为生民立命，为往圣继绝学，为万世开太平"的道义担当。曹氏不仅确认了此生使命，也更清晰自己未来的方向，因此内心也重回坚定、执着。更值得一说的是，从时间上来看，科场失利、入张幕府与为父守孝诸事发生在先后两年之中，在生活的连番不顺与打击之下，曹氏作为普通人，虽也有过抑郁愤懑、彷徨自责，乃至自我怀疑。但曹氏最终不忘诚笃之志，实践儒家修身之道，找回了生活的方向、内心的踏实和立身的信心。

四、结论

以上围绕身心修炼这一角度从多个方面对曹氏日记进行了较为深入的分析，重点在于揭示曹氏所受理学影响而进行的功夫实践与礼的功夫面向。日记作为曹氏内心世界的真实反映，对于了解曹氏独特的生命风格具有重要的学术意义，而其一生身心修炼的生活实践也向我们展现了理学传

---

① 曹元弼著，李科整理：《曹元弼日记》，凤凰出版社2020年版，第6页。

统在有清一代的延续和发展。

可以说，曹氏经学著作中所透露的"维系纲常"的用世之心都源于其"学为圣贤"的理想追求，正如曹氏所云"人生天地之间，不可虚生"，自当"维持天经地义、继续圣绝学、开万世开太平"①。而对礼学的强调，也不仅仅是出于"明伦"的现实考虑，尚有"治气养心"之术的功夫层面。面对"戊戌以来，人心不靖，邪说横行"，动辄以"斁法沦纲、弱肉强食为事"的局面，身负世道人心之责的曹氏，认为唯"定心养身，庶于斯道稍有裨益"②，个体的道德约束又为更好地实现人伦之道提供必要的基础，所谓"以一身系名教纲常之重"③，"人心之危，惟礼可以安之"④，其礼学思想实呈现一体二元、内外相合的面貌。

此外，曹氏严格的道德主义和对自身德性的严肃修炼也为我们重新考察近代中国以来的道德危机与重建提供了一种有益的启发。众所周知，1898年戊戌变法之后，中国传统社会发生了剧烈的振动，这表现在"一是中国传统社会已难以维持'前现代'帝国政经秩序的常态而开始分崩离析，从而引发了空前的中国政治秩序危机；一是中国传统文化特别是儒教的伦理纲常开始遭到普遍质疑，随着'冲决网罗'（谭嗣同语）的呼声日渐高涨，进入了思想上'怀疑一切的'时代"⑤。面对当时中国的深重危机和现代转型，知识界普遍存在一种想法，"以为一切社会问题归根结底就是'思想'问题，而'思想'问题又可归结为'道德'问题或'伦理'问题"⑥，于是有关"私德""公德"的争论一度成为关注的焦点，如梁启超即宣称："吾中国道德至发达，不可谓不早，虽然，偏于私德而公德殆阙如。……要之，吾中国数千年来，束身寡过主义，实为德育之中心点。范围既日缩日小，其间有言论行事，出此范围外，欲为本群本国之公利公

① 曹元弼著，李科整理：《曹元弼日记》，凤凰出版社2020年版，第213页。

② 曹元弼著，李科整理：《曹元弼日记》，凤凰出版社2020年版，第64页。

③ 曹元弼著，李科整理：《曹元弼日记》，凤凰出版社2020年版，第206页。

④ 曹元弼著，李科整理：《曹元弼日记》，凤凰出版社2020年版，第64页。

⑤ 吴震：《孔教运动的观念想象：中国政教问题再思》，复旦大学出版社2019年版，第1页。

⑥ 吴震：《孔教运动的观念想象：中国政教问题再思》，复旦大学出版社2019年版，第97页。

益有所尽力者，彼曲士贱儒，动辄援不在其位不谋其政等偏义，以非笑之挤排之，谬种流传，习非胜是，而国民益不复知公德为何物。"①因此若要重振中国，必须首先培养国人的公德之心，当时从其说者甚广。然而随着国内形势发展和梁启超游美感悟，开始以"私德说"修正"公德说"，认为在当时维护儒家传统的私德更为迫切，其曰："欲改铸国民，必以培养国民之私德为第一义，欲从事于铸国民者，必以自培养其个人之私德为第一义。"②同时章太炎也认为："优于私德者亦必优于公德，薄于私德者亦必薄于公德，而无道德者之不能革命。"③

有关"公德""私德"观念的争辩实非本书关注之重点④，然而随后兴起的五四运动、新文化运动却以"重估一切价值"为口号而走向全面的"激烈反传统"，造成社会对道德认知的分歧和思想的紊乱也是不争的事实⑤。面对道德的混乱与无序，五四运动同时或稍后的一批文化保守主义者，重新接续传统，虽重视个体本身的治学与德行，呈现一种对中国文化的回归与坚守，但不可避免地受到西方现代学科体制和问题意识的影响，大多致力于对传统思想的知识梳理和体系建构，较为忽视道德修养的实践功夫。然而正如学者所言，以儒学为代表的中国传统文化要在新时代得到继承、弘扬，乃至创造性的转化，"只有在面向时代的具体的道德实践中，才能真正延续儒家的精神生命"⑥，因为无论儒学还是中国文化的精神，都不是一个纯粹知性的传统，而是一个注重道德实践的传统。在今天，百年历史的发展经验告诉人们重建和谐的道德生活与安宁的心灵秩序并非一蹴而就，曾经是近代中国人面临的问题，也同样是当代中国人面临的问

---

① 梁启超：《饮冰室合集·专集》四，中华书局2015年版，第12页。

② 梁启超：《饮冰室合集·专集》四，中华书局2015年版，第119页。

③ 章太炎：《革命道德说》，《章太炎全集·太炎文录初编》，上海人民出版社2014年版，第288页。

④ 对此感兴趣者，可参阅黄进兴《从理学到伦理学：清末民初道德意识的转化》（中华书局2014年版）、吴震《孔教运动的观念想象：中国政教问题再思》（复旦大学出版社2019年版）等论述。

⑤ 有关近代以来道德危机与变革，新近研究成果可参考段炼《危机与转机：清末民初的道德、政治与知识人》（九州出版社2022年版）一书。

⑥ 何益鑫：《成之不已：孔子的成德之学》，复旦大学出版社2020年版，第368-369页。

题，那么反思和借鉴曹氏对个人成德的追求和与生活融为一体的身心修炼，恰恰可给我们更多的启示。如此一来，作为传统守旧代表的一代经师曹元弼，也自有其现代的价值和参考维度。

第六章　人伦、爱敬与解经

——曹元弼《仪礼》与《孝经》会通研究

　　晚清经学家曹元弼，以其通博的经学著作与保守的文化观念，成为近来学术界观察清末民初传统学术面对西学冲击，如何应对变局的一个新的着力点。它所牵涉的不仅是曹氏个人的学术思想，而且是近现代中国学人面对数千年未有之大变局的态度，以及与之并生的对于西方以及自己文化的种种探索和反省。虽就目前研究而言，面向已广及曹氏的生平、交友以及文献整理，尤其礼学、易学、《孝经》学等代表性著作皆有一系列相关成果。但对于曹氏学术与思想活动的基本和深层特质的发掘仍显不足，故而从深度上影响了对其的进一步研究。

　　曹氏本身的学术，固然有沿袭自乾嘉汉学之所在，但其著作与乾嘉承平之日，专精于训诂考据的一个显著区别，是对于经学大义的发挥以及著作之间的体系化倾向。这一点固然与其身处晚清变局的时代背景有关，但也不可忽视其独特的学术性格与思维方式所起的作用。所谓学术性格，乃是学者在从事学术活动时，因为某些根本向往与学术传承而产生的"一种不断重复出现，而足以代表其学术活动之基本样式（basic pattern）的行为特质"①。至于思维方式，则指学者组织各种原本纷杂零散的材料，使其成为条贯综合之知的方法。一个学人一生的学术成就可能涉及甚广，但其主要的学术性格和思维方式却通常较为一致。这两者的结合，方始表现出

---

　　① 吴展良：《中国现代学人的学术性格与思维方式论集》，五南图书出版有限公司2000年版，第3页。

一种较完整的个人风格。

　　循此以观曹氏，可以发现扶持纲常与学以明伦，是其基本的学术性格，而强调群经之间的会通，则是其一贯的思维方式。两者之间的紧密配合，终形成曹氏有别于乾嘉汉学独特的学术风格。然就曹氏的会通思想而言，学界有主以礼会通者，有主以《孝经》会通者①。两者虽都关注到曹氏论学注重明伦的强烈政教色彩，但却忽视了曹氏之讲求群经会通，乃是就六经为一整体而言，并非意欲仅以某一部经典会归起全部经学，且又与其提倡"守约"的治经之法相关联。故其论述，既有六经之间的相互会通，亦有如《仪礼》《周易》《孝经》等单经会通之说。因此就思想层面而言，在群经会通的观念之上，实尚有更高一层的能统领起六经之道的理念，这便是以儒家性善为基础，注重由亲子之间的自然情感，扩充为整个人伦秩序间"相生相养相保"的"爱敬"之说。在这一意义上，曹氏的会通群经，可称为群经会通于"爱敬"。而在具体的解经过程中，群经之间的"会通"又自有其学术史上的渊源，表现为方法上的自觉实践。在现实层面，曹氏面对晚清的政教危机，以爱敬为人伦之本，礼孝双彰之说，实欲重建儒家的人伦生活世界，开显中华文明的现代生命。概而言之，曹氏的群经会通思想，既有思想层面的内在理路，也有学术史的渊源和现实的关怀。鉴于目前学界对此一层似着墨不多，故本章试图以《仪礼》与《孝经》会通为例，就其思想、学术、现实三者之间的交织互动为考察，从而凸显曹氏重整经学体系化之苦心。

一、六经与儒家人伦生活世界的重建

　　就一种思想而言，中国经学史上不乏会通六经的实例，这与经学本身的特性相关，所谓"经作于大圣"②。早在战国之世，儒家学者便通过以孔子为核心，扩展及于伏羲、尧舜、文王、周公等圣王，组织起一套"圣

---

①　如程克雅、邓声国等主以礼会通，陈壁生主以孝经会通。

②　皮锡瑞著，周予同注释：《经学历史》，中华书局2014年版，第139页。

人集团"的概念，而六经则为"机神之妙旨，圣哲之能事"①，"经者，天地之心，生民之命，崇德立功立事之大本"②，属"圣人集团"所创作出的经典③。在古人看来，六经虽然经教不同，体裁各异。但"圣人之意，具载于经，而天地万物之理管于是矣"④，也就是其中皆蕴藏着圣人体天治世之道。正如曹氏所说"学莫大于经"，而"经之所重者道也"⑤。经意即圣人之意，具有颠扑不破的特质，所谓"王者治天下之具，纬也，穷则变、变则通、通则久者也；其本，经也，天不变、道亦不变者也"⑥。由于圣人是儒家思想中最为究极的典范，因此借由经典所彰显的圣意，便是天地间最重要的道理，从而使六经具有极大的权威性和神圣性。

被曹氏称为能"抉经之心"的郑玄便是经学会通的显著代表。以"述先圣之元意，思整百家之不齐"为目的的郑玄，以周公为基点，上溯尧舜，下启孔子，透过圣人之志的一脉相承，以《周礼》为宗，遍注群经，将六艺贯通为一"整体"；同时发挥孔子作《孝经》是"立天下之本"，将"孝道"上升为政教的始基，作为六经教化的指归。"其意图是在廓清'周公制礼'的内容与精神，以作为统贯六经的脉络，也为汉末衰世提供一套足资借鉴、重振纲纪的治世蓝图"⑦。

作为毕生推崇郑学的曹元弼，其在经学会通思想上，亦多受郑玄的影响，如其对礼学与《孝经》的重视。曹氏自述其学，曰：

> 元弼不敏，治郑氏礼学十余年，夙兴必庄诵《孝经》，窃叹冠、昏、丧、祭、聘、觐、射、乡，无一非因严教敬、因亲教爱，与《孝

---

① 魏征等撰，曾贻芬校注：《隋书经籍志校注》，商务印书馆2021年版，第1页。

② 曹元弼：《复礼堂述学诗序》，见曹元弼著，许超杰、王园园点校：《复礼堂述学诗》，中国社会科学出版社2022年版，第6页。

③ 林庆彰：《中国经学研究的新视野》，万卷楼图书股份有限公司2012年版，第25–33页。

④ 晁说之：《儒言》，景印《文渊阁四库全书》第698册，台湾商务印书馆1985年版，第23页上。

⑤ 曹元弼：《复礼堂文集》卷一《述学》，文史哲出版社1973年版，第32页。

⑥ 曹元弼：《复礼堂述学诗序》，见曹元弼著，许超杰、王园园点校：《复礼堂述学诗》，中国社会科学出版社2022年版，第5页。

⑦ 罗健蔚：《郑玄会通三〈礼〉研究》，台湾大学博士论文，2015年，第1页。

经》之旨融合无间，通《孝经》而后知礼之协乎天性、顺乎人情。[①]

并依据臧庸、严可均所集郑玄《注》本，在拾遗订误的基础上，"因遍辑经传、周秦汉古籍、各经师注涉《孝经》义者为之笺，而博采魏晋以来《孝经》说之有师法、应礼道者，贯以积思所得疏之。约之以《礼》，达之《春秋》，合之《论语》，考之《易》《诗》《书》。疏文有所不尽，则师黄氏（笔者按：指黄道周）之意而扩充之，兼采史传孝行足裨补经义者，别为《孝经证》。往时，敬以此书与《礼疏》《经儒法则篇》同于先圣前立誓自任。此书与《礼疏》相须成体，功亦相亚，《礼疏》成则亦成"[②]。可见在曹氏早年的求学经历中，便在郑学的基础上，将《仪礼》与《孝经》视为非常关键而又有内在关联的两部经典。

此外，曹氏对《孝经》性质的认识，也以郑玄《六艺论》与《中庸注》为依据。在曹氏看来，"孔子悼明王之不兴，惧人伦之绝灭，乃述前圣之道，论撰《易》《书》《诗》《礼》《乐》，作《春秋》"，其目的是"尊君父，讨乱贼，明王道，兴太平"[③]。而《孝经》的地位尤其特殊，乃是孔子"隐括六艺大道，探本穷源"而作，其中"兼包古先圣王治天下之道，以大顺万世之民，所谓尽其性以尽人之性，赞天地之化育者也"[④]。换句话说，"尊君父，讨乱贼，明王道，兴太平"的经学用世之义端本会极于《孝经》。这与郑玄《六艺论》所云"孔子既叙六经，题目不同，指意殊别，恐斯道离散，后世莫知其根源所生，故作《孝经》以总会之"以及郑玄《中庸》注曰"至诚，性至诚，谓孔子也。大经，谓六艺，而指《春秋》也。大本，《孝经》也"[⑤]的说法前后相承。

---

① 曹元弼：《复礼堂文集》卷六《吴刻孝经郑氏注序》，文史哲出版社1973年版，第646页。

② 曹元弼：《复礼堂文集》卷六《吴刻孝经郑氏注序》，文史哲出版社1973年版，第647页。

③ 曹元弼：《孝经学·流别第七》，见曹元弼撰，刘增光整理：《曹元弼孝经学著作四种》，上海古籍出版社2021年版，第132页。

④ 曹元弼：《孝经学·流别第七》，见曹元弼撰，刘增光整理：《曹元弼孝经学著作四种》，上海古籍出版社2021年版，第132页。

⑤ 郑玄注，孔颖达疏：《礼记注疏》，艺文印书馆1976年版，第900页。

至于《仪礼》一书，曹氏在郑学的脉络之下，接续清儒张尔岐所谓"《仪礼》则周公之所定，孔子之所述，当时圣君贤相、士君子之所遵行"以及胡培翚云"《仪礼》有经、有记、有传，经制自周公，传之孔子，记与传则出于孔门七十子之徒之所为"的观点，认为《仪礼》一书为周公所制，孔子所传，前后一贯。如《礼经校释序》曰：

> 昔者周公思兼三王，以施四事。遇有不合，日夜以思，至于待旦。监于二代，优游五年，然后制礼。威仪三千，曲为之防。夫以圣人之德，多材多艺，犹复博观详择，覃思积年，故其所制之礼，条理密致，经纬相宣。养欲给求，人无所憾。孔子学而美之曰："郁郁乎文哉，吾从周。"与弟子论礼，参伍错综，穷源竟委。自卫返鲁，亲定经文。尝曰："无轻议礼。"圣人之于礼若此其慎也。孔子既没，七十子之徒各撰所闻以为传记。虽当战国嫚秦，齐鲁之间，经业不废。①

曹氏治学，虽最尊郑玄，但并非没有自己独特的理解。正如学者所言："在郑玄所构建的经学系统中，群经作为一个系统，最大程度弥合了经义之别，达至同条共贯，而其内部则有了不同时代的圣王之法。"②换句话说，在郑玄所建构的经学体系中，是以"周礼"为中心，凡与"周礼"所不符者，概目为夏殷旧法。但是在曹氏看来，六经之道并非"一代"法典之体现，而是百世同揆的"一贯"之道。如其论《仪礼》，曹氏根据《仪礼》经文中有"同义不嫌异辞"之例，如《乡饮》《乡射》《有司彻》云"拜至"，而《燕礼》《大射》《公食大夫礼》云"至再拜"等，认为其中含有夏殷旧礼，周公以其无关名义而因仍未改，可见损益之迹，从而强调："礼经非一王之制，一圣之书，乃自有天地以来神圣相传至教至文，

---

① 曹元弼：《复礼堂文集》卷四《礼经校释序》，文史哲出版社1973年版，第419-420页。

② 陈壁生：《追寻六经之本——曹元弼的〈孝经〉学》，《云南大学学报（社会科学版）》2017年第4期，第42页。

递相祖述，代有沿革，至周公而定。……所谓周监二代，所谓思兼三王，皆于此可相见焉。"①说明《仪礼》一书，乃圣贤相传一脉之法。这"一法"简言之，即"三代之学，皆所以明人伦。"曹氏尝曰：

> 生民之初，有善性而不能自觉。伏羲继天立极，作《易》八卦，定人伦，实为孝治天下之始。自是五帝、三王，《诗》《书》所载盛德大功，皆由此起。故尧舜之道，孝弟而已。三代之学，皆所以明人伦，至周公制礼而大备。周衰，礼教废，彝伦斁，至于篡弑相仍，则生理绝而杀气炽，生民将无所噍类。孔子作《春秋》，诛大逆而遏杀机，作《孝经》，明大顺以保生理。盖伏羲以来之道，集大成于孔子，六经之旨，备于《孝经》。②

曹氏认为，生民之初，茹毛饮血，"有善性而不能自觉"，伏羲"继天立极"，体悟天道，正人伦而作《易》。换言之，人伦之立，乃政教文明之始。故"治始于伏羲而成于尧，禹平水土，稷降播种，契教人伦而爱敬生养之能事毕"，是以孔子删《书》，断自《尧典》。其后夏殷相继，因时制宜以利生民。及商代末期，纣王无道，天下大乱，周文王"惧彝伦之斁，而生人爱敬之道息"，乃"三分天下有其二，以服事殷。因伏羲之《易》以正君臣父子夫妇之义"。至成王之世，"管蔡流言"，周公"遭人伦之变，立人臣之极，卒成周道"，制礼作乐，以"尊尊统亲亲"：

> 其本三纲，其序五伦，其全体大用，因人爱亲敬亲与生俱生之天良而扩充之。使天下尊卑、上下、亲疏、长幼、外内各循其分，各尽其情，各竭其力。合敬同爱，以相生、相养、相保而不相杀。自伏羲

---

① 曹元弼著，周洪校点：《礼经学》，北京大学出版社2012年版，第34—35页。

② 曹元弼：《孝经郑氏注笺释》，见曹元弼撰，刘增光整理：《曹元弼孝经学著作四种》，上海古籍出版社2021年版，第145页。

至于周公，其为道也一。①

足见周代的"礼"是继承自伏羲、尧、舜、禹以来的可以配天地、泽苍生、治天下的大经大法，三代之间"其为道也一"。也可以说，伏羲所开辟的圣王之道被归束为周公所制之"礼"。降至春秋，"篡弑相仍，人道绝灭"，孔子惧三代良法之败坏不救、糜烂不收而人伦将灭绝也，特"本伏羲、尧、舜以迄周公之至德要道，大经大法"②作《春秋》，其意义便是"乱臣贼子无不伏其辜，尊亲之分可得而定，爱敬之情可得而合，富教之事可得而兴"③。孔子完全赞成周礼，面对春秋礼崩乐坏之局，发明"仁道"，将"仁"植入"礼"中，从而使两者血脉相连，对古代中国文化和思想做出重要贡献。而仁道实现的基础、以礼治国的关键又出于父母子女之间的亲亲之爱和孝慈之德，此所谓"孝弟也者，其为仁之本与""仁者，人也；亲亲为大"。故曹氏总结之曰："伏羲正人伦之始，以立爱敬之本。孔子正人伦之变，以塞恶慢之原。圣人，人伦之至。孔子志在《春秋》，行在《孝经》。伏羲以来之道，备于孔子。六经之义，归于《孝经》。是故天地之性，人为贵。人之为道也，入有父子兄弟之亲，出有君臣朋友之义。……仁者人也，此人之所以为人也。圣人因人之所以为人，导其爱敬之原而为之伦理，人人亲其亲，长其长而天下平。"④

可知，曹氏从"人伦"的角度，整合起自伏羲到孔子以来的圣王之治，强调"三代之学，皆所以明人伦"，人伦之始，亦为文明之始。这一从"明伦"角度理解经学的方式，成为曹氏经学观的一大特色，经学成为人伦之学，"在经学影响下的中国文明就是以人伦为中心的文明"⑤。

人生天地之间，其存在关系，包括人与自己、人与他人以及人与世界

---

① 曹元弼：《复礼堂文集·复礼堂文集序》，文史哲出版社1973年版，第1页。

② 曹元弼：《复礼堂文集》卷八《书张相国奏立湖北存古学堂折后》，文史哲出版社1973年版，第821页。

③ 曹元弼：《复礼堂文集》卷一《原道》，文史哲出版社1973年版，第23页。

④ 曹元弼：《复礼堂文集》卷一《原道》，文史哲出版社1973年版，第23-24页。

⑤ 陈壁生：《两种"六经皆礼"》，《中国哲学史》2022年第2期，第115页。

三者。人与他人之关系即人的社会存在，首先表现为人的伦常生活。对伦常的强调，是以儒家为代表的中国文化的重要特色。诚如梁漱溟先生所言，中国传统社会是一个"伦理本位的社会"：

> 人一生下来，便有与他相关系之人（父母，兄弟等），人生且将始终在与人相关系中而生活（不能离社会），如此则知，人生实存于各种关系之上。此种种关系，即是种种伦理。伦者，伦偶，正指人们彼此之相与。相与之间，关系遂生。家人父子，是其天然基本关系，故伦理首重家庭。……再则有兄弟姊妹。既长，则有夫妇，有子女，而宗族戚党亦即由此而生。出来到社会上，……于政治则有君臣官民；平素多往返，遇事相扶持，则有乡党朋友。随一个人年龄和生活之开展，而渐有其四面八方若近若远数不尽的关系。是关系，皆是伦理；伦理始于家庭，而不止于家庭。①

在中国古代，家族是"一个最主要的基石"②，以父子为主的家人之间的关系也是最基本的人伦关系，由此扩展到社会生活的方方面面。儒家将各种关系规约为君臣、父子、兄弟、夫妇、朋友的"五伦"，尤以君臣、父子之道为家庭生活与政治实践的核心。不同的角色或身份之间各有其相应的伦理要求，这些特定的要求，即主要体现在各自所当行的礼之中，借由礼来规范人们的行为，给人以道德的理想和维系伦理社会的秩序。从这一意义上来说，伦理本位的社会就是礼俗本位的社会③。严格意义上的"礼"和"俗"是有差异的，但二者并没有绝对的区别，"大略言之，我们可以说，礼是在较大范围内施行的，俗是在较小范围内施行的；礼是大传统，俗是小传统；礼往往经过国家的规范成为法律、制度，俗只在民间施行，不具强制性。不过，经国家规范的礼，有时也会受到俗的影响，于是

---

① 梁漱溟：《中国文化要义》，上海人民出版社2005年版，第72页。
② 钱穆：《中国文化史导论》，商务印书馆2012年版，第51页。
③ 顾红亮：《儒家生活世界》，上海人民出版社2016年版，第63页。

该俗上升成为礼的一部分。俗有时也会经有心人的改造，而吸收了礼的成分，变得颇合乎大传统"①，两者内涵多有重叠。但在更为宽泛的意义上，"礼"的内涵要大于甚至可以涵容"俗"，"因礼在中国古代社会，是作为建构国家体制、社会秩序的整体思想理念和指导人们日常生活的具体行为规范而双重存在的"，它从广义而言，"是理论观念与行为实践的结合体，中国人的精神世界和社会生活均赖此以支撑"②。在中国，"礼"不但是"礼俗"，而且发展为"礼规""礼制"和"礼义"，也即表现为行为之礼、制度之礼、观念之礼等三个方面，具备"宗教、道德和法律三重属性"③，"成了中国文化之根本特征和标志"④。盖以礼而论，可以抽象为尊尊、亲亲、长长、贤贤和男女有别等道德规范，也即君臣、父子、兄弟、夫妇、朋友的三纲五常，这些在曹氏看来，是"不可与民变革"⑤者；但又可具体化为冠、昏、丧、祭、射、乡、朝、聘等仪节制度，成为"以人的一生为核心，以人的各种关系为半径而形成的一种结构"，这种结构，"实际就是人本身的生活范围"，实涵盖日常生活中的一切面向。不同的人，有不同的生活范围，所有这些生活范围加在一起，就是整个社会。礼笼罩了所有人的生活，也就笼罩了整个社会⑥，渗透在人们的人伦日用之中，指导人们如何生活，并可贯通于儒者以仁立身，以礼治心的身心修炼，从而将身、家、国、天下一体相连。

曹氏引孔子"为政先礼，礼其政之本与"之言，认为人伦的实现，必须依赖礼，甚至以为"礼者，人伦也"⑦"礼者，人情之实"⑧"夫礼者，

① 叶国良：《中国传统生命礼俗》，上海书店出版社2017年版，第1—2页。

② 吴丽娱：《礼与中国古代社会·先秦卷》，中国社会科学出版社2016年版，第1页。

③ 王启发：《礼学思想体系探源》，中州古籍出版社2005年版，第4页。

④ 邹昌林：《中国古礼研究》，文津出版社2000年版，第10页。

⑤ 曹元弼：《复礼堂文集·复礼堂文集序》，文史哲出版社1973年版，第2页。

⑥ 邹昌林：《中国古礼研究》，文津出版社2000年版，第152页。

⑦ 曹元弼：《复礼堂文集》卷四《礼经会通大义论略》，文史哲出版社1973年版，第542页。

⑧ 曹元弼：《复礼堂文集》卷四《礼经会通大义论略》，文史哲出版社1973年版，第544页。

先王正人伦以达天下爱敬之心"①"圣人之道，一礼而已"②。所谓：

> 礼者，人情而已矣。圣人因天理之自然，人情之所不能已而为之节文，使天下父慈子孝、兄良弟悌、夫义妇听、长惠幼顺、君仁臣忠，合敬同爱，相生相养以各保其饮食男女之大欲，而免于死亡贫苦之大恶。③

可以说，礼融化于日常伦理行为之中，伦理的生活对于中国而言，便是整体的文化秩序和社会秩序，也是人们的生活方式。这种以礼教纲常为核心的人伦生活世界，是一个亲熟的家园世界，构成了其他一切意义的底层，套用现象学生活世界的理论，这样的生活世界是"一切意义构成的地基"④，对曹氏在内的很多人而言，这恰是中国之为中国的意义根据。如张之洞在《劝学篇》中认为："五伦之要，百行之原，相传数千年更无异义，圣人所以为圣人，中国所以为中国，实在于此。"⑤曹氏亦曰：

> 夫礼，时为大。帝王质文，代有因革。而大本大原，则董子有言"天不变，道亦不变"，尊尊、亲亲、长长、男女有别，此百世不可得与民变革者也。孔子所谓殷于夏礼，周于殷礼，损益可知。而此则其所谓因者也。先王承天之道，以治人之情。因父子慈孝出于天性，而为之定夫妇以正其本，立君臣以会其极，于是乎有三纲。父子定则兄弟相亲，君臣正则朋友相任，于是乎有五伦。有三纲五伦，于是乎有冠、昏、丧、祭、聘、觐、射、乡、相见。有冠、昏、丧、祭、聘、觐、射、乡、相见，于是乎有节文等杀、制度名物。渐仁摩义，涵育

---

① 曹元弼：《复礼堂文集》卷四《礼经会通大义论略》，文史哲出版社1973年版，第546页。

② 曹元弼：《复礼堂文集》卷四《礼经会通大义论略》，文史哲出版社1973年版，第547页。

③ 曹元弼：《复礼堂文二集》卷四《有子论礼说》，见复旦大学图书馆古籍部：《复礼堂遗书》第35册，中华书局2019年版，第43页。

④ 本哈德·瓦尔登费尔斯著，谢利民译：《生活世界之网》，商务印书馆2020年版，第14页。

⑤ 张之洞：《劝学篇·明纲第三》，上海书店出版社2002年版，第12页。

熏陶，而孝弟、忠顺、廉耻、信义深入民心。斗嚚暴乱、邪说诐行不
戢自止。合敬同爱，聚百顺以事君亲，合智同力，立成器以利天下。
三代以上，中国所以为普天大地中至富至强、至治至安之国者，礼其
本也。①

又曰：

自天地剖判以来，圆颅方趾、直题横目之民，所以能相生相养相
保而不相杀，灿然有文以相接，欢然有恩以相爱，绵绵延延，以至于
今者，曷恃乎？恃有伦纪而已。②

可见曹氏将"礼"理解为政事之本、善恶的标准和文明的核心，将
"礼"从三礼文献中抽象提炼为独立的概念，并以"礼"所型塑的人伦世
界去统贯群经，就此而言确实如学者所言"对传统经学具有革命性"的意
义③。曹氏更进一步指出，这一礼教人伦道德的核心便是"爱敬"。其在
《原道》一文中说：

夫天下者，生人心力之所为也。人非人不济，爱敬则相济，恶慢
则相害；爱敬则相生，恶慢则相杀；爱敬则聚，恶慢则散。聚则智，
散则愚；聚则强，散则弱；聚则屈物，散则屈于物。圣人求所以聚之
之道，而得之爱敬。求所以教之爱敬之道，而得之人伦。孩提之童，
无不知爱其亲，此人心之大可用者。于是使妇从夫以正其本，君帅臣
以统其类。故父者，子之天也。君者，臣之天也。夫者，妻之天也。
三纲既立，五伦既备，天下尊卑贵贱长幼贤愚，各尽其爱敬以效其
能，合天下之智以为智，合天下之力以为力，合天下之财以为财，合

---

① 曹元弼：《复礼堂文集》卷五《覆陈伯潜阁学论修礼书》，文史哲出版社1973年版，第604-605页。
② 曹元弼：《复礼堂文集》卷八《君直从兄三儒从祀录序》，文史哲出版社1973年版，第782页。
③ 陈壁生：《两种"六经皆礼"》，《中国哲学史》2022年第2期，第115页。

天下之巧以为巧。莫大灾患无不弭平，莫大功业无不兴立。此伏羲而下，草昧所以变文明；三代之世，中国所以服夷狄也。①

从上文可以看出，曹氏没有从单个词义上理解，故其所称的爱敬之道并非是仁、义、礼、智等某一具体的德目，而是"圣人"即三代圣王进行政教设计和运用的总体原则，后世尊奉的三纲五常等礼教道德规范皆是由"爱敬"而出。所谓：

> 方生民之初，民有善性而不自觉。上圣伏羲氏出，知人性之独灵于万物，因其父子相爱之天良而定夫妇以正其本，立君臣以会其极，是谓三纲。有父子则有兄弟，有君臣则有朋友，是谓五伦。三纲立，五伦备，于是人类相爱相敬以相生养保全，莫大灾患由此弭平，莫大功业由此兴立。②

如此"爱敬"不再仅仅是一种固定的伦理规范，更是一种普遍的自然人性。在曹氏看来，"草昧变文明""中国服夷狄"的关键，正是圣人发现与遵行了"爱敬"之道，由此发展而出的三纲五常，是"本爱敬之意，以之制礼作乐，以之经纶天下之法"③，以致"莫大灾患由此弭平，莫大功业由此兴立"。作为维系人伦之道的礼，其"大经固悉本天命民彝而出之"，而其器数仪节之微则"无一非爱敬精意所弥纶"，可以"制仁义之中，变化气质，和顺道德"④，只要"人人亲其亲、尊其尊"，则"相爱相

---

① 曹元弼：《复礼堂文集》卷一《原道》，文史哲出版社1973年版，第19-21页。

② 曹元弼：《复礼堂文二集》卷一《尊经阁记》，见复旦大学图书馆古籍部：《复礼堂遗书》第34册，中华书局2019年版，第369页。

③ 曹元弼撰，许超杰点校：《礼经大义》，见干春松、陈壁生：《曹元弼的生平与学术》，中国人民大学出版社2018年版，第193页。

④ 曹元弼撰，许超杰点校：《礼经大义》，见干春松、陈壁生：《曹元弼的生平与学术》，中国人民大学出版社2018年版，第191页。

敬，无渎姓，无夺伦，无背信弃义，人心正而万事根本立"①。由此而言，爱敬渗透于礼之中，"礼"体现了儒家人伦所倡导的伦理责任、情感联系和生命存在的意义。顺此理路不难发现，曹氏所理解的中国文明就是一"道在六经，其本质是礼，其核心精神是人伦，而其根基是人心固有的爱、敬"②的文明。从这一角度来看，晚清以来的两千年未有之变局，就不仅仅是一个政治秩序的危机，还是一个"本原破碎"的危机。因无论是康、梁等激进路线还是日后孙中山领导的革命，以及诸种对传统的猛烈批判，对西学的崇拜信仰，都象征了中国既有之"道"的"本原之物破碎了"，"它不再属于一个唯一的类型"，具有了一种"持续的差异化，一种分离的形式"③，是地基的瓦解。曹氏痛心疾首地指出：

> 迩来世变日亟，莠民乘机拔本塞源，裂冠毁冕，至公然倡废三纲之说，势将率天下之人而尽陷于禽兽鬼魅，放恣渎乱，弱肉强食，以召禽狝草薙之祸。④

在其看来近代以来的中国危机，正是由于"道衰学杂"，群言淆乱，"奸人往往借端诬圣以乱名教，惑人心"⑤，种种逆天悖理之说簧鼓雷动，"古学废弃，圣道不明"⑥以致人伦堕落，"无礼必至无父无君"⑦"人性灭则是禽兽"⑧，乃是文明和人之存在的危机。曹氏所做的种种努力，皆是一种对即将失落的本原的追寻和坚守。然而危机之来，非一朝一夕之故，

---

① 曹元弼撰，许超杰点校：《礼经大义》，见干春松、陈壁生：《曹元弼的生平与学术》，中国人民大学出版社2018年版，第188页。

② 陈壁生：《两种"六经皆礼"》，《中国哲学史》2022年第2期，第119页。

③ 本哈德·瓦尔登费尔斯著，谢利民译：《生活世界之网》，商务印书馆2022年版，第66页。

④ 曹元弼：《复礼堂文集》卷五《覆陈伯潜阁学论修礼书》，文史哲出版社1973年版，第606页。

⑤ 曹元弼：《复礼堂文集》卷三《文王受命改元称王辨下》，文史哲出版社1973年版，第354页。

⑥ 曹元弼：《复礼堂文集》卷九《上陆凤石相国书》，文史哲出版社1973年版，第895页。

⑦ 曹元弼撰，许超杰点校：《礼经大义》，见干春松、陈壁生：《曹元弼的生平与学术》，中国人民大学出版社2018年版，第191页。

⑧ 曹元弼著，许超杰、王园园点校：《复礼堂述学诗》，中国社会科学出版社2022年版，第921页上。

对此，曹氏将这一切祸乱的源头归结到考据学末流琐碎无用的学风所引发的一系列连锁反应。所谓"道咸以来，考据之学渐流破碎，小言害义，耗心绝气于一名一物，既于先王大道经世之务扞格不入，迷惑无闻，而巧说骋辞，变本加厉，遂以猖狂怪诞之言荡众心而召世祸"①。在其看来，正是由于考据学流于破碎，专注于分文析字，"说不急之言，不能使学者因文见道，明体达用"②，致使晚清今文经学大兴，康、梁等人更以"猖狂怪诞之言""支离鄙倍之名词"借以为变法之助，"荡众心而招世祸"，酿成"经术晦，是非无正，三纲五常无不可横决倒悬"③之局。在《书从兄君直阁读〈礼议〉后》一文中，曹氏更详细论述晚近以来礼道沦亡之故：

> 二十年来士大夫读书不明大义，不务躬行。好高者空言名理，而不求经国家、定社稷、序民人、利后嗣之实。好博者记问之学，以一字一句、一名一物竞胜，而于人伦王道大本大原，尊尊、亲亲、长长、男女有别，百世不可得与民变革之故，茫不深察。甚者学非而博、言伪而辩。在家则不顺父兄，下笔则痛诋先贤。三纲沦于教很之心，四维绝于奔竞之俗。元气既虚，妖氛中之。正学不明，邪说乘之。是以不祥少年，一闻非圣无法、犯上作乱之说，不知其逆天悖理而群焉趋之。被发祭野，其礼先亡，非一朝一夕之故也。呜呼，人之所以异于禽兽者，礼也。使天生斯民，自今以后遂同禽兽，互相搏噬，以至于种类渐灭也，则礼道巳矣。如曰不然，则必有剥极而复之时。④

"正学不明，邪说乘之"，一旦以礼为核心的人伦生活世界的崩坏，便使人沦于禽兽，种类渐灭，实乃文明大危机。尤其当社会压力转化为内在

---

① 曹元弼：《复礼堂文集》卷一《经学文钞序》，文史哲出版社1973年版，第62页。
② 曹元弼：《复礼堂文集》卷一《经学文钞序》，文史哲出版社1973年版，第63页。
③ 曹元弼：《复礼堂文集》卷一《经学文钞序》，文史哲出版社1973年版，第63页。
④ 曹元弼：《复礼堂文集》卷五《书从兄君直阁读〈礼议〉后》，文史哲出版社1973年版，第614-616页。

的文化自觉时，对文化的危机感就更为深刻。是以曹氏无论是出任两湖书院经学分教还是存古学堂经学总教，皆汲汲于发扬经学大义，护持名教大防。其曰："夫国于天地必有与立，天下治乱视人才，人才盛衰视人心，人心邪正视学术。"①强调学术与政教人心的关系，此说与张之洞《劝学篇》中"古来世运之明晦、人才之盛衰，其表在政，其里在学"②的说法相呼应，皆以张皇"正学"为宗旨，重视心术邪正之分，期待以学术造就人才，以人才养成政治。顾颉刚先生曾指出，曹氏之学与清代学者不同，"清代学者求知而已，固不求用。曹氏则受张之洞《劝学篇》之影响，必欲措诸实用；或亦受民族主义之影响，故以昌明圣学、恢弘文化自期"③。

作为在"制度改创、学制引进等方面得风气之先"④的张之洞学人圈一员，曹氏在变法图强一事上实非完全保守之人，而是与张之洞、梁鼎芬、郑孝胥、陈衍、沈增植等人一样主张稳健改革，对康有为、梁启超一派的激进路线持保留甚至批判的态度，尤其戊戌政变前后，曹氏与梁鼎芬、沈增植等活跃于湖北督幕的学者"攻击康、梁一派经说学说不遗余力"⑤，其所采取的方式重在"潜研古训，启发新知"，"原本经义，推论时政"⑥，力图重建人伦，恢复传统中国的"礼俗伦理世界"，还中国之为中国。所谓：

> 夫国于天地必有与立，生民以来，立法施事，与时变易，何可胜数？而大本大原，则在乎正三纲、明五伦。尊尊、亲亲、长长，使天下之人相爱相敬，各竭其聪明才力，以相生相养相保而不相贼害。用

---

① 曹元弼：《复礼堂文集》卷九《与张次山前辈书》，文史哲出版社1973年版，第901页。

② 苑书义、孙华峰、李秉新：《张之洞全集》第12册，河北人民出版社1998年版，第9704页。

③ 顾颉刚著，王煦华辑：《苏州史志笔记》，江苏古籍出版社1987年版，第182页。

④ 陆胤：《政教存续与文教转型——近代学术史上的张之洞学人圈》，北京大学出版社2015年版，第14页。

⑤ 陆胤：《政教存续与文教转型——近代学术史上的张之洞学人圈》，北京大学出版社2015年版，第229页。

⑥ 曹元弼：《复礼堂文集》卷六《存古学堂策问》，文史哲出版社1973年版，第714页。

之于礼义，则上下相安，君臣不乱。用之于战胜，则百将一心，三军同力。仁不遗亲，义不后君。中国经史文章之学在此，各国富强之本亦不能外此。①

圣人施行伦理教化乃使"天下之人相爱相敬，各竭其聪明才力，以相生相养相保而不相贼害"，换言之，即通过爱敬之道形塑人们内在的道德，彼此之间以爱敬相交，最后达到各得其所，各安其位，各效其能的理想状态。故承载了爱敬之道的礼俗伦理、三纲五常，便是中国政教的大本大原，古来经史文章所说明者在此，各国富强之本亦不能外此。甚至提出：

> 学无所谓新旧。三纲五常，六经诸史，万古常新，无时而旧。制器尚象，变通趋时，其事则新，其理则旧。若以除旧布新言，则有精神为新，无精神为旧。果能治经史通大义，明体达用，坐言起行，为子则孝，为臣则忠，居官则理，任事则勇。推之治新学、行新政，殚心竭虑，实事求是，师敌所长，不为所蔽。积诚生明，积明成强，若而人者，旧乎否乎？反是而心术不正，古学不明，并无新学之实，而徒窃新名，以为植党营私、揽权攘利之计，甚至裂冠毁冕，渎乱天下。视往日旧染之污，更十百千万之，若而人者，新乎否乎？是故真知古学者，必能新。真知新学者，必明古。否则守旧祇以守弊，作新乃以作乱。二者贻误家国，皆由有形式而无精神之故。②

当此"天下滔滔，事变日亟，邪说诐行，万喙一沸。纲沦法斁，岌岌不可终日。国家元气，先圣道脉，一发引千钧"之际，惟存经史古学以赖之。曹氏誉孔子删述六经，即"伊尹、太公救民水火之心"，而"今日世变，开辟以来所未有。振衰起废，拨乱御侮，莫急兴学。学正则人识君亲，家作忠孝。积诚生明，积明成强，人才多，国势昌。不正则借寇兵资

---

① 曹元弼：《复礼堂文集》卷九《上唐春卿尚书师书》，文史哲出版社1973年版，第878-879页。
② 曹元弼：《复礼堂文集》卷六《存古学堂策问》，文史哲出版社1973年版，第714-716页。

稻粮，养虎贻患，召乱速亡"①，唯"经学存则人识君臣父子之纲，家知违邪归正之路，而逆源塞矣"②。"真知古学者，必能新。真知新学者，必明古"，以经学为代表的"古学"成为遏乱兴治、重建人伦生活世界的重要基础。所谓：

> 今中国所以弱者，由古学名存而实亡。西学礼俗虽异，而立国之本，未尝不得中国古道之一偏。得其偏，犹富强，况得其全而实行之乎。今欲强中国，必自深明古学大义始。明古学大义，而后知三纲五常，所以奠安万万生灵而后能力学猛进以纾君父之忧，济生民之命，而后能措正施行，有利无弊，易危为安，转弱为强。③

"今欲强中国，必自深明古学大义始"，曹氏这一对古学的强调和维护实有其深刻的时代背景。如学者指出的，光绪末年受民间和海外国粹言说的鼓动，清廷从中央到地方的官僚开始竞言"保存国粹"④。与此思潮相应，加之癸卯学制颁布之后，"官绅对于如何保存旧学维系礼教的极大关注"和"与学制推行后在传承中学方面的不尽如人意"⑤，晚清"存古学堂"一时间风行国内。与旧时书院不同的是，存古学堂的诞生自始即带有扶植旧学、保存国粹的用意，最终达到救时局、存书种两义并行不悖的效果。尤其在1905年废罢科举之后，学堂经学更成为"维系中体"的关键。此一宗旨在张之洞《设立存古学堂折》中有明确的表述："窃维今日环球万国学堂，皆最重国文一门。国文者，本国之文字、语言、历古相传之书籍也。即间有时势变迁不尽适用者，亦必存而传之，断不肯听其渐灭。至

---

① 曹元弼：《复礼堂文集》卷九《上南皮张孝达相国书》，文史哲出版社1973年版，第861页。

② 曹元弼：《复礼堂文集》卷八《书张相国奏立湖北存古学堂折后》，文史哲出版社1973年版，第827页。

③ 曹元弼：《复礼堂文集》卷九《上南皮张孝达相国书》，文史哲出版社1973年版，第864页。

④ 陆胤：《政教存续与文教转型——近代学术史上的张之洞学人圈》，北京大学出版社2015年版，第284页。

⑤ 朱贞：《清季民初的学制、学堂与经学》，社会科学文献出版社2019年版，第169页。

本国最为精美擅长之学术、技能、礼教、风尚，则尤为宝爱护持，名曰国粹，专以保全为主。凡此皆所以养其爱国之心思，乐群之情性，东西洋强国之本原，实在于此，不可忽也。"①张氏于此特别强调的是敦崇正学，而正学必以圣经贤传为本。

曹氏在《书张相国奏立湖北存古学堂折后》对其救世之心与存古创立宗旨深表认同，以为"所以维持圣道，拯救人心，培养师儒，教忠孝，遏逆乱者，意至深远"②。并且指出：

> 今环海各国政事艺能，日新一日，而皆有保存国粹之义。互相师法，而皆以本国语文为重。是以其人之游历他国者，无喜新背本，弃同即异之患。盖存古者，古今之常道，中西之通义。③

这可视为曹氏对张之洞"中体西用"说的进一步阐发。在上述观点中，相比"中学为体，西学为用"的传统表述，曹氏更强调"古今"而非"中西"的对立。因为无论中西，都有其"新旧古今"，也都有其"国粹"，但无论如何互相师法，"皆以本国语文为重"，如此一来"体用"的内涵，即可突破中西学术相争的范围，带有更为根本的学术意义④。是以曹氏说存古者，"所以存道也、所以存国也、所以存民也"⑤，甚至为"立宪之本"⑥。曹氏一再强调存古非存旧，"有时而敝者谓之旧，无时而敝者谓

---

① 苑书义、孙华峰、李秉新:《张之洞全集》第3册，河北人民出版社1998年版，第1762-1763页。

② 曹元弼:《复礼堂文集》卷八《书张相国奏立湖北存古学堂折后》，文史哲出版社1973年版，第817页。

③ 曹元弼:《复礼堂文集》卷八《书张相国奏立湖北存古学堂折后》，文史哲出版社1973年版，第831页。

④ 陆胤:《政教存续与文教转型——近代学术史上的张之洞学人圈》，北京大学出版社2015年版，第286页。

⑤ 曹元弼:《复礼堂文集》卷八《书张相国奏立湖北存古学堂折后》，文史哲出版社1973年版，第818页。

⑥ 曹元弼:《复礼堂文集》卷九《上南皮张孝达相国书》，文史哲出版社1973年版，第883页。

之古"①。

虽然其心目中的古学，乃指"国于天地，必有与天地俱起者，以生养保卫其国之人于永久不敝，仁义圣知引伸扩充，保世滋大。虽历万变，罔敢失坠，是之谓古"②，其具体内容则是人所莫不有之"仁义礼知顺善之心"以及"人非父母不生，非君不成"的三纲五常，"其大端皆所以法天明伦，崇仁厉义"③，仍然不离传统的礼教伦常，且有维护清廷之意。但其提出的诸如"天下之善为新学者，莫学古者若也。由古而新，新乃有用。与古为新，新乃无弊"④，"今之言治者动云西法，或云西法合于古法。不知苟得其本，则师古法可，采西法亦可。不得其本，则无论用古法、用西法，同归于乱"⑤"新与古非有二理""古，道也。新，器也"⑥等一系列观念，以及承认中西各有其"体"的看法，则从普遍意义上揭示了人类历史上伦理、哲学、历史、语言、文字等"体"对政治、器物、技术等"用"的统领作用，诚如学者所言"在近代'体用'概念的演化历程中，堪称是一种突破性的见解"，甚至认为"曹元弼说存古学堂设则经正民兴，足以使新学堂'所学声光化电'等，皆以济国济民，而不以济恶。所争者已不仅是中西新旧，而更涉及初步具备近代形态的经史之学与'科学'的关系"⑦。

曹氏是否真有意识涉及经史与科学的关系问题实未可轻论，但回顾其所提"于经史、诸子、辞章各专治一事，以致其精深，又博综广览，以观

---

① 曹元弼：《复礼堂文集》卷九《上南皮张孝达相国书》，文史哲出版社 1973 年版，第 881 页。

② 曹元弼：《复礼堂文集》卷八《书张相国奏立湖北存古学堂折后》，文史哲出版社 1973 年版，第 817 页。

③ 曹元弼：《复礼堂文集》卷八《书张相国奏立湖北存古学堂折后》，文史哲出版社 1973 年版，第 831 页。

④ 曹元弼：《复礼堂文集》卷八《书张相国奏立湖北存古学堂折后》，文史哲出版社 1973 年版，第 829 页。

⑤ 曹元弼：《复礼堂文集》卷四《书孙氏〈周礼正义〉后》，文史哲出版社 1973 年版，第 398 页。

⑥ 曹元弼：《复礼堂文集》卷八《书张相国奏立湖北存古学堂折后》，文史哲出版社 1973 年版，第 829 页。

⑦ 陆胤：《政教存续与文教转型——近代学术史上的张之洞学人圈》，北京大学出版社 2015 年版，第 286 页。

其会通"的基础上，于"算学、地理及各西政、西艺，皆令通知大要，又以余力兼习西文，使本原纯正、学术深邃之人，皆知时务、悉外情，则他日施政立事，必能以忠孝行智勇，不为迂疏寡效所误，不为诪张为幻所欺"①的设想，在今日看来确乎是沟通中西的通儒之论和坚守文化主体性的探本之言。

二、作为意义机制锚定点的爱敬

如上文所指出的，既然历代圣王是以"明伦"为核心，而人伦之本出于爱敬之道，那么体现圣意的六经，自然成为记载爱敬之道的法典。换言之，无论是人伦生活世界还是经学一体的共同根基都在于爱敬。在曹氏看来，所谓儒家之经，"岂别有深文奥旨哉"，不过是"人心之所同然而已"。这"人心之所同"者，便是"生人相生相养相保"的"爱敬"之道②。他对此解释为：

> 天地之大德曰生，人心莫不好生而恶死，而未知所以遂生，所以救死。圣人先知先觉，先得人心之所同然。知人之相生必由于相爱相敬。而相爱相敬之本，出于父母之爱其子与子之爱敬其父母。爱亲者不敢恶于人，敬亲者不敢慢于人。因严以教敬，因亲以教爱。故人道自父子始。然必人类有定偶，而后人人知父之为父，子之为子，于是乎为之夫妇。……夫妇有别，而后父子有亲。故夫为妻纲，父为子纲。且必人类有会归，而后人人得父其父，子其子。于是乎为之君臣，资于事父以事君而敬同。……故君为臣纲。有父子则有兄弟，……有君臣则有朋友。……三纲五伦，王政之始，圣教之本。③

---

① 曹元弼：《复礼堂文集》卷八《书张相国奏立湖北存古学堂折后》，文史哲出版社1973年版，第851页。

② 曹元弼：《复礼堂文集》卷一《原道》，文史哲出版社1973年版，第13-14页。

③ 曹元弼：《复礼堂文集》卷一《原道》，文史哲出版社1973年版，第14-16页。

在儒家观念中，道之大原出于天，"自太极未判，绵缊浑沦中得和气，纯粹至善，三极之道，性命之理，包囊其中"①，包括人在内的万物皆为宇宙大化之产物，其中惟人得其精，故"天地之性人为贵"。需要指出的是，曹氏对于人之为人的理解不仅有先秦儒家天地化生说的一贯传统，也受到宋代理学的影响，在其《原道》一文中有如下论述：

> 人之为道也，入有父子、兄弟之亲，出有君臣、朋友之义，耳可极天下之聪，目可极天下之明，亲亲之仁，长长之义，可达之天下。乾，吾父也；坤，吾母也；大君者，吾宗子也。凡天下疲癃残疾不得其所者，皆吾兄弟之颠连而无告者也。痛痒不相关则不仁，不仁则非人。仁者，人也，此人之所以为人也。圣人因人之所以为人，导其爱敬之原而为之伦理，人人亲其亲、长其长而天下平。②

熟悉宋代学术思想史的人皆知，曹氏所引"乾，吾父也；坤，吾母也；大君者，吾宗子也。凡天下疲癃残疾不得其所者，皆吾兄弟之颠连而无告者也"，正是张载《西铭》中的话。而"痛痒不相关则不仁，不仁则非人"一句，与程颢所谓"医家以不认痛痒谓之不仁，人以不知觉不认义理为不仁，譬最近"之间也有前后的相承。张、程二人皆强调突出了仁者以万物为一体的思想，曹氏将之与《中庸》"仁者，人也，亲亲为大"相联，说明人之为人之道，"入有父子、兄弟之亲"，"出有君臣、朋友之义"，相互之间痛痒一体，这也从一个侧面反映了如学者所谓"理学持续存在社会并参与清代的学术发展"③的现象。然而常人"莫不好生而恶死"，却未知"所以遂生救死"之道，端赖乎先知先觉的圣人，发现"人之相生必由于相爱相敬"，而所谓相爱相敬之本，则出于父母之爱其子与

---

① 曹元弼撰，许超杰点校：《礼经大义》，见干春松、陈壁生：《曹元弼的生平与学术》，中国人民大学出版社 2018 年版，第 184 页。

② 曹元弼：《复礼堂文集》卷一《原道》，文史哲出版社 1973 年版，第 24 页。

③ 吕妙芬：《成圣与家庭人伦：宗教对话脉络下的明清之际儒学》，联经出版社 2017 年版，第 36 页。

子之爱敬其父母的自然情感。

张祥龙先生曾指出，亲子关系是一切伦理关系的源头，但我们不能说它只是一种伦理关系，因为它也是其他关系——人与人之间的非伦理关系、人与自然的关系、人与神圣的关系——的源头。我们作为现存人类从亲子关系得到我们的生命之为生命的那些最根本的东西："我们的血肉之躯，我们的语言，我们的原初思想和情感"①。亲子关系的核心便是亲子之爱，这是人类能经历的"最本源之爱"②，它造端于夫妇，而升华为父母对子女的无边慈爱，所谓"父母之爱其子"，正是这种原发性之爱的直接表现，这种爱是非功利、非因果的，它不是"特殊对象化的，不是只作为个别者被经验到的，而是具有一种不分对象的'通收'的特点"③，是世上最"真"的情感。对于子女而言，"子之爱敬其父母"的表现便是"超功利、超手段的，甚至是超进化的，由生成意义的亲子时间而非生殖时间和物理时间所发动"④的孝爱。在儒家看来，人之所以为人，正是通过家庭，也即通过做子女和做父母而成为人，因此，曹氏所说"爱敬"的"爱"首先是这种亲爱，它包含了父母对子女的慈爱和子女对父母的孝爱两个层次。无论哪一种，都源于本性的自然情感，容不得半点虚假，并通过婚姻的媒介，实现亲子之间的血脉交织，构成家庭的生存共在，能够代代相承、劫后复生，让人体验到深长的时间维度，彰显生命存在的意义机制。

"爱敬"的"敬"字，也与子女对父母的孝爱之情有关。如学者研究指出的，"敬"字在金文中即已出现，殷商时期的"敬"的对象主要是神而非人，至西周时期以"敬人之德"取代殷人的"敬神之命"。春秋时期，随着"人"的观念的觉醒，"敬"发生了根本的转变，由原来的心理态度

---

① 张祥龙：《孔子的现象学阐释九讲》，商务印书馆2019年版，第204页。
② 张祥龙：《孔子的现象学阐释九讲》，商务印书馆2019年版，第205页。
③ 张祥龙：《孔子的现象学阐释九讲》，商务印书馆2019年版，第219页。
④ 张祥龙：《孔子的现象学阐释九讲》，商务印书馆2019年版，第252页。

转化为内在的德性修养，体现了人作为价值主体的道德自觉①。因此李泽厚认为，敬"既是一种外在态度，更是一种内在情感，源起于巫术礼仪中对上帝鬼神的尊敬畏惧，理性化后转为生活态度和情感要求，成为人性塑造的一个部分"②。作为一种发自内在的深沉道德情感，"敬"与"礼""孝"紧密关联，《礼记》："礼者，殊事合敬者也。"礼主于敬是传统儒家的一贯认知。而在《论语》中载："子游问孝。子曰：'今之孝者，是谓能养。至于犬马，皆能有养；不敬，何以别乎？'"在此语境中，孔子强调的是"敬"，而不是"爱"为孝的根本，正可看出"敬"对于"孝"的原发性基础作用。盖因"敬以直内，义以方外"，"敬"是生于个体内心的直，也即内在的真情，孝正是真切意识到父母对自己的生养之恩而进行的回哺。它作为一种内在的情感，杨立华指出以"敬"为情感基础的孝，首先指向的是个人的成德③。如此一来，"子之爱敬其父母"，就不单单是孝爱向外流露，还有一种内在德性的自觉与成长。于是融合亲子之爱与内在之德的"爱敬"，便如人生意义之海的锚定之点，既令个体找到了生命的根源和安顿之处，也可由"爱亲敬亲"的自然情感向外扩展为"爱人敬人"的普遍道德，编织成人伦世界的生活之网。

曹元弼这种对"爱敬"的强调，固然有面对时代的危机感受，但也不离其家庭生活的直接经验。按曹氏一族，"门庭雍穆，家法谨严"④，"世笃忠孝"⑤。其父尝诫曰："礼者，体也，履也。非辨疑释滞之难，乃践而行之之难。汝聪颖有余，所患行不掩言，宜反求之身，笃行其道"，勉励

---

① 付粉鸽：《修己·执事·体天：儒家"敬"观念的形而上考察》，《人文杂志》2015年第11期，第10页。

② 李泽厚：《论语今读》，生活·读书·新知三联书店2004年版，第32页。

③ 杨立华：《敬、慕之间：儒家论"孝"的心性基础》，《江苏社会科学》2017年第5期，第134页。

④ 王欣夫：《蛾术轩藏复礼堂遗著书录·北堂立言记》，见复旦大学图书馆古籍部：《复礼堂遗书》第一册，中华书局2019年版，第27页。

⑤ 曹元弼著，许超杰、王园园点校：《复礼堂述学诗》卷十五，中国社会科学出版社2022年版，第920页。

其为"古之君子"①。观其所录母教之《北堂立言录》则曰："处世接物，当恭敬而温文。"②"人当远离之时，见父母兄弟必有怆然不忍别之情，此良心之发出于自然者。充是心则聚处时当各致其孝敬慈良，而善气盈于门内矣。"③"鸟兽犹不伤其类而况于人乎？疾痛惨怛之状接于目而不动于心者，未之有也。彼虐人以逞者，独何心哉？"④"孝者，修身行道之本也。一举足、一出言，不敢忘父母，则视听言动无非礼而天下称仁矣。"⑤"敬者，其爱之本与？爱亲、爱身、爱人皆须敬以将之。能敬而后其爱可久。"⑥确实如王欣夫所言，"皆为封建时代礼教之极则，立身之准绳"⑦。其兄弟之间，忧喜与共，"欢然一体，合家无间言"⑧。当晚清乱世，天下"彝伦攸斁"之际，却"门内雍雍、蔼然孝友"⑨。不能不说，这种家教门风，亲情融洽的生活对于曹氏思想的形成实具有重要的影响。

"爱与敬之为力德，表现于人伦，是称'人道'"⑩，圣王即据此"爱敬"之情，创为父子、夫妇、君臣等礼教纲常，成为后世一切伦理道德的

---

① 曹元弼：《礼经校释·严训一则》，见《续修四库全书》编纂委员会：《续修四库全书》第94册·经部·礼类，上海古籍出版社2002年版，第113页。

② 曹元弼：《北堂立言记》，见复旦大学图书馆古籍部：《复礼堂遗书》第32册，中华书局2019年版，第305页。

③ 曹元弼：《北堂立言记》，见复旦大学图书馆古籍部：《复礼堂遗书》第32册，中华书局2019年版，第372-373页。

④ 曹元弼撰：《北堂立言记》，见复旦大学图书馆古籍部：《复礼堂遗书》第32册，中华书局2019年版，第373页。

⑤ 曹元弼撰：《北堂立言记》，见复旦大学图书馆古籍部：《复礼堂遗书》第32册，中华书局2019年版，第383页。

⑥ 曹元弼撰：《北堂立言记》，见复旦大学图书馆古籍部：《复礼堂遗书》第32册，中华书局2019年版，第384页。

⑦ 王欣夫：《蛾术轩藏复礼堂遗著书录·北堂立言记》，见复旦大学图书馆古籍部：《复礼堂遗书》第一册，中华书局2019年版，第27页。

⑧ 曹元弼著，许超杰、王园园点校：《复礼堂述学诗》卷六，中国社会科学出版社2022年版，第511页。

⑨ 曹元弼著，许超杰、王园园点校：《复礼堂述学诗》卷六，中国社会科学出版社2022年版，第511页。

⑩ 邓国光：《道济天下——唐文治、曹元弼二先生经学大义比论》，《中国经学》2018年第2期，第83页。

基础。正如曹氏所云：

> 圣人求所以聚之之道，而得之爱敬，求所以教之爱敬之道，而得
> 之人伦。孩提之童，无不知爱其亲，此人心之大可用者。于是使妇从
> 夫以正其本，君帅臣以统其类。故父者子之天也，君者臣之天也，夫
> 者妻之天也。三纲既立，五伦既备，天下尊卑、贵贱、长幼、贤愚各
> 尽其爱敬以效其能，合天下之智以为智，合天下之力以为力，合天下
> 之财以为财，合天下之巧以为巧，莫大灾患无不弭平，莫大功业无不
> 兴立。①

在曹氏看来，从伏羲、尧、舜到周文王、武王，历代圣人皆以爱敬为
人之根本，并据此建立人间政治家国秩序。从此"爱敬"之道，由亲子之
间的道德情感和个体的内在德性上升为整个社会的道德规范。而在群经系
统中，《孝经》可谓是对"爱敬"之道的集中论述。如《孝经·天子章》：
"爱亲者不敢恶于人，敬亲者不敢慢于人，爱敬尽于事亲，而德教加于百
姓，刑于四海，盖天子之孝也。"曹氏释"爱亲者不敢恶于人，敬亲者不
敢慢于人"曰：

> 爱敬，孝之至情，礼之所由起。此二句为全经要旨、五孝
> 通义。②

可以说，《孝经》的情感基础正在于"爱敬"，故《孝经》中有多处涉
及"爱敬"之说，如《士章》曰："资于事父以事母而爱同，资于事父以
事君而敬同。故母取其爱，而君取其敬，兼之者父也。"《圣治章》言：
"故亲生之膝下，以养父母日严。圣人因严以教敬，因亲以教爱。圣人之

---

① 曹元弼：《复礼堂文集》卷一《原道》，文史哲出版社1973年版，第20—21页。
② 曹元弼：《孝经郑氏注笺释》卷一，见曹元弼撰，刘增光整理：《曹元弼孝经学著作四种》，上海古
籍出版社2021年版，第214页。

教不肃而成，其政不严而治，其所因者本也。父子之道天性，君臣之义。父母生之，续莫大焉。君亲临之，厚莫重焉。故不爱其亲，而爱他人亲者，谓之悖德；不敬其亲，而敬他人亲者，谓之悖礼。"进一步分析可以发现，曹氏认为《孝经》中的"爱敬"之道正是基于亲子之间的天然情感。其《述孝》中说："性者，生也。亲生之膝下，是谓天性。惟亲生之，故其性为亲，而即谓生我者为亲。孩提之童，无不知爱其亲也。亲则心严，孩提之童，其父母之教令则从，非其父母则不从也。父母之颜色稍不悦则惧，非其父母不惧也。是严出于亲，亲者天性，严者亦天性也。亲、严其亲，是之谓孝。是孝者，性也，立教之本也。"①又在《孝经学》中再次重申曰："孩提之童无不知爱其亲。及其长也，无不知敬其兄。孝则必弟，孝弟皆须礼以行之，乐与礼同体，孟子曰：'仁之实，事亲是也。义之实，从兄是也。礼之实，节文斯二者。乐之实，乐斯二者。'传曰：'孝，礼之始也。'大本谓之孝，达道谓之礼。礼之大义，尊尊也，亲亲也，长长也，人人亲其亲、长其长而天下平，故民用和睦，上下无怨。"②亲子（父子）关系因由无法割裂的血缘纽带而成为人自出生之日起就自然形成的人伦关系，亲子之间自然生发的感情如父母对子女的慈爱和子女对父母的孝敬，几乎即为人最基本的天性，所有其他的伦理道德规范，皆由此推衍而出，故而曹氏认为"孝者，性也，立教之本也"。其所谓"本"也好，还是"孝，礼之始也"的"始"也罢，其实都是从源头的意义上立论，而这一源头的情感基础恰在于儒家的爱敬之情。

由此推衍，六经虽经教各异，但皆为"圣人因生人爱敬之本心而扩充之，以为相生相养相保之实政"，故而内在具有统一性，所谓"一以贯之"：

　　盖六经者，圣人因生人爱敬之本心而扩充之，以为相生相养相保

---

①曹元弼：《复礼堂文集》卷六《述孝》，文史哲出版社1973年版，第667–668页。

②曹元弼：《孝经学·要旨第二》，见曹元弼撰，刘增光整理：《曹元弼孝经学著作四种》，上海古籍出版社2021年版，第32页。

之实政。《易》者，人伦之始，爱敬之本也。《书》者，爱敬之事业。《诗》者，爱敬之情也。《礼》者，爱敬之极则也。《春秋》者，爱敬之大法也。三代之学皆所以明人伦，孔子直揭其本原而为之总会，于是乎有《孝经》。故曰"为天下至诚能经纶天下之大经，立天下之大本"。《论语》之所谓学，所谓仁，所谓胜残去杀，所谓教民即戎，《孟子》之所谓性善，所谓推恩足以保四海，所谓仁者无敌，皆此道也。故曰"吾道一以贯之"。①

如此一来，爱敬之道贯串起了整个经学体系。这一点在曹氏为《周易学》《礼经学》《孝经学》三书合刻所作序中也可看出。曹氏在这篇序言中对自己"衰年荏苒，旧稿从残"，能否完成与张之洞约定的《十四经学》有过一番疑虑。但序言最终则认为：

> 虽然，道一而已。《易》者，天道至教，圣法人伦王政之本也；《礼》者，尊尊、亲亲、长长、贤贤、男女有别，天下之达道，生人相爱相敬、相生相养相保之极则也；《孝经》者，百行之本，道之根源，六艺之总会也。由此三者引而申之，十四经大义一以贯之矣。②

从这一番论述中，不难看出在"道一而已"的前提下，曹氏认为《周易》本天道以训人事，是"圣法人伦王政之本"。礼之大义为尊尊、亲亲、长长、贤贤、男女有别，此五者正体现了人与人之间相爱相敬、相生相养相保之"极则"，是最高的原则规范。而集中呈现"爱敬"之说的《孝经》，则成为百行之本，道之根源与六艺之总会。由这三者引而伸之，"十四经"学自然不难完成，因为其中大义早已一以贯之了。曹氏甚至以能否体现"爱敬"之道评断历代经说。其曰：

---

① 曹元弼：《复礼堂文集》卷一《原道》，文史哲出版社1973年版，第19页。

② 曹元弼：《周易学》卷首《〈周易〉〈礼经〉〈孝经〉三学合刻序》，见复旦大学图书馆古籍部：《复礼堂遗书》第1册，中华书局2019年版，第59页。

　　凡说经之家，其笃信好学、平心实事以求是者，皆任重道远，扶植纲常，胶固王道，以爱敬圣人之所爱敬者也。其矜奇炫异，不求真是，不顾流弊，好为大言，博辩以求胜者，皆欺世盗名，将酿天下离经叛道莫大之祸，以恶慢圣人之所爱敬者也。①

　　在以"爱敬"为基础，内在具有一贯之道的六经系统中，曹氏又进一步发挥说：

　　六经同归，其指在礼。《易》之象，《书》之政，皆礼也。《诗》之美刺，《春秋》之褒贬，于礼得失之迹也。《周官》，礼之纲领，而《礼记》则其义疏也。《孝经》，礼之始，而《论语》则其微言大义也。……《孝经》开宗明义言至德要道，要道谓礼乐。……盖圣人之道，一礼而已。三代之学，皆所以明人伦。六艺殊科，礼为之体。②

　　在曹氏的上述脉络中，《仪礼》一经地位特殊，可有几层原因。首先，曹氏援引宋儒魏了翁"凡礼经节文度数，皆出于天秩之自然，人心之固有，非由外心以生"③之说，认为"人受天地之中，以生性中固有之礼，圣人因而制之，以继天立极，使人类相生相养相保，天下国家可得而正者也"④，说明礼的来源具有天道本源的内涵，同时内在于人性之中，具有沟通天人的性质。其次，曹氏认为礼之大义，"尊尊、亲亲、长长、贤贤、男女有别"，此五者"五伦之道，而统之以三纲：曰君为臣纲，父为子纲，夫为妻纲。长长统于亲亲，贤贤统于尊尊。……三代之学皆所以明人伦、天经、地义、民行，得之者生，失之者死；为之者人，舍之者禽兽。知者

---

① 曹元弼：《复礼堂文集》卷一《述学》，文史哲出版社1973年版，第31页。

② 曹元弼著，周洪校点：《礼经学》，北京大学出版社2012年版，第234页。

③ 曹元弼著，周洪校点：《礼经学》，北京大学出版社2012年版，第31页。

④ 曹元弼撰，许超杰点校：《礼经大义》，见干春松、陈壁生：《曹元弼的生平与学术》，中国人民大学出版社2018年版，第184页。

知此，仁者体此，勇者强此，政者正此，刑者型此，乐者乐此，圣人之所以作君作师，生民之所以相生相养，皆由此道出也"①。可见礼是上通天道，中符人性，下治群生的，涵盖日常生活的诸多面向，本身即可内化为传统中国的"生活世界"。最后，圣人本"尊尊、亲亲、长长、贤贤、男女有别"为大经大法，将之"详节备文而笔之为经"②，成为《仪礼》一书，自然使其具有神圣的地位。且由前述已可知，曹氏认为人类社会由草昧走向文明的关键，正在于圣王本天道制定人伦纲常，这一系列伦常秩序又集中表现于礼之中，所谓："国于天地必有与立，礼是也。"③既然人无所逃于天地之间，而传统的人间关系和日常生活，皆不离三纲五伦的礼俗生活，那么同样反映"爱敬"之道的六经，无论《易》之象，《书》之政，抑或《诗》之美刺，《春秋》之褒贬等等，自然皆同属"礼"之表现。如此曹氏便在"明伦"的框架中，实现了"六艺殊科，礼为之体"的论述。

至于《仪礼》与《孝经》的关系问题，曹氏自述曰：

> 元弼不敏，治郑氏礼学十余年，夙兴，必庄诵《孝经》。窃叹冠、昏、丧、祭、聘、觐、射、乡，无一非因严教敬、因亲教爱，与《孝经》之旨融合无间。通《孝经》而后知礼之协乎天性，顺乎人情。④

又在《礼经纂疏序》中有如下之言：

> 粤若稽古周文公摄政践阼，诞保文武受命，太平德洽，郊祀后稷以配天，宗祀文王以配上帝。立万世人伦之极。朝诸侯于明堂，制礼作乐，颁度量。上承天明，下则地义，中理人情。监于二代，损益制中。经礼三百，曲礼三千。事为之制，曲为之防。以正君臣，以笃父

① 曹元弼著，周洪校点：《礼经学》，北京大学出版社2012年版，第1页。

② 曹元弼著，周洪校点：《礼经学》，北京大学出版社2012年版，第30页。

③ 曹元弼撰，许超杰点校：《礼经大义》，见干春松、陈壁生：《曹元弼的生平与学术》，中国人民大学出版社2018年版，第190页。

④ 曹元弼：《复礼堂文集》卷六《吴刻孝经郑氏注序》，文史哲出版社1973年版，第646页。

子，以睦兄弟，以和夫妇，以设制度，以养生送死，以事鬼神上帝。吉凶宾军嘉以经之，冠昏丧祭朝聘射乡以纬之。自大经大法以至一名一物，莫不加圣心焉。于是尊亲之义达于四海，孝友睦姻任恤比户可封。……孔子以天纵之德，生而知之。……思以周公之道，易春秋之天下。……天下既莫能用，乃亲定礼乐昭示来世。赞《周易》，删《诗》《书》，与《礼》相表里。作《春秋》，祖述尧舜，宪章文武，据鲁史成文，立素王之法，约之以礼。作《孝经》以明礼之始，称圣人之德无以加于孝，举周公之事以明之。盖先圣后圣，其揆一也。伏羲、神农、黄帝、尧、舜、禹、汤、文、武之道，至周公制礼而大备；周公之礼教，至孔子而垂法无穷。①

　　由此可知，曹氏对于《仪礼》与《孝经》的关系，仍从爱敬之说和经学整体性的角度入手。在其重塑经学体系的过程中，以经学为圣王制作的同时，特别突出周公和孔子的前后地位，认为"伏羲、神农、黄帝、尧、舜、禹、汤、文、武之道，至周公制礼而大备；周公之礼教，至孔子而垂法无穷"，进而将周公制礼，立万世人伦之极与春秋末期，孔子目睹世变，删定六经，作《春秋》《孝经》相联系，认为《孝经》乃明礼之始。所谓："夫六经同归，其指在礼，而礼之本在孝。孝以爱兴敬，礼以敬治爱，孝子有恻祖深爱之情，则必以慎重至敬出之，而礼生焉。"②又曰："孝礼一也，大本谓之孝，达道谓之礼，孝以爱兴敬，礼以敬治爱。"③这一看法，在其《孝经学》中也有集中的表述：

　　周末，文胜质衰，行礼者屑屑焉习仪以亟，而于先王承天道、治人情、经国家、定社稷之大本茫乎不知。文饰愈繁，真意愈漓，危弱

---

① 曹元弼：《复礼堂文集》卷四《礼经纂疏序》，文史哲出版社1973年版，第427—430页。

② 曹元弼：《孝经郑氏注笺释·序》，见曹元弼撰，刘增光整理：《曹元弼孝经学著作四种》，上海古籍出版社2021年版，第148页。

③ 曹元弼：《孝经学·流别第七》，见曹元弼撰，刘增光整理：《曹元弼孝经学著作四种》，上海古籍出版社2021年版，第136页。

滋甚，遂使说者以礼为忠信之薄，而拔本塞源、裂冠毁冕之邪说暴行横行无忌！是以孔子作《春秋》，正人伦，明王道，举礼之大经大法，民所由生、国所与立者，正辞严辨，以拨乱反正；复作《孝经》，以明礼之始，俾天下知礼者，人情之实，冠、昏、丧、祭、聘、觐、射、乡与一切制度文为，非由外心以生，皆出于天命之性。由孩提爱敬之天良，扩而充之，以立三纲、正五伦，备物致用，相生、相养、相保，虽器物陈设仪节繁省之细，莫非经纬天地、纲纪群类之精义所弥纶。《传》曰："礼之所尊，尊其义。"又曰："立体有义矣，而孝为本。"《孝经》者，本礼之所以为义，以感动天下忠孝仁义之真性情，鼓舞天下合敬同爱之真精神，成就天下养欲给求、御灾捍患之盛德大业。物耻足振，国耻足兴，无乱不治，无弱不强，礼之可以为国于是乎在！①

在曹氏眼中，周末文胜质衰，人们行礼成了徒具虚文的仪式，完全昧乎其背后所蕴藏的圣王大道。当此礼坏乐崩之际，孔子一方面作《春秋》，发挥周礼亲亲尊尊之辨，以"正人伦，明王道"，拨乱反正；另一方面作《孝经》，说明冠昏、丧祭、聘觐、射乡与一切制度文为并非外在的节文仪式，而是出于人性之本有，根源于"孩提爱敬之天良"，从而以明"礼之始"正在于爱敬之道。其曰：

> 《孝经》曰："圣人因严以教敬，因亲以教爱。"此制礼之本。冠、昏、丧、祭、聘、觐、射、乡，与凡仪法、度数、节文、等杀，无一非曲达斯人爱敬之情，以行于五者之间。孝，礼之始也，明王以孝治天下，则礼达于下，无所不行。②

---

① 曹元弼著，周洪校点：《礼经学》，北京大学出版社2012年版，第255页。
② 曹元弼著，许超杰点校：《礼经大义》，见干春松、陈壁生：《曹元弼的生平与学术》，中国人民大学出版社2018年版，第188页。

　　曹氏认为圣人之教"敬"教"爱"即致力于以礼化民也[①]，《礼记·哀公问》曰："爱与敬，其政之本与。"礼主于敬，"敬"生礼，礼生则国治政通而人和。《孝经》开篇："先王有至德要道以顺天下。"曹氏本郑玄《注》"至德，孝悌也。要道，礼乐也"的说法，进一步认为"德者，爱敬也。爱敬及天下谓之至德，孝弟是也"，"道者，所以行爱敬者也。爱敬一人而千万人说，谓之要道，礼乐是也"[②]。圣人制礼本义，莫非使人敬人、使人爱人，最终达到相生相养而不相杀之境。而人之行莫大于孝，"爱亲者不敢恶于人，敬亲者不敢慢于人"，因严教敬，因亲教爱，而礼兴焉。礼之大义，尊尊、亲亲、贤贤、长长与男女有别，《仪礼》十七篇，在曹氏看来，其亲亲之礼有八，分别为：《士冠礼》《士昏礼》《士丧礼》《既夕礼》《士虞礼》《特牲馈食礼》《少牢馈食礼》《有司彻》；尊尊之礼有五，为《燕礼》《大射仪》《公食大夫礼》《聘礼》《觐礼》；长长之礼有二，曰《乡饮酒礼》《乡射礼》；贤贤之礼有三，分别为《士相见礼》《乡饮酒礼》《乡射礼》；男女有别之礼有一，曰《昏礼》。又有亲亲、尊尊、长长、贤贤、男女有别皆备之礼曰《丧服》[③]。曹氏尝论读礼之法，曰：

　　　　礼之本在《孝经》，其法在《春秋》，其义在《礼记》。盖"经礼三百，曲礼三千"，皆周公以孝治天下之实事，节文度数、委曲繁重，无非爱人敬人之意所弥纶。故《觐礼》可以见天子之孝，燕、射、聘、食可以见诸侯之孝，冠、昏、丧、祭、射、乡、相见可以见卿大夫、士庶人之孝。故礼必行诸庙，辞必称其先，尊尊、亲亲、长长、贤贤则不好犯上，不好作乱而天下平。非法不言，非道不行，而人心正矣。……是故学者本《孝经》以读《礼经》，其学乃有本且有用。[④]

　　① 曹元弼：《孝经学·要旨第二》，见曹元弼撰，刘增光整理：《曹元弼孝经学著作四种》，上海古籍出版社2021年版，第63-64页。

　　② 曹元弼：《孝经学·要旨第二》，见曹元弼撰，刘增光整理：《曹元弼孝经学著作四种》，上海古籍出版社2021年版，第76页。

　　③ 曹元弼著，周洪校点：《礼经学》，北京大学出版社2012年版，第1-2页。

　　④ 曹元弼著，周洪校点：《礼经学》，北京大学出版社2012年版，第51-52页。

既然《仪礼》所记"皆周公以孝治天下之实事",如此则《仪礼》中冠昏、丧祭、聘觐、射乡等一切节文制度,莫非爱敬精义所弥纶,皆"爱敬生养之大义",为"经纶天下之大法","学者本《孝经》以读《礼经》",将爱敬之情扩至日用群居之间,礼济天下,其学自将有本且有用。所谓:

> 充丧、祭、冠礼之义,而父子之慈孝不可胜用也;充觐、聘礼之义,而君臣之仁敬不可胜用也;充昏礼之义,而夫妇之廉耻贞信不可胜用也;充乡饮、乡射之义,而兄弟之友恭弟长不可胜用也;充士相见礼之义,而朋友之忠信辞让不可胜用也。由此推天人之际而合中庸之道,化愚夫愚妇之间,而胥泱群居和壹之理,四海之内合敬同爱,而礼之精义尽矣。①

通过曹氏上述的描述,可以清晰地看出,《仪礼》与《孝经》会通的基础正在于"爱敬"二字,"孝以爱兴敬,礼以敬治爱"②,"圣人之教,一礼而已。其本,一孝而已"③。礼的精义正是扩充父子、夫妇、君臣、朋友之间的爱敬之道,以达乎人人亲其亲,尊其尊,"四海之内合敬同爱"的理想之治。

三、会通的方法学实践:《仪礼》与《孝经》的经义互释

曹元弼群经会通的思想,并非仅止于理论体系的设想,其中固然有面对晚清时局的忧患之思,所谓:"上纾君父之忧,下济苍生之厄,前答先

---

① 曹元弼撰,许超杰点校:《礼经大义》,见干春松、陈壁生:《曹元弼的生平与学术》,中国人民大学出版社2018年版,第193页。

② 曹元弼:《孝经学·要旨第二》,见曹元弼撰,刘增光整理:《曹元弼孝经学著作四种》,上海古籍出版社2021年版,第77页。

③ 曹元弼:《孝经郑氏注笺释》卷一,见曹元弼撰,刘增光整理:《曹元弼孝经学著作四种》,上海古籍出版社2021年版,第198页。

圣爱敬万世之仁。"①但经学体系的重建，仍需要落实于解经的实践之中。倘若只有思想性，而不具有解经的实用性，很可能只是理论的空中楼阁，难免空疏之讥。

其实，就经学史而言，作为方法论的会通一直被历代儒者所习用，这即是群经之间的互释。姑且不论郑玄以三《礼》中"周礼"材料进行互注、互证与调和，从而在校勘、训诂、释例和推次等种种具体操作中，贯穿三部礼书为一缜密的体系，创立解经方法的一个典范②。即就清代经学而论，乾嘉学者运用的治经方法固多，但归纳其基本趋向，不外乎内外二途："向内返求经典，以本经、他经，以及其传、注、疏为范畴，以贯串《六经》、发明本义、阐释圣贤道理为务，所用的方法以本证为主"，"以本经、他经，以及其传、注、疏为中心，向外发展，进而至于以经证史、以经义阐发思想观念、以经义批判社会政治，所用的方法以推衍为主"③。其中最见精彩的便是"以经释经"，也就是群经之间的互释，以"会通各经"之法，"证坠辑缺"，达到"聚讼之议，涣然冰泮"④。曹氏治学，本乾嘉之法而尊郑，此二者自然成为其取资的学术渊源。

但在"经学至今日或几乎息矣"⑤的晚清之际，面对"时局之危，朝不谋夕；需材之亟，刻不容缓"的局面，曹氏与乾嘉学者的区别，还多了一层明显的经世考虑，甚至是文化危机感。其信奉张之洞《劝学篇》中所提治经简易之法，力倡"守约"之说。其曰："窃尝考古者治经之法有二：一为略举大要之学，一为究极经义之学。"⑥此二者皆治经之正轨，两者实无分轩轾，而相辅相成。前者"以约为博之本"，后者"以博尽约之

① 曹元弼：《复礼堂文集》卷一《原道》，文史哲出版社1973年版，第26-27页。

② 有关郑玄会通三礼的具体方法和影响，可参见罗健蔚：《郑玄会通三〈礼〉研究》，台湾大学博士论文，2015年，第107-290页。

③ 郑吉雄：《乾嘉学者治经方法与体系举例试释》，蒋秋华：《乾嘉学者的治经方法》，"中央研究院"中国文哲研究所2000年版，第109页。

④ 黄宗羲：《万充宗墓志铭》，见《黄宗羲全书》第10册，浙江古籍出版社2005年版第405页。

⑤ 曹元弼：《复礼堂文集》卷一《原道》，文史哲出版社1973年版，第13页。

⑥ 曹元弼：《复礼堂文集》卷一《守约》，文史哲出版社1973年版，第50页。

趣"①。但在当时"沧海横流，烈火燎原"②之日，曹氏认为：

> 今欲强中国，自勤习中西各学始。欲学之专，学之精，学之成，学之为国用而不为敌用，学之为民出生入死，而不自陷其身于死以陷天下，自正人心始。欲正人心，自发明圣经大义始。大义必易必简，则守约为至要。③

在曹氏眼中，学术关乎世运人心。当时国势危机乃由于"俗儒鄙夫，遗本逐末，不求闻道，不务躬行"，致"道术分裂，莫知根源，罕觏儒效"，从而出现"学非而博，言伪而辨"的包藏祸心之徒乘间而起，"惑世诬民，非圣无法，反易天常，决裂人纪，而生民之祸不可问矣"④。因此救世之方在正人心，而"欲正人心，自发明圣经大义始"，因此曹氏自认"当此礼教沦亡，为数千年未有之奇变。拟窃取孟子好辩之义，专明大义"⑤，提倡"守约"之法，一生致力于发明群经义例。就这一点而言，曹氏的"会通"也是为了更好的"守约"。

具体到《仪礼》与《孝经》二书会通诠释而言，曹氏特别推举郑玄、黄道周和阮元三人。其曰：

> 《孝经》古训多亡，百家是非杂糅，其能开示蕴奥、提挈纲维，于天道至教、圣人至德洞彻本原者，莫如汉郑君及明黄氏道周、国朝阮氏元。⑥

---

① 曹元弼：《复礼堂文集》卷一《守约》，文史哲出版社1973年版，第51页。

② 曹元弼：《复礼堂文集》卷一《原道》，文史哲出版社1973年版，第12页。

③ 曹元弼：《复礼堂文集》卷一《守约》，文史哲出版社1973年版，第51—52页。

④ 曹元弼：《复礼堂文集·序》，文史哲出版社1973年版，第3页。

⑤ 曹元弼：《复礼堂文集》卷十《复梁节庵前辈书》，文史哲出版社1973年版，第941页。

⑥ 曹元弼：《孝经郑氏注笺释》卷一，见曹元弼撰，刘增光整理：《曹元弼孝经学著作四种》，上海古籍出版社2021年版，第145—146页。

这是因为，在曹氏眼中，孔子"兼包古先圣王治天下之道"，探本穷源而作的《孝经》，惟郑玄有见其中大义，指出"孔子以六艺题目不同，指意殊别，恐道离散，后世莫知根源，故作《孝经》以总会之"的观点，并通过"至德，孝弟也。要道，礼乐也"的注文实现孝与礼的贯通。自郑玄之后，《孝经》"注解多浅近不足观"，惟晚明黄道周《孝经集传》，能"融贯礼经，根极理要"①，从发挥《孝经》"道德之渊源，治化之纲领"的角度，采《仪礼》《礼记》《大戴礼记》诸篇为之疏，"精微广大，深得圣人立教本原"②。至清，阮元作《孝经注疏校勘记》，又提出："《春秋》以帝王大法治之于已事之后，《孝经》以帝王大道顺治于未事之前，皆所以维持君臣、安辑邦家者也"的看法，被曹氏誉为"明顺道，塞逆源。"③其子阮福述其父之说为《孝经义疏补》。由此可知，曹氏肯定三家，乃从其经学整体观的角度，着意于发挥政教王法，扶持纲常，自有其一以贯之的学术性格与思维方式。是以，其《仪礼》与《孝经》的会通注释，亦多着眼于此等大义之发挥。

就《仪礼》而言，如释《士冠礼》"见母"之礼义曰：

"冠礼，父入庙行礼，母离寝而在庙之闱门外待之，盖父母共以成人之礼成其子也。兄弟随父而立于堂下，以观礼。姑、姊随母而待于寝门内。"读此经，令人孝弟之心油然生矣。又曰："父母生子，自呱呱一声而后，无一刻不望其长大成立。故冠礼父主之，冠毕，即急见母也。圣人制礼，曲达人情如此！母拜，与为礼，亦所以深动人子事亲、立身、孝敬之心。"④

---

① 曹元弼：《孝经学·流别第七》，见曹元弼撰，刘增光整理：《曹元弼孝经学著作四种》，上海古籍出版社2021年版，第135页。

② 曹元弼：《孝经学·流别第七》，见曹元弼撰，刘增光整理：《曹元弼孝经学著作四种》，上海古籍出版社2021年版，第130页。

③ 曹元弼：《孝经学·流别第七》，见曹元弼撰，刘增光整理：《曹元弼孝经学著作四种》，上海古籍出版社2021年版，第130页。

④ 曹元弼著，周洪校点：《礼经学》，北京大学出版社2012年版，第61页。

冠礼为礼之始，其目的在于责求成人之道。就家族伦理的规范意义来说，"成人礼也是对于个体的道德化（社会化）教育的一个阶段性标志"①，故《礼记·冠义》上说："责成人礼焉者，将责为人子，为人弟，为人臣，为人少者之礼行焉。将责四者之行于人，其礼可不重与！故孝弟忠信之行立，而后可以为人，可以为人，而后可以治人也。"可见道德教化是冠礼施行过程中的重要内涵。冠礼三加之后，冠者取脯，适东壁见于母。对于这一见母的仪节，诸家所论多在见母之地点和母何以拜子两方面。郑《注》以"适东壁"为出闱门，对此曹氏沿郑《注》脉络，肯定这一说法之后，乃转而阐发其中所呈现的"孝弟之心"。母拜子，也是出于触动"人子事亲、立身、孝敬之心"。可以说，其阐述使后人对礼义的把握，突破了以往礼家关注的角度，融入了父母对子女的关心期盼以及子女孝亲诸多情感因素，串联起了《礼记》中"责为人子，为人弟"的家族伦理中的"孝悌"观念，使仪节不再是冷冰冰的繁琐仪式，而体现出日常人情和生命温度，令人读罢油然升起古代中国家族伦理道德教育实在是无微不至而又潜移默化的感叹。

又曹氏在解释《昏礼》"重男女之别"的礼义时，引《孝经》之义作为阐发，其曰：

> 礼所以重男女之别者，《易》曰："有夫妇然后有父子君臣上下，礼义有所错。"盖生人之道莫大君臣，君臣之义出于父子。故《孝经》之义，天子以德教加于四海为孝，诸侯以保社稷为孝，卿大夫士以保宗庙祭祀为孝，庶人以谨身为孝。如此，则居上不骄，为下不乱，在丑不争，灾害不生，祸乱不作，所谓明王之以孝治天下也。然父子之道，本于夫妇。上古之世，有男女而无夫妇，则父子不相知，无奉养祭祀、继世相保之道，则一人横行无所顾忌，贪利残杀之行莫可禁绝，而爱敬亲逊之善机无自而开。故圣人为之别男女以为夫妇，而后人人得父其父，子其子，君臣上下由此以立，仁义礼乐由此以行，故

---

① 王启发：《礼学思想体系探源》，中州古籍出版社2005年版，第54页。

夫妇者，生人之本而实圣人不嗜杀人之要道也。故曰："男女有别，然后父子亲。父子亲，然后义生。义生，然后礼作。礼作，然后万物安。"又曰："先王以是经夫妇，成孝敬。三纲之始，王化之原也。"①

婚姻对于传统中国而言具有重要的意义，《礼记·昏义》中明确指出："婚礼者，将合二姓之好，上以事宗庙，而下以继后世也。"其中男女有别是婚礼中一项重要的伦理规范，《礼记·郊特牲》说："夫婚礼，万世之始也。取于异性，所以附远厚别也。"对于昏礼所以重男女之别，曹氏在传统的男女两性不同角色和所承担的不同责任与义务的理解之外，从政教纲常的视角切入，以"生人之道莫大君臣，君臣之义出于父子"，援引《孝经》中"五孝"之说，分别从天子、诸侯、卿大夫、士和庶人的角度阐述了"明王以孝治天下"的关键，就是上下不乱，各安其位。而"父子之道，本于夫妇"，圣人制礼以别男女，使昏礼成为绾联父子与君臣的重要一环，如此《昏礼》自然成为"三纲之始，王化之原"。

此外，在《少牢馈食礼》中，"祭毕，尸出，蓍"，曹氏对于"蓍"这一仪节，对于郑《注》"大夫礼，四人蓍，明惠大也"以及《记》曰"夫祭有馂，馂者祭之末也，不可不知也。是故古之人有言曰：'善终者如始'，馂其是已。是故古之君子曰：'尸亦馂鬼神之余也。惠术也，可以观政矣'"中"惠大""观政"释意时，引述《孝经》《春秋》之文，曰：

《孝经》言治家者得人之欢心以事其亲，又以能保其宗庙为卿大夫之孝。《春秋传》每言保家之主，又言为人子不可不慎。古之卿大夫懔懔以保建家室为心，是以移孝作忠，而与国同休戚。此封建世禄所以相为维系，而栋折榱崩、巢覆卵破之忧，君臣同之也。自此义不明，而食以败官，叛以覆宗者多矣。②

① 曹元弼著，周洪校点：《礼经学》，北京大学出版社2012年版，第63-64页。
② 曹元弼著，周洪校点：《礼经学》，北京大学出版社2012年版，第158-159页。

《少牢馈食礼》为诸侯之卿大夫祭其祖祢于庙之礼。曹氏尝言："人有五伦，祭者追养继孝，父子之道而君臣、夫妇、长幼、朋友之义皆于是著焉。"①故在"祭毕，尸出，餕"一节，曹氏以《孝经》"治家者得人之欢心以事其亲"，"能保其宗庙为卿大夫之孝"的角度，突出周时卿大夫"懔懔以保建家室为心"，从而移孝作忠，与国同休戚。慨叹自此义不明，当时朝廷多"食以败官，叛以覆宗"者，其中忧患之心溢于言表。

反观以礼之义诠释《孝经》者，如《士章》："资于事父以事母而爱同，资于事父以事君而敬同，故母取其爱而君取其敬，兼之者父也。故以孝事君则忠，以敬事长则顺。忠顺不失，以事其上，然后能保其禄位而守其祭祀。"曹氏以礼释之曰："三纲为制礼之本。《丧服》父至尊、君至尊、夫至尊，父在为母期，《记》皆引此经说其义。孝弟忠顺之行立而后可以为人，于冠礼见之，《冠义》亦本此为说。"②

其最明显者，则为《丧亲章》，曹氏曰："上言事亲之道，虽兼生养丧祭，而主于事生。然事生者易，事死者难，人子不幸而遭亲丧，如天崩地坼，创巨痛深，所以自尽其心力者，一而不可复得，惟送死可以当大事，故特发《丧亲章》以终篇。七十子之徒述夫子微言为《礼记》，论丧礼最多，其语绝沈痛，皆此章之义。"③是曹氏以丧礼与此章相发明，其释"为之棺椁、衣衾而举之，陈其簠簋而哀戚之，擗踊哭泣，哀以送之，卜其宅兆而安措之，为之宗庙以鬼享之，春秋祭祀以时思之"时，约《仪礼》丧礼之仪节曰：

上言孝子居丧之礼，其奉丧也，为之棺椁衣衾，而举尸以敛，举柩以葬，以安体魄也。陈其簠簋祭器，朝夕，朔月，荐新，奠而哀戚

---

① 曹元弼撰，许超杰点校：《礼经大义》，见干春松、陈壁生：《曹元弼的生平与学术》，中国人民大学出版社 2018 年版，第 193 页。

② 曹元弼：《孝经学·会通第四》，见曹元弼撰，刘增光整理：《曹元弼孝经学著作四种》，上海古籍出版社 2021 年版，第 103-104 页。

③ 曹元弼：《孝经郑氏注笺释》卷三，见曹元弼撰，刘增光整理：《曹元弼孝经学著作四种》，上海古籍出版社 2021 年版，第 403 页。

呼号之，以事精神也。其敛其葬，辟踊哭泣，尽哀以送之。将葬，先卜其宅兆，得吉而后安厝之，所以奉体魄者，必诚必信，勿之有悔焉。既葬，迎精而返，为三虞以安之，卒哭而祔于祖。终丧而迁于祢庙，为之宗庙，以鬼礼享之，自是春秋祭祀，终身以时思之，所以事精神者，僾见忾闻，追慕无穷也。①

张尔岐《仪礼郑注句读》认为丧礼凡二大端："一以奉体魄，一以事精神。"②曹氏据此为说，以"为之棺椁衣衾"，"举尸以敛"，"举柩以葬"皆为安体魄之事，而以"陈其簠簋祭器"，朝夕、朔月、荐新时"奠而哀戚呼号之"为事精神之事。《礼》将葬，卜其宅兆；既葬，迎精而返行虞祭之礼。待卒哭之后祔于祖，"为之宗庙，以鬼礼享之"。曹氏巧妙的将诸丧礼仪节融入《孝经》此章，进而诠释"僾见忾闻，追慕无穷"的孝子之心，令人印象深刻，诚如其云："读《丧亲章》而丧礼之文尽在其中矣。"③

四、结论

毋庸置疑，曹氏的种种言论和作为都显示出其文化保守主义者的姿态，所谓文化保守主义，是对"西方工业文明挑战所做出的一种有条件的反动性反应"④，它的深沉"隐含着一种对传统文化的自觉意识和本能情感"⑤，其关注和欲解决的核心问题便是因"文化危机"引发的"意义危机"。从经学角度来说，因经学本来并非单纯的学问，在伦理社会的中国，

① 曹元弼：《孝经郑氏注笺释》卷三，见曹元弼撰，刘增光整理：《曹元弼孝经学著作四种》，上海古籍出版社2021年版，第416页。

② 张尔岐：《仪礼郑注句读》，学海出版社1981年版，第541页。

③ 曹元弼：《孝经郑氏注笺释》卷三，见曹元弼撰，刘增光整理：《曹元弼孝经学著作四种》，上海古籍出版社2021年版，第424页。

④ 欧阳哲生：《二十世纪中国文化》，北京大学出版社2010年版，第104页。

⑤ 欧阳哲生：《二十世纪中国文化》，北京大学出版社2010年版，第117页。

实承担着"教化民众和规范秩序的重要职能，成为维系中国政治、社会与文化的纽带"。然而自清末以来，受西方分科治学和创办新式教育的影响，退缩为一科的经学，"无力承担载道与传道的重任，自身价值日益受到质疑与否定，最终被西式分科之学彻底肢解，失去维系道德伦理的作用，文化传承也出现断裂"①。综观曹氏《仪礼》与《孝经》会通之研究，显示其有强烈的儒家学术性格与求道精神，在面对三纲绝纽、道术将裂的晚清乱世，思以"爱敬"之道会通六经，重建儒家中国的人伦生活世界，以正人心，济危困，其护卫文化之诚笃与用心实值得令人赞许。

而其群经会通的背后实有一套系统的结构，它面对和希望解决的是晚清中国政治、文化、人伦、教育、解经等一系列问题。在这些庞杂的现实问题背后，则隐藏着曹氏礼学及整个经学思想的实质：即基于"爱敬"之说实现人伦生活世界的重新整顿，以维护中国之为中国的意义之根。因此其群经会通的观念，既有理论层面的思想脉络，又有落实在具体解经过程中的方法自觉，更有内在一以贯之的用世之志。具体到《仪礼》与《孝经》的会通，曹氏本于爱敬之道，发挥圣人以孝弟礼乐为教之义，以孝释礼，以礼通孝，提出"孝礼一也，大本谓之孝，达道谓之礼"，"孝以爱兴敬，礼以敬治爱"等观点，期以"家有孝子、国有忠臣，而天下平矣"②，从而将家庭日用人伦、礼法教化规范与政治社会秩序做了紧密的结合，"全面体现道德意志于经世之作用"③。

从儒家传统和现代性的视角来说，曹氏这套以爱敬为源头，以六经为明伦的经学会通体系构建，具有保守与开新共存的双重属性。

现代文明的支柱，是资本主义的大工业生产和民主政治，加上对现代科学的追寻。然而现代文明在带来诸多进步的同时，也存在诸多阴暗面向。当代著名的社会学家艾森斯塔特指出："现代性不仅预示了形形色色

---

① 朱贞：《清季民初的学制、学堂与经学》，社会科学文献出版社2019年版，第13页。

② 曹元弼撰，许超杰点校：《礼经大义》，见干春松、陈壁生：《曹元弼的生平与学术》，中国人民大学出版社2018年版，第231页。

③ 邓国光：《道济天下——唐文治、曹元弼二先生经学大义比论》，《中国经学》2018年第2期，第84页。

宏伟的解放景观，不仅带有不断自我纠正和扩张的伟大许诺，而且还包含着各种毁灭的可能性：暴力、侵略、战争和种族灭绝。……显明了潜藏于现代性核心的野蛮主义。"①罗素也说："科学文明若要成为一种好的文明，则知识的增加还应当伴随着智慧的增加。我所说的智慧，指的是对人生目的的正确认识。这是科学本身所无法提供的一种东西。"②在上述二人的话中，都提出了值得思考的"现代性问题"。对此问题，中国当代著名史学家许倬云是这样认为的："二十一世纪的中国人，深受以西方文化为主轴的现代文明的影响，却又依然置身西方文化之外。今天，欧美现代文明本身正处于剧变的前夜。他们面临的问题，例如人与人之间的疏离，人与自然之间的分割……凡此种种危机，如果从源头看，西方文明本身很难有解除这些困境的资源。"③中国文化"以人为主体的特性，以及人与自然密切相关的依附关系"和"共生共存的亲缘关系网络"等也许可以当作他山之石④。

从这一意义来说，曹氏的爱敬之说和对中国文化中人伦生活世界的强调与维护实包含着反思现代性的资源。对比现代性浪潮下的原子式个人只将精神生活诉诸抽象的自由、平等，而不能还原到有血有肉的日常生活之中而言，儒家所要塑造的社会秩序是伦理的秩序，人们生活在礼俗人伦编织的亲缘网络世界之中，无论身心和情感都有适宜的调试和安顿，人生不会觉得没有意义，曹氏以爱敬重整儒家人伦生活世界就是要为人生存在和文明存在的意义找寻那固定的"锚定点"。因为提倡人伦与爱敬说到底，无非是将政治社会秩序置于人情、人性的建构之上，突出人本身内在的道德潜力，展现出儒家思想一贯的人文关怀和人本精神。曹氏深信一旦失去了这一礼俗人伦生活世界的依托，中国人就进入了存在意义迷失的境地，人沦于野蛮的禽兽，中国也不再是中国，这种对人伦关系和爱敬之情的强

---

① 艾森斯塔特著，旷新年、王爱松译：《反思现代性》，生活·读书·新知三联书店2006年版，第67页。

② 罗素著，靳新国等译：《罗素文集》，内蒙古人民出版社1997年版，第33页。

③ 许倬云：《中国文化的精神》，九州出版社2018年版，第5页。

④ 关于此方面的具体论述，可参阅许倬云《中国文化的精神》一书。

调于今日社会的道德建设无疑是强有力的参考维度。

然而回到晚清世变的时代，曹氏所面对的并非是单纯的社会失序问题，而是古老的中华文明在面对西方强势的现代文化侵袭下，如何转型的问题。因而其以爱敬为基础，明伦为目的的"六经"会通思想，希图凭借重建礼法纲常来挽救世道颓运的构想，实含有内在的矛盾。易言之，曹氏所据以建构起思想基础的爱敬之说、"天地之性，人为贵"以及"仁者，人也"等观念，实反映了早期儒家文化中强烈的人本主义和民本主义思想，且爱敬源于自然情感的"亲亲"，后扩充之为"尊尊""长长"。但曹氏将之与三纲结合，强调以"尊尊"统"亲亲"，反而走向维护君权的一面。虽然曹氏也强调"天降下民作之君，以生养保全其身家性命"①、"天子者，代天地为民父母，以爱敬之心生养保全万万生灵者也"②等立君积极的内涵，但落实在现实历史中，其更着重于对清朝政治与社会体制的拥护和坚守，所谓"今日之学非他，为君父而学也"③"知人为大清人，学为大清学"④等便是其主观用心鲜明的体现，与当时主流的民主、民权等思潮相反。如此一来，曹氏实乃站在家国同构、以孝礼治天下的传统政教秩序既有理想之中，相信五伦和纲常名教是永恒不可变易的真理，展现了一个超稳定的儒学系统或停滞不前的中国封建社会图像，难逃传统的文化心理结构，而未能真正实现儒学或经学内部的自我更新，这是其之所以保守的原因。

当然，这是曹氏受限于其学术经历、时代背景所导致的局限性，后人固然不必苛求。但我们在表彰其苦心创立的学术典范为今日古典研究与道德建设所能提供启示的同时，也应深思其体系内在的矛盾，从而努力为传统在现代的转化以及适应现代中国之道德社会的建立做出更为有益的探索。

① 曹元弼：《复礼堂文集》卷一《原道》，文史哲出版社1973年版，第11页。
② 曹元弼：《孝经郑氏注笺释》卷一，见曹元弼撰，刘增光整理：《曹元弼孝经学著作四种》，上海古籍出版社2021年版，第223页。
③ 曹元弼：《复礼堂文集》卷一《原道》，文史哲出版社1973年版，第12-13页。
④ 曹元弼：《复礼堂文集》卷一《原道》，文史哲出版社1973年版，第26页。

附录一　由曹元弼《二南分风说》
看其《诗经》学特色及学术价值

对于历代的《诗经》学而言，关于《周南》《召南》之"南"字意涵以及"二南"之别的问题，向来为经学史上极其重大且聚讼不休的大问题。对于"南"字的意涵，总结不同学者的看法，大致有南化说、方位说、乐调说、乐器说、诗体说等①。关于二南之别，冯浩非先生曾将历代学人所论概括为王者与诸侯之分、圣人与贤人之分、治内与治外之分、按岐周地域分、分陕而治说等五个方面②。

曹元弼作为晚清著名经学家，虽就其精力所萃，多在礼学与易学，但考其生平与论述，据其《复礼堂述学诗》所云，曹氏十七岁"始治《诗》，读《注疏》及《毛诗稽古编》深好之"，年十八，其父授以陈奂的《诗毛氏传疏》，"教以择善而从，自是由诗入礼以及他经"③，可知治《诗》乃曹氏治学之起点。早年所撰《十四经学》，其中亦有《毛诗学》在内。而其多次强调欲撰《毛诗通义》以阐发《诗经》意蕴（惜未成），足见其对于《诗经》研究亦非毫无心得。有鉴于目前学界对曹氏《诗经》学的研究

---

① 吴从祥：《诗经二〈南〉考辨》，《淮北师范大学学报（哲学社会科学版）》2021年第1期，第88页。又陈致先生列举"南"可作为方位词、为诗之一体、为音乐之一体和作为王朝卿士之称以及职贡之名四个方面，见《从礼仪化到世俗化——〈诗经〉的形成》，上海古籍出版社2009年版，第199-205页。

② 冯浩非：《历代诗经论说述评》，中华书局2003年版，第230页。

③ 曹元弼著，许超杰、王园园点校：《复礼堂述学诗》卷三，中国社会科学出版社2022年版，第240页。

尚属阙如，因草此文梳理曹氏治《诗》的基本态度与对二南问题的看法。可以说，对于晚清的曹元弼而言，他所面对的，不仅是汉学、宋学既有框架下的《诗经》诠释，还有乾嘉以来所形成的清人诗说。如何整合这三种说解体系之间的矛盾，从而整合为一，是曹元弼要思考的问题，而其学术价值亦得以体现。

一、曹元弼治《诗》的基本态度

（一）以《诗》为教，发挥"无邪"之旨

曹元弼本儒家诗教宗旨，认为王道之大，一本人情。先王恐"庶邦群后或即慆淫，兆民鳏寡或苦无告，故采列国歌谣，由其声之哀乐、辞之善恶以知其政之得失而黜陟由之。则有国者无敢不勤恤民隐，稼穑匪懈，以求勿予祸适，而升平可致矣。此南、豳之化所以致雅、颂之成功也"[1]。传统儒家认为，研读《诗经》，可以提高人品，养成温柔敦厚的性情。因为诗歌是感情的流露，诗教即本于性情，注重于纯真情思的表达。曹氏在此基础上，进一步认为先王施教，亦可借由"采列国歌谣，由其声之哀乐、辞之善恶以知其政之得失而黜陟由之"，从而达到升平之治。曹氏又发挥《论语》中孔子"诗三百，一言以蔽之曰'思无邪'"的宗旨，以为"王者采诗，兼陈美恶，以知当时列国政教得失而黜陟之。既采之后，国史序其本事，存之乐官，以备考省。至孔子删诗，则非一时之黜陟，而为万世之典型"[2]，将"思无邪"视为孔子说诗之大义，其曰：

> 古诗三千，散亡必多。即其存者，变风变雅、民间谣谚，各道饥

---

① 曹元弼著，许超杰、王园园点校：《复礼堂述学诗》卷三，中国社会科学出版社 2022 年版，第 171–172 页。

② 曹元弼著，许超杰、王园园点校：《复礼堂述学诗》卷三，中国社会科学出版社 2022 年版，第 173 页。

寒怨旷之思，岂能尽合礼义。孔子录之为经，则必据国史，标题确有明文，为美某王某公、刺某王某公而作，其情出于爱君忧民，其辞足以劝善惩恶，然后取之，以与正经之《雅》、《颂》、古乐之《韶》、《武》并传万世。《国风》好色而不淫，《小雅》怨悱而不乱，大抵皆圣贤发愤之所为作。盖虽人心陷溺之时而至性存焉，国家危乱之秋而忠爱笃焉，小人道长之日而清议昭焉，故一言以蔽之曰思无邪。[①]

由上述可知，曹元弼站在传统立场，认为古诗三千多篇，经由孔子删定，并以"思无邪"三字为《诗经》大旨。关于孔子是否删诗，首见于司马迁《史记》，但在曹氏之前即有不同看法，如郑樵、朱熹、程大昌、朱彝尊、毛奇龄、魏源、方玉润、皮锡瑞等皆纷纷著论，反对孔子删诗之说，如与曹氏同时的皮锡瑞即认为孔子删《诗》是去其重[②]。故曹氏的坚持，充分表明了其信古的立场。

（二）据《序》说诗，坚守毛《传》

汉代所传四家《诗》中，毛、鲁、韩《诗》皆有《序》，齐《诗》是否有《序》，不得而知。三家《诗》亡佚后，鲁、韩《诗》之《序》亦随之而亡。仅存《毛诗序》。但关于《诗序》，历代有两大问题，一为作者问题，一为它的诗教说。汉人对《诗序》的作者和以诗教说诗的政教立场都没什么异议。到了宋代始有疑议，至朱子作《诗集传》，《诗序》遂废不用。至明中叶才渐渐复苏，到了清代乾嘉时期，古学兴起，大多依《诗序》说诗。曹氏延续汉学脉络，对《诗序》有相当的维护，他认为：

《诗》必有《序》，盖国史就采风所得本事，纪其君世，明其作意。子夏从而审定之，以序孔子所删之经。义有未尽，毛公更足成

---

① 曹元弼著，许超杰、王园园点校：《复礼堂述学诗》卷三，中国社会科学出版社 2022 年版，第 173-174 页。

② 皮锡瑞：《经学通论》，中华书局 2018 年版，第 240 页。

之,亦间有后师增续之语。三家皆有序,特不如毛义之正耳。①

曹氏继承郑玄《诗谱》的观点,认为大序是子夏作,小序是子夏、毛公合作,并从文章辞气角度,认为"《诗大序》义理深美,文与《孔子闲居》相类,非子夏不能为。《小序》精理名言至多,与群经相表里"②。他赞同陈奂"读《诗》不读《序》,无本之教"的说法,其对《诗序》的态度如此坚定,最大的原因在于曹氏相信《诗序》出自子夏、毛公,而子夏亲受业于孔子,故《诗序》其实代表了孔门一贯微旨,尝赋诗曰:"谁识诗人幽渺思,当时国史各题辞。史文骉栝为经序,圣指亲承无可疑。"③

除了对《诗序》的坚定立场之外,曹氏亦相当推崇毛《传》。他认为"惟大毛公作《传》在秦火前,其说与各经、传皆合"④,又"特详训诂"⑤,若能"熟于毛《传》音训之例,则郑《笺》及汉经师说音训之法皆一以贯之。学者治经,既读《说文》《尔雅》,当先治《毛诗》,次及群经"⑥。在曹氏看来,毛《诗》所以最近古义,是因为传《诗》之人大毛公为六国时人,其人为君子,其学出于七十子之徒,故最能得孔门之真。所以,曹氏说:

> 毛《传》文约指明,义理精粹,先儒谓毛公有儒者气象,盖有
> 百世兴起之思。其说《诗》世与各经传尽合,训诂与《尔雅》相表

① 曹元弼著,许超杰、王园园点校:《复礼堂述学诗》卷三,中国社会科学出版社2022年版,第176页。

② 曹元弼著,许超杰、王园园点校:《复礼堂述学诗》卷三,中国社会科学出版社2022年版,第177页。

③ 曹元弼著,许超杰、王园园点校:《复礼堂述学诗》卷三,中国社会科学出版社2022年版,第174页。

④ 曹元弼著,许超杰、王园园点校:《复礼堂述学诗》卷三,中国社会科学出版社2022年版,第215页。

⑤ 曹元弼著,许超杰、王园园点校:《复礼堂述学诗》卷三,中国社会科学出版社2022年版,第180页。

⑥ 曹元弼著,许超杰、王园园点校:《复礼堂述学诗》卷三,中国社会科学出版社2022年版,第180页。

里。……敷陈典礼，本末灿然，惟《郑笺》善承其学。愚当为《毛诗通义》发明之。又论文王、周公之事，深合于道，具见圣人人伦之至，足以维持万世名教。孔安国本治《鲁诗》，而其后累世至孔僖皆治《毛诗》。许君《说文解字》博采通人，《诗》称毛氏。郑君兼综三家，宗毛为主。学者可识所适从矣。①

可见在曹氏心目中，毛《传》不但渊源深远，而且纯粹以精，故而慨叹"元明间人读《诗》，虽谓毛氏之本，多数典忘祖，不知毛、郑为何语"②。这一情况，到了清代才有所改观，即所谓"国初通儒始讲求古学"，如惠周惕、朱鹤龄、陈启源等皆讲求古义，释经宗毛、郑，一洗明代空陋之习，他强调学者应："考之经旨，验之事理，断以《论语》思无邪之训，《诗》义必当以《子夏序》、毛、郑为正。"③

（三）郑学立场，兼融宋学

曹元弼号师郑，一生治学以郑玄为宗。其弟子沈文倬曾形容："先生一生服膺郑学，《易》《书》《诗》《三礼》《论语》《孝经》笺释都用郑《注》，有时好似意存回护，但也唯其如此，郑氏的蕴义往往在他固执探求中揭发出来。"④曹氏认为郑玄礼学，深得孔子之义，三礼之学，集其大成，誉之为"会通群籍，贯彻全经，确得先圣元意。学者由此通经，于正心修身、化民易俗如指诸掌"⑤。对其《仪礼注》更推崇备至，曰：

---

① 曹元弼著，许超杰、王园园点校：《复礼堂述学诗》卷三，中国社会科学出版社2022年版，第217页。

② 曹元弼著，许超杰、王园园点校：《复礼堂述学诗》卷三，中国社会科学出版社2022年版，第232页。

③ 曹元弼著，许超杰、王园园点校：《复礼堂述学诗》卷三，中国社会科学出版社2022年版，第230页。

④ 沈文倬：《菿闇文存》，商务印书馆2006年版，第972页。

⑤ 曹元弼著，许超杰、王园园点校：《复礼堂述学诗》卷六，中国社会科学出版社2022年版，第476页。

即以十七篇注论，今文古文各求其是，二戴《别录》，必从其长。本《周礼》以提其纲，引戴《记》以阐其义，参之《易》《书》《诗》《春秋》《论语》《孝经》以观其会通，考训诂，捃秘逸，转相证明。发一义而全经贯，起一例而众篇明。吉凶常变，各止其科。辞所不及，通之以指。辨传记之讹，正旧读之失，案图立文，举今晓古，若网在纲，如晦见明。其正人伦也，唯君专惠，详于燕礼之篇，臣无作威，著于乡射之记；明正体之重而尊祢之义彰，推高祖之服而正本之道著，于继父同居，达从一之本意；于他邦加等，显大功之自亲。略举一端，余可隅反。古昔圣人所以辨君臣上下长幼之位，别男女父子兄弟之亲者，无不照然备见。仁之至，义之尽，深而通，约而明，故范武子以为仲尼之门不能过也。①

曹氏甚至认为六朝夷狄交侵之际，中国之道赖郑氏礼学而保存，所谓："六朝礼议独精深，天秩不随大陆沈。郑学之徒世传习，斯文未丧到于今。"并诠释云：

郑君礼学为天下儒者宗，厥后王肃乱经，马昭之徒辞而辟之。六朝通人如雷次宗、周续之等并注《丧服》，黄庆、李孟悊训释全经，皆宗郑学。诸儒礼议类能会通《经》《记》，引申注文，酌理准情，穷源竟委。当时南国清谈堕坏名教，北郊戎马荡覆典文，人臣反颜事雠习为故事，文章绮靡，阶厉淫昏，三纲沦、九法斁矣。而守道诸君子说经铿铿，风雨如晦，鸡鸣不已，以绵绝学于一线，遂启唐初经学政治之盛，雅言遗教千载传习。陈氏澧谓魏、晋以后天下大乱，而圣人之道不绝，唯郑氏礼学是赖，信矣哉。②

---

① 曹元弼：《复礼堂文集》卷四《礼经纂疏序》，文史哲出版社 1973 年版，第 439-440 页。
② 曹元弼著，许超杰、王园园点校：《复礼堂述学诗》卷六，中国社会科学出版社 2022 年版，第 477-478 页。

从上述言论可知曹氏推崇郑玄，一在传绪圣人之学，有功圣道，二在扶持纲常，有益世道。曹氏的这种郑学立场，也贯穿于《诗经》之中。他认为郑玄注诗，"全引毛《传》，而以己说识别于下"，体例最为精善。在他看来，正是郑玄保存了毛《传》本文，不使"千秋真面失庐山"，所谓：

> 经师传、注莫古于《毛传》，亦莫精于《毛传》，然非郑君信而好古、表章前贤，则其义虽存，不过如《易》之孟氏、《公羊》之胡毋，后人何从得见原文乎？[①]

郑玄笺《诗》，固然有助于毛《传》之流传与理解，但后人也往往批评郑玄笺《诗》，间采三家，并参己意的做法，"不尽同于毛义"[②]，是淆乱家法。如清代陈奂所以不满郑玄者，即因此点，故其疏《诗》，对于郑《笺》摒弃不用。对此，曹氏从出于维护郑玄的立场，对陈奂的说法加以批评，认为郑《笺》，"宗主分明别异同""博采三家附毛传，约分四例不相蒙"[③]。其曰：

> 胡氏培翚《仪礼正义》有四例，曰申注、补注、附注、订注。案：胡氏先治《诗》，四例暗合郑氏笺《诗》之例。《郑志》云："注《诗》宗毛为主，毛义若隐略，则更表明；如有不同，即下己意。"此郑自述笺《诗》之例。宗毛为主，申传也；隐略更表明，补传、附传也。补者，毛所未释，经旨未显，则补释之。附者，齐、鲁、韩三家义虽不如毛之得其正，然皆有师承不可废，毛但举其本义，而余义未备，则附载之，仍以毛为主也。下己意，易传也。申者十之四，补者十之二，附者十之三，易者十之一而已。惟易者与毛不同，附则不过

---

① 曹元弼著，许超杰、王园园点校：《复礼堂述学诗》卷三，中国社会科学出版社2022年版，第218页。

② 陈奂撰，滕志贤整理：《诗毛氏传疏·叙录》，凤凰出版社2018年版，第1页。

③ 曹元弼著，许超杰、王园园点校：《复礼堂述学诗》卷三，中国社会科学出版社2022年版，第218页。

兼存异义，仍以传为不易之正训。后儒误以附为易，又不考其所附之皆本三家，乃谓笺不得传意，不知郑与毛未尝歧也。今案郑《笺》，易传者甚少，余往时作《诗笺释例》明之，久未写定，他日或并入《毛诗通义》。①

曹氏发挥胡培翚《仪礼正义》申注、补注、附注、订注的"四例"，认为乃是郑玄"自述笺《诗》之例"。所谓申者，申毛《传》也；补者，隐略更表、毛所未释，经旨未显，则补释之；附者，间采三家，但仍以毛为主也。整体上看，曹氏认为郑玄"申者十之四，补者十之二，附者十之三，易者十之一而已"，故曰"郑《笺》易《传》者甚少"。曹氏还从会通诗、礼的角度，甚赞郑玄"据礼说《诗》，明轨章物，止僻防淫，实先王化民成俗、先圣垂世立教之本意"②。在这种"善述《毛》义莫如郑"的观念下，显然并不认同陈奂疏《诗》"宗毛置郑"的做法，甚至认为陈奂《诗毛氏传疏》说训诂至精，而言礼多参错，正是因为"其说训诂一宗许以申毛，而其说礼则好别异于郑也"③。

另外，曹元弼虽然有强烈的汉学认同和郑学立场，但并非不讲宋学，这一点与乾嘉时期的学术特色形成鲜明的区别。当晚清之际，学界潮流多倡汉宋兼采，曹氏亦不例外。尽管从汉学角度，认为："北宋以前，说《诗》皆宗《毛序》，自郑樵创为异说，而朱子《诗经集传》遂有千虑之失"，但对朱子亦表颂扬，以为其"明道立教，百世所宗。学者读《四书注》，终身用之不能尽。说《诗》偶有未安，自有阙疑之法"④。故在曹氏

---

① 曹元弼著,许超杰、王园园点校:《复礼堂述学诗》卷三,中国社会科学出版社2022年版,第219-220页。

② 曹元弼著,许超杰、王园园点校:《复礼堂述学诗》卷三,中国社会科学出版社2022年版,第223页。

③ 曹元弼著,许超杰、王园园点校:《复礼堂述学诗》卷三,中国社会科学出版社2022年版,第240页。

④ 曹元弼著,许超杰、王园园点校:《复礼堂述学诗》卷三,中国社会科学出版社2022年版,第229-230页。

看来，最重要的是"勿争汉、宋门户，但当择善而从，兼得先儒之益，以明圣人之教，斯善矣"①。

（四）经世之志，昌明古学

曹元弼身处晚清风雨飘摇之世，目睹时艰，其著述一本明道救世、通经致用之志。如《经学文钞》以"羽翼圣经、扶持名教、感发人之善心"为务。这一番心志，在曹元弼的《复礼堂文集·序》中表露无遗：

> 道之大原出乎天，生乎人，心觉乎圣，率由乎民，达乎天下。其本三纲，其序五伦，其全体大用，因人爱亲敬亲与生俱生之天良而扩充之。使天下尊卑上下亲疏长幼外内各循其分，各尽其情，各竭其力，合敬同爱，以相生相养，相保而不相杀。自伏羲至于周公，其为道也一。……昔孔子论政曰："君君、臣臣、父父、子子。"又曰："吾非斯人之徒与而谁与。"孟子曰："孔子成《春秋》，而乱臣贼子惧。""无父无君，是禽兽也。""孔子之道不著，则率兽食人，人将相食。""吾为此惧，正人心，息邪说，岂好辩哉？予不得已也。"守先王之道，待天下之清，拯圆颅方趾直题横目之民于兽蹄鸟迹之中，以复天地之性，愿与天下志士仁人勉之而已。②

因此，曹氏治学，无论校《礼》说《诗》，并非仅仅关于古今经说之是非，其背后更有一番经世之心在内，最终指向的是"正人心，息邪说"，"守先王之道，待天下之清"。在曹氏看来，晚清衰乱、纲常解纽的一个重要原因，从《诗》学上来讲，即今文经说的流行，私心求胜毛、郑之义，导致非圣无法，如曰：

---

① 曹元弼著，许超杰、王园园点校：《复礼堂述学诗》卷三，中国社会科学出版社2022年版，第230页。

② 曹元弼：《复礼堂文集·序》，文史哲出版社1973年版，第1—4页。

当《诗》《书》古义极明之际，异说即稍稍萌芽。其心盖因东汉师说群儒阐发已多，非借重西汉不足推倒一世。挟求胜之私，以翻案为能。浸淫日甚，公然诬高密，并诋河间，嚣张如蜩螗沸羹，凶悖如夺攘矫虔，无复一毫儒者气象。谬种流传，数十年间变本加厉。攻郑不已，遂至非孔，傲扰人纪，反易天常，而五帝三王以来叙典秩礼之中国，遂变为猛虎长蛇磨牙吮血之场矣。生民之祸，圣教之厄，视暴秦焚书且十倍过之。何则？秦所焚者，简策之《诗》《书》；今所焚者，人心之《诗》《书》。人心之《诗》《书》焚则人心死，人心死则盈天地间无非杀机，人类几何而不灭？《易》曰："履霜坚冰，由来者渐。"《诗》曰："谁生厉阶，至今为梗。"在始作俑者，不过恃才妄作，不自忖量，以夺毛、郑之席为快。而孰知流祸之极，三纲绝纽，六经扫地。无论西汉、东汉，汉学、宋学，皆一网打尽，古学从此微且灭，而天下之乱将何时已乎？①

可见，曹元弼将是否守毛、郑古学与治乱兴衰相联系，对晚清流行的康、梁等今文经说表示了极大的愤慨，"目之为生民之祸，圣教之厄，视暴秦焚书且十倍过之"，败坏人心，导致"三纲绝纽，六经扫地"。面对这样的局面，出于卫道的目的，曹氏自表心志曰："深考汉学之源流，会通宋学之精义，平心实事，正本清源。群言淆乱质诸圣，天下之动贞夫一，其诸有心世道之君子亦有乐于是欤。"②

---

① 曹元弼著，许超杰、王园园点校：《复礼堂述学诗》卷三，中国社会科学出版社2022年版，第246-247页。

② 曹元弼著，许超杰、王园园点校：《复礼堂述学诗》卷三，中国社会科学出版社2022年版，第247页。

二、曹元弼"二南"观的特点及价值

通过上文的叙述，曹元弼治《诗》的基本态度和立场如何，也可略知一二。至于曹氏有关"二南"的看法，则完整体现在《二南分风说》这篇文章中，现为了便于讨论，引述如下：

郑君说二南分风之义曰："得圣人之化者谓之周南，得贤人之化者谓之召南。"其言本《诗大序》。《序》云："《关雎》《麟趾》之化，王者之风，故系之周公。南，言化自北而南也。《鹊巢》《驺虞》之德，诸侯之风也。先王之所以教，故系之召公。"此数语义理精微、渊源深远，非子夏亲受圣旨不能为。孔《疏》已极详明。而近儒胡氏承珙、朱氏右曾、陈氏奂不达斯旨，辄谓二南以地分，不以化分。且强《序》就之。

今案：二公分陕在武王时，而《周》《召》之诗皆文王时作。当时二公总施教而已，并无分属之国，安得以地分诗？如谓据后分前，则二南同风，王侯不别，显与《序》背。《序》惟以王侯之风分别《周》《召》，故《周南序》自《关雎》至《芣苢》，皆言后妃，无言夫人者。天子之妃曰后，经文无后妃而《序》历言之，非确知其为王者之风而云然乎？《召南》序《鹊巢》《采蘩》《小星》皆言夫人，无言后妃者，诸侯曰夫人。经文无夫人，而《序》历言之，非确知其为诸侯之风而云然乎？于是毛公本其义而作传曰："公侯夫人执蘩菜以助祭，王后则荇菜也。"师说相传有自来矣。

且《周南》之《诗序》，每以天下言之。《关雎》序云："所以风天下。"《葛覃》云："化天下以妇道。"即《昏义》所云："王后听天下之内治以明章妇顺也。"《芣苢》云："和平则妇人乐有子。"谓天下和，政教平也。《麟趾》云："天下无犯非礼。"诸所称天下，非即"三分天下有其二"之天下乎？《召南》惟《驺虞》云"天下纯被文王之化"。《驺虞》总殿二南，别取王道成之意，与《关雎》终始相成，读《关雎传》可见。他诗未有言天下者，明其为诸侯之风也。

二南皆文王之化，自武王追王后，《书》《传》通称文王。虽文王之为世子，亦称文王。故《召南》诸侯之风，而《序》称文王无异词。然《鹊巢》序特变文言国君，则已明著其例矣。以《序》证《序》，明白如此。夫《邶》《墉》《卫》以下，诗以地分，当国自明。《序》未尝释之。释之者以其诗不以周、召所治之地为区域也。二南地本不分，故别其化而系之。《诗谱》分而国之之云，即《序》两系之之义。若地先自分，则从其国本而异之可矣，焉用系？周公圣人，系以王者之风。召公贤人，系以诸侯之风。则分诗之意，主在二公。故《召南》有美召伯之诗，《行露》作于文王时。以召伯听讼而属之《召南》，非以召公陕内所得而属之《召南》也。召公陕内诗与周公所主划分者，惟《甘棠》一篇，武王时作，不得以例其余。文王以诸侯行王道受命，《序》云："王者之风。"言王者，则文王自明。又云诸侯之风，诸侯不独谓文王，故申之曰：先王之所以教。《召南》先王所以教之风。《周南》则文王教成之风也。

《序》于周、召分风之间，总释南义，云"化自北而南"，不云"自周而南""自召而南"。所谓北者，岐也。所谓南者，非周之南、召之南，乃岐之南也。经传言南，皆谓荆、扬二州及豫之南境。文王虽兼有六州，诗作多在江汉之域。《禹贡》沱、潜既道，荆、梁同文。《召南》江、沱，何知非荆州夏水？《韩诗》序曰："其地在南郡、南阳之间。"是二南同在荆、豫。《鲁诗》以《行露》为《召南》申女作，申不在梁境明矣。凡二南统言之曰南，曰南国。《诗·南有樛木》《南有乔木》序文王之道被于南国，召伯之教明于南国是也。偏言之曰周南、曰召南。《毛诗》记篇章都数曰周南之国、召南之国。及《序》云召南之国、召南之大夫是也。太史公留滞周南，犹云"留滞南邦"，因下论周事，用诗题成文耳。若谓陕东为周南，《书》《传》何以无谓陕西为召南者？分陕论东西，不论南北。二南论南北，不论东西。截然两事，非可牵合也。

《诗序》注曰："先王斥大王、王季、文王。"《乡射礼》注曰："昔大王、王季、文王居于岐山之阳，躬行召南之教以成王业，至三分天下而有其二，乃宣周南、召南之化。"段玉裁云："文王未三分有二，未受命为王，文王受命别有说。亦居岐山之阳，行召南之教，亦诸侯之风也。《召南》诗序四言文王，两言召伯，固与《周南》皆文王之诗。云先王之所以教者，本其流风善政之所由来，起于大王、王季。《绵》之序曰：绵、文王之兴本由大王也。其意一也。因是言之，《周南》《召南》言后妃之德者，谓文王受命以后之大姒也。《召南》言夫人之德者，周姜大任，文王未受命时之大姒皆是也。文王一人而兼王者、诸侯之风。故大姒一人而兼后妃、夫人之称。《序》分王者、诸侯之风，郑注《礼》、作《诗谱》，则曰仁贤之风、圣人之风，此非有异说也。有圣人之德，宜为王者。有仁贤之德，宜为诸侯。文王之德，至三分天下有其二，而极盛矣，宜乎受命作周矣。《周南》《召南》其地，皆由岐下而南国也。其君皆主文王也。其风之气象有大小焉。大师陈诗非分之于地，非分之于人，于其诗之气象分之而已矣。"

案：段说至精。二南之别，不以地而以风，焚坑以来，管弦久绝，声音之道，旷世无传。然愚尝据《序》《谱》之说，推绎经文，则见夫躬仁好礼、章志贞教、修洁百物、示民轨仪者，《召南》之风也。履中蹈和、正己物正、德广所及、合敬同爱者，《周南》之风也。以《礼》况之，则《召南》履之为贤；《周南》体之为圣也。以《易》况之，则《召南》由否反泰，《周南》由泰而成既济也。以《孝经》况之，则《召南》诸侯之孝，《周南》天子之孝也。德之行有久速，民之惑有浅深，君子以顺德积小以高大，尧舜三代之治，未有不始于《召南》之教而成于《周南》之教者。此谓其道同耳，非谓周以前有二南之目。以意逆志，神游目想，不知足之蹈之手之舞之也。借非《序》《谱》发明于前，其孰从而求之。经之气象不同，《序》之辞气亦异，信乎其能闻乐知德也。

《序》云王者、诸侯,《谱》以圣人、贤人申之,其义至精。盖文王以诸侯行王道,王道者,圣人修身及家平,均天下之道,非阴行善事以弋殷命之道也。子曰:下之事上也。虽有庇民之大德,不敢有君民之心,其文王之谓与?文王率商之叛国以事纣,为人臣,止于敬。天命之,诸侯王之,而文不自文。故风、雅作于文王时者,皆不称文为王。《兔罝》《汝坟》在《周南》,而曰"公侯干城"、曰"王室如毁",此可见文之不自王也。王其风,不王其号,此文王之所以为文也。孟子曰:"王者之民皞皞如也,民日迁善而不知为之者,吾于《周南》见之。"王者、诸侯之分,实圣贤德教之差耳。子曰:"人而不为《周南》《召南》,其犹正墙面而立也与?"学者诚由先贤成训而推索焉,以变化气质,陶养性情,则安处善、乐循理,忽不自知其入于圣贤之域矣。①

(一)以"二南"皆文王之化,弥缝汉宋之矛盾

曹氏开宗明义,引述郑玄《诗谱》"得圣人之化者谓之周南,得贤人之化者谓之召南",认为"二南"之分,由王化之不同,并认为郑玄根源于《诗序》,《诗序》之言为子夏亲受孔子之教,义理精深,来源有据,批评了胡承珙、朱右曾、陈奂等人以地域区分"二南"的看法。在这一基础之上,曹氏对"二南"问题有几个新的面向值得关注:

首先,曹氏认为"二公分陕在武王时,而《周》《召》之诗皆文王时作",这与郑玄《诗谱》中所谓"武王伐纣,定天下,巡守述职,陈诵诸国之诗,以观民风俗。六州者得二公之德教尤纯,故独录之,属之大师,分而国之"的看法相区别。郑玄以为文王都丰之后,分周、召故地为周公旦、召公奭的采地,让其施行先王之教于各自辖区。曹氏谓周公、召公当时"总施教而已",并无分属之国,是以不得以地分诗。

其次,曹氏扣住文王"三分天下有其二"之说,认为《周南》之《诗序》,每以天下言之。如《关雎》序云:"所以风天下。"《葛覃》云:"化

---

① 曹元弼:《复礼堂文集》卷三,文史哲出版社 1973 年版,第 237–248 页。

天下以妇道。"《麟趾》云:"天下无犯非礼。"这里所称的天下,曹氏以为即"三分天下有其二"之天下。也就是说,文王当时乃为商之诸侯,故《召南》惟《驺虞》云:"天下纯被文王之化。"《驺虞》总殿二南,别取王道成之意,与《关雎》终始相成。他诗未有言天下者,明其为诸侯之风也。

再次,曹氏认为"二南地本不分,故别其化而系之"。如果以地分,则直接以不同之国属之即可,不需专用"系"字。所以用"系"字分属,由于周公圣人,系以王者之风;召公贤人,系以诸侯之风,"则分诗之意,主在二公"。曹氏区别于前人最大的不同,在于他始终认为文王以诸侯行王道受命,《序》云:"王者之风。"言王者,则文王自明。又云诸侯之风,诸侯不独谓文王,故申之曰:先王之所以教。如此,《周南》《召南》的先后顺序,变为《召南》先王所以教之风,《周南》则文王教成之风也。

最后,曹氏援引段玉裁的看法,认为:"《周南》《召南》言后妃之德者,谓文王受命以后之大姒也。《召南》言夫人之德者,周姜大任,文王未受命时之大姒皆是也。文王一人而兼王者、诸侯之风。故大姒一人而兼后妃、夫人之称。"段玉裁对于"二南"的看法极为特殊,打破了汉宋以来,后妃、夫人的传统解释,认为无论后妃、夫人都是太姒,其解释的基点在于文王是否受命。如此,则文王以受命与否,一人可兼王者、诸侯,则大姒一人可兼后妃、夫人两种不同身份。所以这般创为奇论,主要针对"《序》分王者、诸侯之风",郑注《礼》、作《诗谱》,"曰仁贤之风、圣人之风"的内在矛盾。在段玉裁和曹氏看来,"有圣人之德,宜为王者。有仁贤之德,宜为诸侯",当时文王之德,至三分天下有其二,而极盛矣,宜乎受命作周。故《周南》《召南》其地,皆由岐下而南国也,其君皆主文王也,只不过气象有别。曹氏还在段玉裁基础上,"据《序》《谱》之说,推绎经文",指出如躬仁好礼、章志贞教、修洁百物、示民轨仪等等,乃《召南》之气象。若履中蹈和、正己物正、德广所及、合敬同爱等,则《周南》之气象也。曹氏甚至认为这一种气象不同,大师陈诗时已然领悟,故"非分之于地,非分之于人,于其诗之气象分之而已矣"。

曹氏在这里所要解决的，主要是历代对"二南"解释中"王者与诸侯之分""后妃与夫人之分"的问题。如按照《诗序》的解释，《周南》《召南》中二十五篇诗歌，乃是一幅"由《周南》的后妃之德，感化《召南》夫人等众妻室，所形成的理想'内助'蓝图"①。但无论是诗《序》、毛《传》抑或郑《笺》，并没有指明王化即文王之化，后妃即大姒。如胡承珙《毛诗后笺》即曰："《传》《笺》皆未明言'后妃'为大姒，'君子'为文王。"②在《序》《传》《笺》的诠释脉络内，后妃、夫人的"内助"为绝对的主角，体现了一种重视女德的思想观点。但是到了宋代，朱子受欧阳修的影响，将《关雎》中的后妃确指为大姒，则王化自然指文王之化。朱子尽可能的让《周南》中每首诗都和文王发生联系，并且都指向文王的心性修养有关，发而为身修、家齐、国治、天下平的德化模式。而《召南》中的诸侯、夫人也因被文王之化的结果，从而达到"修身、齐家、治国"的效用。经此一整合，整个《周南》《召南》成为彰显君子修齐治平内圣外王的最佳示范，也与孔颖达的《毛诗正义》相区别，形成宋人的新学说。正如林庆彰所说的："朱子把不成系统的《诗序》教化观，作了较大的修正，把《周南》连系成一内圣至外王的组诗，把《召南》诠释成一有教化意义的组诗。"③曹氏受段玉裁的启发，以文王受命与否作为前后时间划分的标准，故此前人所谓王者与诸侯之别、后妃与夫人之别的问题，都可以由文王受命前后的不同身份来弥缝。如此一来，文王一人而兼王者、诸侯，《周南》《召南》体现的都是文王之化。同时，《诗序》、毛《传》、郑《笺》没有确指的"后妃""夫人"，经由文王受命，也可由大姒一人兼得，在一定程度上，宋人如朱子所强调的文王、大姒之说与汉代经说之间的歧出也得到了相应的弥缝。

---

① 张文朝：《日本江户时期伊藤家学对朱熹诗经二南观的批评》，《国文学报》2016年第59期，第55页。

② 胡承珙撰，郭全芝校点：《毛诗后笺》（上），黄山书社2014年版，第7页。

③ 林庆彰：《朱子〈诗集传·二南〉的教化观》，见钟彩钧：《朱子学的开展——学术篇》，汉学研究中心2002年版，第65-66页。

（二）会通群经之义，扩大经典诠解的多元

曹元弼治学特别重视"会通"之说。其在《礼经会通大义论略》中说：

> 六经同归，其指在礼。《易》之象，《书》之政皆礼也。《诗》之美刺，《春秋》之褒贬，于礼得失之迹也。《周官》，礼之纲领，而《礼记》则其义疏也。《孝经》，礼之始，而《论语》则其微言大义也。故《易》之言曰："圣人有以见天下之动，而观其会通，以行其典礼。"《书》之言曰："天叙有典，天秩有礼。"《诗序》之言曰："发乎情，止乎礼义。"《春秋》宪章文武，约以周礼，所讥所善，按礼以正之。《孝经》开宗明义言至德要道，要道谓礼乐。《论语》言礼者四十余章，自视听言动，与凡事亲教子，事君使臣，使民为国，莫不以礼。《周礼》《仪礼》发源是一，《礼记》则七十子之徒共撰所闻，或录旧礼之义，或录变礼所由。盖圣人之道，一礼而已。三代之学，皆所以明人伦。六艺殊科，礼为之体。①

曹氏在此开宗明义提出"六经同归，其指在礼"，继而畅发每一经书之中体现"礼义"者何在，从而归结为"圣人之道，一礼而已"，再次重申其"三代之学，皆所以明人伦"的价值观念。曹氏更将此种观念推广于他经，如在《周易学》中，他亦列"会通"之部，举易理与礼例相应和的原则，解析《周礼》《仪礼》《礼记》等书征引《周易》的内容，会通说解，体现了曹氏在礼学的基础上，遍注群经，构建了一套庞大的学术体系，使经学以一种新的方式呈现在世人面前。具体到此处二南问题，曹氏在文中亦用会通的观点诠释之：

> 以《礼》况之，则《召南》履之为贤；《周南》体之为圣也。以

---

① 曹元弼：《复礼堂文集》卷四《礼经会通大义论略》，文史哲出版社 1973 年版，第 539—540 页。

《易》况之，则《召南》由否反泰，《周南》由泰而成既济也。以《孝经》况之，则《召南》诸侯之孝，《周南》天子之孝也。①

曹氏认为"二南"之别，以《礼》为例，则"《召南》履之为贤，《周南》体之为圣也"。此发端于贾公彦《仪礼疏》："《周礼》是统心，《仪礼》是履践，外内相因，首尾是一。"②在传统礼学家眼中，《周礼》《仪礼》二书，内容特点不同，有《周礼》统心为体，《仪礼》履践为用的说法，但两者皆为"发源是一，理有终始，分为二部，并是周公摄政太平之书"③。核之《周南》《召南》，曹氏认为从气象上来说，《召南》履之为贤，《周南》体之为圣也，但根本都源于文王。至于"以《易》况之，则《召南》由否反泰，《周南》由泰而成既济"，盖因为曹氏认为《召南》体现了文王未受命为诸侯时，王道初始之作，《周南》为文王受命之后，王道大成之作。同样的思路，以《孝经》况之，则"《召南》诸侯之孝，《周南》天子之孝也"。

中国经典互证会通的传统，由来已久。历代经学家以经解经、经典互证，已成为经典诠释的普遍范式。清初黄宗羲、万斯同等人都认为治一经不能仅理解一经，因为"非通诸经，不能通一经"④。在《诗经》的诠释上，汉人已尝试用《周易》《礼经》等与《诗经》的互证。后者如郑玄的笺《诗》，前者如《殷其雷》："殷其雷，在南山之阳。"毛《传》："殷，雷声也。山南曰阳，雷出地奋，震惊百里。山出云雨以润天下。"此即引《周易·豫卦》"雷出地奋"与《震卦》"震惊百里"以为说。清初《御纂诗义折中》于《小雅·瓠叶》中说："丰以燕宾者，《鱼丽》是也。《鼎》之《象》曰：'大亨以养圣贤。'薄以燕宾者，《瓠叶》是也，《损》之

---

① 曹元弼：《复礼堂文集》卷三，文史哲出版社1973年版，第245-246页。

② 贾公彦等：《仪礼疏》序，上海书店1984年版，第3页上。

③ 贾公彦等：《仪礼疏》序，上海书店1984年版，第1页上。

④ 黄宗羲：《南雷诗文集》上，见沈善洪：《黄宗羲全集》第10册，浙江古籍出版社1994年版，第405页。

《象》曰'二簋可用享。'知《易》之义，则知《诗》之义矣。"①这些运用群经之间的互证，对于后学在阅读或诠释《诗》义时，自然会有相当的启迪效果。曹元弼熟读群经，湛深郑学，自然明白这种会通的诠释传统。因此，他在前人的基础上，对于《周南》《召南》的诠释，引述《礼经》《周易》《孝经》等进行了创造性的互证，不仅呈现了其卓越的学术理解力，也提供后人对于经典诠释多元性的启发。

（三）发挥修齐治平之道，整合《诗》旨新进路

《诗经》中"二南"问题，所以时刻牵动历代儒者之神经，与对《诗序》中所谓"关雎麟趾之化，王者之风""鹊巢驺虞之德，先王之所以教"，"周南召南，正始之道，王化之基"的崇敬之情密不可分。概而言之，无论从早期的《诗序》作者，抑或汉、宋诸儒，尽管对某些诗旨的理解存在争端，但关于"二南"传达了周朝所以兴起的王道并无异词。也就是说，对"二南"的诠释，其背后实在蕴含了传统儒者"上法三代"的王道观念。故曹氏云：

> 《序》云王者、诸侯，《谱》以圣人、贤人申之，其义至精。盖文王以诸侯行王道，王道者，圣人修身及家平，均天下之道，非阴行善事以弋殷命之道也。子曰：下之事上也。虽有庇民之大德，不敢有君民之心，其文王之谓与？文王率商之叛国以事纣，为人臣，止于敬。天命之，诸侯王之，而文不自文。故风、雅作于文王时者，皆不称文为王。《兔罝》《汝坟》在《周南》，而曰"公侯干城"、曰"王室如毁"，此可见文之不自王也。王其风，不王其号，此文王之所以为文也。孟子曰："王者之民皞皞如也，民日迁善而不知为之者，吾于《周南》见之。"王者、诸侯之分，实圣贤德教之差耳。子曰："人而不为《周南》《召南》，其犹正墙面而立也与？"学者诚由先贤成训而

① 傅恒等：《御纂诗义折中》卷十五，《景印文渊阁四库全书》第84册，台湾商务印书馆1983年版，第274页。

推索焉，以变化气质，陶养性情，则安处善、乐循理，忽不自知其入于圣贤之域矣。①

曹氏对于二南分风的说法，从根本上源于其对"周道"的体认和坚持。所谓"周道"，即"圣人修身及家平，均天下之道"，也就是令后世儒者羡称不已的"王道"。对于"《序》云王者、诸侯"的做法，曹氏以为郑玄《诗谱》中以圣人、贤人申之，"其义至精"。这是因为在曹氏眼中，"王者、诸侯之分，实圣贤德教之差耳。"

这种对"周道"起于文王的理解，又与《论语》中孔子的"圣言"密不可分。故曹元弼在文章的结尾，引述孔子之言，"人而不为《周南》《召南》，其犹正墙面而立也与?"《论语注疏》引马融之言曰："周南召南，国风之始，乐得淑女，以配君子，三纲之首，王教之端，故人而不为，如向墙而立。"《疏》沿其脉络，谓："君为臣纲，父为子纲，夫为妻纲。有夫妇，而后有父子，有父子然后有君臣。二南之诗首论夫妇，文王'刑于寡妻，至于兄弟，以御于家邦'。是故二国之诗，以后妃夫人之德为首，终以麟趾驺虞，言后妃夫人，有斯德兴助其君子，皆可以成功，至于致嘉瑞。故为三纲之首，王教之端也。"②

如果说《论语注疏》的政教色彩浓厚，不离原来《序》《谱》汉儒之学的既有框架的话，朱子《论语集注》的说法，显然更突显了修身与治平之道的二者关联："为，犹学也。周南召南，诗首篇名，所言皆修身齐家之事。正墙面而立，言即其至近之地，而一物无所见，一步不可行。"③朱子从正心修身的角度去诠释二南，以为孔子所言的重视二南，乃讲明以修身为起点，然后推广德化至于乡党邦国，以至于"平天下"。如此，则儒家所宣扬的大道就寄寓在二南之中。曹氏最后所谓的"学者诚由先贤成训而推索焉，以变化气质，陶养性情，则安处善、乐循理，忽不自知其入于

---

① 曹元弼：《复礼堂文集》卷三，文史哲出版社1973年版，第236-248页。

② 何晏集解，邢昺疏：《论语注疏》卷十七，艺文印书馆1976年版，第156页。

③ 朱熹：《四书章句集注》，中华书局2011年版，第178页。

圣贤之域矣"的观点，很明显的受到朱熹"修齐治平"的影响。

曹氏从维护孔门诗教宗旨的角度，通过"王教"不离"修齐治平"，不但创造性的将《诗序》《注疏》中的"汉学"与朱子的"宋学"相打通，也再次点明圣人重视二南的微旨，即从中可见周道之所以盛，从而为群经之间的联系与结构性平添了又一注脚。

三、结论

本附录以曹元弼对《诗经》"二南"的诠释为中心，综观了曹元弼的《诗》学态度和对"二南"问题的看法。曹元弼作为晚清重要的经学家，其在"二南"的认知上，是以继承《诗序》、毛《传》、郑《笺》的传统学说为主，但又受朱子《诗集传》的影响，使他对"二南"的解释，既不是对汉唐旧说的简单因袭，也不是朱子的新传统，对于清人如胡承珙、陈奂的见解，亦表现出有选择的去取，鲜明的体现了其个性化和整合汉、宋诗说内在矛盾的良苦用心。从而启示我们对于经学家的任一经说，不但要看到其继承前人之处，即共同分享的视域所在，也要注意到每一位经学家所关心的独特问题，尤其后来者欲整合前代经说的企图心。如此一来，经学史上那些看似无新意的争论，或许能得到重新的审视。

附录二　论清人运用"礼例"校勘
《仪礼》的成就与不足

　　中国经学的注疏传统中，训释经的方式十分繁富。在众多方法之中，"就经求例""就例通经"，治经解经以"发凡起例"为途径的做法，在《周易》、《春秋》、三《礼》等经籍的解释史上甚为习见①。"例"成为这些经典的治学者时常关注和运用的手段。其中又以礼书的记述条理、顺序，最具典型，适于援引，以为对比之例，在礼书的研究及考释中，被学者认为是当务之急②。由于《仪礼》本身的特殊性，无论名物度数、揖让周旋，皆可以掌握仪注相同，等级差别和上下文义之间来推比，使得这一方法特别适合于《仪礼》的校勘。故郑雯馨曾归纳礼例在礼学研究上的三个方面为："应用礼例研究经籍文本，可分为：一、校勘经文、考订旧说。二、界定礼制、补足礼文。三、贯通经籍，研治其他经籍文本，从而界定《仪礼》与其他经籍的关系。"③

　　清人《仪礼》之学远迈前代，对《仪礼》文本的校勘恰为其基石。正如学者所指出的，清代《仪礼》之学，"由衰微而达于极盛，校勘之役相

---

　　① 马楠曾据以概括汉唐《春秋》、三《礼》经学的特色为"比经推例"，见《比经推例——汉唐经学导论》，新世界出版社2012年版。

　　② 程克雅：《乾嘉礼学学者解经方法中"文例"之建立与运用——以凌廷堪〈礼经释例·饮食之例〉三篇为主的探究》，见蒋秋华：《乾嘉学者的治经方法》，"中央研究院"中国文哲研究所2000年版，第461-507页。

　　③ 郑雯馨：《论〈仪礼〉礼例研究法——以郑玄、贾公彦、凌廷堪为讨论中心》，台湾大学博士论文，2013年，第97页。

与始终"①。论其校勘成就之取得与特色之所在，对礼例的运用可以说是一大关键。沈文倬对此，尝有清晰的洞见：

> 两汉《礼经》为绝学，肄习者鲜，传本多讹。历代礼家重校勘，自元敖继公以下颇有改定，而清代诸师校理尤精。凡存世众本皆讹，以礼例比勘其制、其仪、其文而误删、补脱、正误者，咸若剖符复合，固善之善者也。②

沈文倬在此不仅指出清人校勘精湛，更指出运用礼例的规则性以比勘文字、校正讹误正是清人校勘之特色。彭林亦曾借凌廷堪《礼经释例》，点出运用"以例校礼"正是清人校勘飞跃之重要特色："《仪礼》之文字校勘，有赖于经义之理解，而经义之理解则不离文字之校正，两者相辅相成，不可或缺。至凌廷堪《礼经释例》，将前人研究成果总结提炼，归纳各色仪节，创为通例，尤有助于校勘。如此交汇融通，校勘之有飞跃，宜矣。"③因此，如欲深入了解清人《仪礼》校勘之学的成就与不足，实无法忽视这一以例校礼的方法特色。惟对此现象的研究，尚未见专门深入讨论者。因不揣谫陋，从礼例的内涵及其历史发展、清人运用礼例校勘的具体成果分析与其问题和不足三个方面，提出若干探索，唯大雅君子教正之。

一、礼例的内涵及其历史发展

在经学作品中，较早讨论"例"者，殆为《春秋》。从《左传》《公羊传》《穀梁传》之奠基，到杜预撰成《春秋释例》，《春秋》褒贬义例，一再为学者所探察。如杜预《春秋经传集解序》云：

---

① 彭林:《论清人〈仪礼〉校勘之特色》,《中国史研究》1998年第1期,第25页。
② 沈文倬:《菿闇文存》,商务印书馆2006年版,第663页。
③ 彭林:《论清人〈仪礼〉校勘之特色》,《中国史研究》1998年第1期,第35-36页。

其发言以言例，皆周公之常制，周公之垂法，史书之旧章，仲尼从而修之，以成一经之通体。……经之条贯，必出于传。传之义例，摠归之凡，推变例以正褒贬，简二传以去异端，盖丘明之志也。①

至于所谓"礼例"一词，据郑雯馨的研究指出该词最早出现在清代毛奇龄《春秋毛氏传》中。毛氏曰：

一曰礼例，谓《春秋》二十二门皆典礼也。……二曰事例，则以二十二门一千八百余条无非事也。……三曰文例，则史文之法也。……乃四曰义例，则直通贯乎礼与事与文之间，天下有礼与事与文而无义者乎！②

郑雯馨并归纳说："礼例当指具体的礼文规则，事例为历史事件、义例则是抽象的原则概念，文例指文字叙述所具有的法度。礼例、事例、文例皆是形式上用来比较的根据，而义例则是隐含的观点。毛氏将礼例应用于《春秋》，使礼例依附于《春秋》，尚未彰显其独特的礼学意涵。"③事实上，就礼书的解释来说，"例"的抉发，由于文献难征，句读淆乱，在本文未能通读之先，抉发凡例、说明辞例，这一工作是为了通晓经文传注之意义，更进一步是借此阐发礼义。与阐明褒贬善恶的春秋左氏"释例"的含义有显著目标上的差异。

何谓"礼例"？学术界尚有不同的说法。如钱玄在《三礼通论》中以为："'例'，指'凡例'，即行礼时的一些规则。"④依据此说，他在该书

---

① 杜预撰，孔颖达正义：《春秋左传正义》，艺文印书馆1976年版，第11—13页。

② 毛奇龄：《春秋毛氏传》，《景印文渊阁四库全书》第176册，台湾商务印书馆1983年版，第11—13页。

③ 郑雯馨：《论〈仪礼〉礼例研究法——以郑玄、贾公彦、淩廷堪为讨论中心》，台湾大学博士论文，2013年，第4页。

④ 钱玄：《三礼通论》，南京师范大学出版社1996年版，第67页。

中分礼例为向位之仪、跪拜之仪、脱屦之仪、盥洗之仪、授受之仪、迎送之仪、饮食之仪、奏乐之仪[1]，基本上沿用了凌廷堪《礼经释例》的条目，但其定义与凌氏稍别，惟其未详细说明分类的原则与依据。叶国良先生在《论凌廷堪的〈礼经释例〉》一文中指出，例这个词汇本身带有模糊性，"从语言逻辑看，'凡……'应是全称，指无例外，但事实上古人使用此词时却不见得如此。礼涉及人事，而人事其实极为纷杂，用'凡……'的语言来表达每每有时而穷"。故从行为动作、器物方位等角度将凌书的礼例分为三类：一、定例：无例外，或绝少例外。二、常例：大多数。三、特例：极少数。指行礼时遇到特殊状况必须加以权变的个案[2]。将礼例的分类推向细化和精深。

近来对于礼例研究的代表著作，允推郑雯馨的《论〈仪礼〉礼例研究法——以郑玄、贾公彦、凌廷堪为讨论中心》，她在广参前人的基础之上，得出综合性的说法，曰：

> "礼例"，指以礼为范围，具有必然性的规则或规律，包含政治制度、个人生活规范、价值观等方面。礼例的作用，一方面在规范言行，引导价值观。另一方面，根据既有的原则决断当下新事件。因此就时间向度而言，礼是社会长期实践、用以维持秩序的产物，礼例亦是长期形成的规则或规律，其本质如同"惯例"。礼例的应用过程为互见异同、分类、推次，不仅可应用于知识或经验的学习，亦可用于评判人事褒贬。就表现形式与内容而言，可分为义例、礼例、文例、事例、或言"凡"、例句，然而实际分析、应用时，这些区别并无法明确分割（也不宜分割）。[3]

---

[1] 钱玄:《三礼通论》,南京师范大学出版社1996年版,第515–556页。

[2] 叶国良:《论凌廷堪的〈礼经释例〉》,见《礼学研究的诸面向》,台湾清华大学出版社2010年版,第87–88页。

[3] 郑雯馨:《论〈仪礼〉礼例研究法——以郑玄、贾公彦、凌廷堪为讨论中心》,台湾大学博士论文,2013年,第21页。

郑氏的上述言论不但指出了礼例的内涵，还就其应用理据进行了阐述。故本文在实际处理中，即采取上述说法，将礼书中的凡言、例句以及有关于礼的必然性规则等皆视为礼例的范围。

对礼例内涵的探讨，虽起于晚近。但从经学史本身来看，运用礼例诠释经书，早已见诸三《礼》文字、郑玄《三礼注》等作品。黄侃在《礼学略说》中，论治礼"求条例"之法曰：

> 求条例，奈何？发凡言例，本《礼经》之旧法。《周礼》之列数陈事，条理粲然；此固凡之大者，虽不言凡，而义在赅括可知也。①

其后郑玄注《仪礼》，非但注经，又发为凡例，并善于运用礼例和经文相互比勘进行诠释。对此黄侃指出：

> 郑君注《礼》，大抵先就经以求例，复据例以通经，故经文所无，往往据例以补之，经文之误，往往据例以正之。如：《丧服》齐衰三月章，止言曾祖父母，而《注》兼高祖言之；又"大夫为宗子"，《注》：云"宗子既不降其母，妻亦不降"，此其据例补经也。如《大射仪》："小臣诏揖诸公卿大夫，诸公卿大夫西面北上"，《注》云："上言大夫，误衍耳。"以大夫诸公卿面有异，下又特言揖大夫，大夫皆少进，故知此大夫、大夫四字皆误衍。《聘礼》私觌节，"士介请觌，摈者执上币以出礼请受，宾固辞。"《注》云："固衍字，当如面大夫也。"以下士界面大夫但言宾辞，不言固，故知此固为衍字。此其据例正经也。②

可见，郑玄对于《仪礼》已初步建立了"据例补经""据例正经"的义例。其后贾公彦《仪礼疏》亦常揭例为说。如陈澧《东塾读书记》

① 黄侃：《礼学略说》，见黄侃著，黄延祖重辑：《黄侃国学文集》，中华书局2006年版，第354页。
② 黄侃：《礼学略说》，见黄侃著，黄延祖重辑：《黄侃国学文集》，中华书局2006年版，第355页。

所云：

> 有郑《注》发凡，而贾《疏》辨其同异者。……有郑《注》不云
> "凡"，而与发凡无异，贾《疏》申明为凡例者。……有郑《注》不发
> 凡，而贾《疏》发凡者。……有经是变例，郑《注》发凡而《疏》申
> 明之者。……有《疏》不云凡而无异发凡者。……综而论之，郑、贾
> 熟于经例，乃能作《注》作《疏》；《注》精而简，《疏》则详而密，
> 分析常例、变例，究其因由。①

释例的基本要求在于熟悉经文，郑《注》、贾《疏》对此娴熟，故能
逐步发展出"义例"之说。宋人虽注重心性之学，然而期间如朱熹《仪礼
经传通解》、李如圭《仪礼释宫》、魏了翁《仪礼要义》皆注重释例之阐
发。元、明《仪礼》研究衰微，及至清代，清人复重新揭举"礼例"之
说。如清初万斯大（1633—1683）《仪礼商》归纳饮食之例曰：

> 古者饮食宾客之礼，曰食、曰飨、曰燕。食主于饭而已，其礼
> 简；飨则几设而不倚，爵盈而不饮，礼虽盛而情未洽；惟燕所以示慈
> 惠，主于饮酒，恩意恳欵，尽醉饱之欢，故其用至广。②

又如凌曙（1775—1829），其《礼说》曰：

> 《易》《礼》《春秋》，此皆以例言者也。其中有正例，有变例；且
> 有变例中之正例，有正例中之变例；更有变例中之变例也。参伍错
> 综，非比而同之，不能知也。③

---

① 陈澧著，钟旭元、魏达纯校点：《东塾读书记》，上海古籍出版社2012年版，第132-136页。

② 万斯大：《仪礼商·燕礼》，见万斯大撰，温显贵校注：《经学五书》，华东师范大学出版社2012年版，第194页。

③ 凌曙：《礼说》卷一，《续修四库全书》影印道光九年《皇清经解》本，上海古籍出版社2002年版，第505页。

至于赓续前人，在清代礼学研究史上，凌廷堪可谓抉发礼例一大家。其《礼经释例》一书，成为清人以例治礼的代表作品。彭林誉为："以其高远之识见，独创《仪礼》研究体例，于诸仪中求例，复以诸例求礼，使千年沈滞，为之一扫，《仪礼》之学，顿开生面，成为礼学研究史上的里程碑之作。"①在《礼经释例序》中，凌氏云：

> 《仪礼》十七篇，礼之本经也。其节文威仪，委屈繁重，骤阅之，如治丝而棼，细绎之皆有经纬可分也；乍睹之如入山而迷，徐历之皆有途径可跻也。故不得其经纬途径，虽上哲亦苦其难。苟其得之，中材固可以勉而赴焉。经纬途径之谓何？例而已矣。②

在凌廷堪之后，将这一"释例"之法用之极限的，便是晚清曹元弼。其所撰《礼经校释》"能旁推互勘，以义读正"③，"顺其上下，推其本意，正讹补脱，乙衍改错，不下千余处"④。其《礼经学》，在继承前人基础上，特别注重礼经行文有关凡例的总结，是书卷一"明例"部分，开宗明义即申论礼之大体："曰亲亲、曰尊尊、曰长长、曰贤贤、曰男女有别。"⑤以下并区分为节文等条例、丧服例、宫室例、职官例、经文例、礼通例、记传例、注例、疏例、校贾《疏》举例、读经例、注疏通例等类，可谓集礼例研究之大成。

---

① 彭林：《礼经释例》前言，见凌廷堪撰，彭林点校：《礼经释例》，"中央研究院"中国文哲研究所2002年版，第9页。

② 凌廷堪：《礼经释例》序，见凌廷堪撰，彭林点校：《礼经释例》，"中央研究院"中国文哲研究所2002年版，第37页。

③ 曹元弼撰：《礼经校释·礼经纂疏序》，见《续修四库全书》编纂委员会：《续修四库全书》第94册·经部·礼类，上海古籍出版社2002年版，第538页。

④ 曹元弼著，周洪校点：《礼经学》，北京大学出版社2012年版，第411页。

⑤ 曹元弼著，周洪校点：《礼经学》，北京大学出版社2012年版，第1页。

二、清人运用礼例校勘的成果析论

（一）订正误字、校对衍文

从上文的分析，已可看出清人对于礼例的重视。礼例的研究方法，在清代也达到了一个高峰。清人在从事《仪礼》文本的校勘时，每能自觉运用此法，正讹补缺。其最明显的功能便是据以订正误字、校对衍文。盖各类礼仪皆有规则、各阶级皆有其礼数，若经文出现误字、衍文，亦能予以校正。如：

1.《大射》："一耦出，揖如升射，及阶，胜者先升，升堂少右。"

此为《大射礼》中"饮不胜者"的仪节，根据经文，司射命设丰，司宫士捧丰由西阶升堂，北面坐设于西楹的西边。待其他仪节完成之后，"小射正作升饮射爵者，如作射"，一耦出，"揖如升射，及阶，胜者先升，升堂少右"。郑《注》："先升，尊贤也。少右，辟饮者，亦因相饮之礼然。"贾《疏》："云'亦因相饮之礼然'者，案：乡饮酒、乡射献酬之礼，献者在右，酬者在左，故云'亦'也。"[1]然则，阮元《仪礼注疏校勘记》云："升，《通解》不重。"[2]阮元在此指出存在异文，即《通解》作"胜者先升堂，少右"。比观《乡射礼》同节，云："司射作升饮者，如作射。一耦进，揖如升射。及阶，胜者先升，升堂，少右。"阮校云："徐本、杨氏、敖氏俱重'升'字，《唐石经》《通解》俱不重。"[3]

卢文弨校《乡射》此处，亦以"升"为衍文，云："杨、敖皆重'升'

---

① 郑玄注，贾公彦疏：《仪礼注疏》卷十八，艺文印书馆1976年版，第213页。

② 阮元总纂，徐养原分校，张文整理：《仪礼注疏校勘记》卷七，见刘玉才：《十三经注疏校勘记》第四册，北京大学出版社2014年版，第1914页。

③ 阮元总纂，徐养原分校，张文整理：《仪礼注疏校勘记》卷五，见刘玉才：《十三经注疏校勘记》第四册，北京大学出版社2014年版，第1848页。

字。"①今根据经文之例，郑玄二注并云："先升，尊贤也。"不过欲明先升之意，非谓当于升字断句。且当时情境，乃一耦中二人俱出，胜者先升堂，其升之动作指向者即为堂上，堂上之位次稍右，以便避让，礼意完全。后人不明其意，误于升字逗，而使"堂少右"句不词，遂臆增升字。后武威汉简出土，其简本《泰射》此处正作"胜者先升堂，少右"是汉时传本即如此，益可证今本为衍文。

2.《丧服传》"舅。传曰：何以缌？从服也。"

郑《注》："舅，母之昆弟。从于母而服之。"贾《疏》："传发问者，亦疑于外亲而有服。答从服者，从于母而服之。不言报者，既是母之怀抱之亲，不得言报也。"②答此所言为《丧服》缌麻三月之章，舅与甥相互为服。《丧服》："甥。"传曰："甥者何也？谓吾舅者，吾谓之甥。何以缌也？报之也。"郑《注》："姊妹之子。"依传、注之意，甥为舅是从于母而服丧；舅为甥则是报服，所以不言报者，"既是母之怀抱之亲，不得言报也"。惟此郑《注》"舅，母之昆弟"之"昆弟"，存在异文，明刻如监本、毛本皆作"兄弟"。卢文弨引戴震曰：

> 兄，宋本"昆"。戴云："考篇内及《尔雅·释亲》，皆不称兄弟，母妻之党始称之，不宜溷同。"③

其后，阮元《仪礼注疏校勘记》从之，曰：

> 兄，徐本、《集释》《通解》俱作"昆"，杨氏作"兄"。戴震校《集释》云：考篇内及《尔雅·释亲》，皆不称兄弟，母妻之党始称

---

① 卢文弨著，陈东辉、彭喜双点校：《仪礼注疏详校》，"中央研究院"中国文哲研究所2012年版，第100页。

② 郑玄注，贾公彦疏：《仪礼注疏》卷三十三，艺文印书馆1976年版，第390页。

③ 卢文弨著，陈东辉、彭喜双点校：《仪礼注疏详校》，"中央研究院"中国文哲研究所2012年版，第243页。

之，不宜涸同。①

可见二者同引戴震所校为据。戴震所校正从礼例入手，其所谓"篇内不称兄弟"，核之经文，乃指《丧服》缌麻三月章内，其所列条目，如"族昆弟""从祖昆弟之长殇""从父昆弟""从祖昆弟之子""从母昆弟""君母之昆弟""从父昆弟之子之长殇""昆弟之孙之长殇""为夫之从夫昆弟之妻"等，皆著"昆弟"之名，无兄弟之称。盖缌麻之服，为五服中等级最低的一服。这是"由于周代特别注重宗法，因此形成独尊己族而抑制外亲的现象，而总计外亲之类别，则有母党、妻党与本亲女党三类。虽然外亲有三大类，不过当时服制的规画，对于外亲之服皆以缌麻为正例，而且即使为外亲有服丧之礼，最高也仅及于二世之亲而已，同时还不是对于所有二世之亲皆有服，而且绝无为外亲三世、四世之服"②。是以服术"亲亲"之原则而论，周代社会自然重男系宗亲而以外亲为轻。故《丧服》所规定的服制中，父系长辈直系宗亲之服均在齐衰三月以上，而"外亲"除了外祖父母与从母加服小功之外，其余均为"缌麻三月"之服。其中为母亲昆弟（即舅）、舅之子、从母昆弟服缌麻乃为母党服之正例③。《尔雅·释亲》母妻之党称昆弟，合之礼文，正是这种亲疏关系的体现，是此章所言多言昆弟而不言兄弟之证也。故清人所校为是。

3.《特牲馈食礼》："主人奠觯于荐北。宾坐取觯，还，东面，拜。主人答拜。"

此节经文所涉仪节为祭祀之日，尸入九饭，主人、主妇、宾长三献尸的仪节完成之后，"主人降阼阶，西面拜宾如初，洗"，开始行献宾与兄弟的仪节。前后文为："主人洗觯，宾辞，主人对。卒洗，酌，西面。宾北

---

① 阮元总纂,徐养原分校,张文整理:《仪礼注疏校勘记》卷十一,见刘玉才:《十三经注疏校勘记》,北京大学出版社2014年版,第353页。

② 林素英:《丧服制度的文化意义——以〈仪礼·丧服〉为讨论中心》,台北文津出版社2000年版,第115页。

③ 林素英:《丧服制度的文化意义——以〈仪礼·丧服〉为讨论中心》,台北文津出版社2000年版,第115页。

面拜。主人奠觯于荐北。宾坐取觯，还东面，拜。主人答拜。宾奠觯于荐南，揖，复位。"戴震校《集释》云：

> 案此下各本衍一拜字。考上经"宾北面拜"，主人奠觯于荐北下云"主人答拜"，答宾北面之拜也。宾坐取觯，下乃云"宾坐奠觯于荐南"，宾方执觯在手，不得拜明矣。①

随后，卢文弨《仪礼注疏详校》亦引戴说，谓下"拜"字为衍文②。王引之《经义述闻》亦同戴说，并谓："无宾两拜，主人止答一拜之礼。"③凌廷堪在戴震基础上，更通过礼例指出经文之误其来自："考下文旅酬，'兄弟弟子洗酌于东方之尊，阼阶前北面举觯于长兄弟，如主人酬宾仪'，《疏》云：'如主人酬宾仪者，长兄弟北面拜，弟子奠于荐南，长兄弟坐取觯，还，西面拜，弟子北面答拜，长兄弟奠于荐北，揖复位。'此是贾《疏》由上节经文推出者。还西面拜，与上经还东面拜正同。则戴氏所谓'拜'字误衍者，唐初本已有之，但贾氏未能订正耳。"④胡培翚《仪礼正义》亦云："汪氏中《仪礼》校本删'拜'字，谓无宾两拜、主人止答一拜之理。今案：敖氏、姜氏、蔡氏皆以奠觯于荐北下拜文，盖亦疑经宾两拜主人止答一拜，而不知'还东面'下之'拜'为衍字也。《礼经释例》《经义述闻》皆同戴说。"⑤

主人酬宾，宾北面、东面各拜一拜，主人则答一拜，于《仪礼》礼例不合。从饮酒礼的流程来看，《仪礼》各篇载主人酬宾的礼仪，其中涉及

---

① 沈文倬：《菿闇文存》，商务印书馆2006年版，第664-665页。

② 卢文弨著，陈东辉、彭喜双点校：《仪礼注疏详校》，"中央研究院"中国文哲研究所2012年版，第322页。

③ 王引之撰，虞思征、马涛、徐炜君点校：《经义述闻》，上海古籍出版社2016年版，第621页。

④ 凌廷堪撰，彭林点校：《礼经释例》卷四，"中央研究院"中国文哲研究所2002年版，第205-206页。

⑤ 胡培翚：《仪礼正义》卷三十五，见北京大学《儒藏》编纂与研究中心：《儒藏》（精华编四八），北京大学出版社2016年版，第1599-1600页。

"拜"者，如《乡饮酒礼》："宾西阶上立，主人实觯宾之席前，北面。宾西阶上拜。主人少退。卒拜。进，坐奠觯于荐西。宾辞，坐取觯，复位。主人阼阶上拜送。"又如《乡射礼》："宾西阶上立，主人实觯宾之席前，北面。宾西阶上拜。主人坐奠觯于荐西。宾辞，坐取觯，以兴，反位，主人阼阶上拜送。"再如《燕礼》："主人酌膳，宾西阶上拜。受爵于筵前，反位。主人拜送爵。"

从上数篇礼文可知，一系列的仪节可归纳为：主人实爵之后，宾拜受，宾取爵，主人拜送。而此《特牲馈食礼》中"主人实爵"之后，"宾拜"。宾取觯后，又"东面拜"，与上述礼例为异，无据。因此，清人所谓"拜"为衍文的说法，乃贴合礼例的规则，所校为有理。沈文倬先生结合武威汉简，谓简本此篇正无"拜"字，益证清人之说为可信①。

（二）据以校今古文之取舍

校勘与异文相伴而生。对《仪礼》校勘而言，其区别于其他经书的一大特色便是今古文问题。郑玄在给《仪礼》作注时，凡遇今古文异文，都要做一番校勘，或从今文，或从古文，成为郑注《仪礼》本身的一大内容。今人杨天宇尽索《仪礼》全书中郑玄从今、从古之字例，凡371例，并做了精细的分类。其中直接应用礼例取舍今古文为"据礼制决所从"，其他如据文意、据文例、据上下文以决所从等亦可归于礼例应用者②。阮元《仪礼注疏校勘记·序》云："郑《注》叠古今文，最为详核，语助多寡，靡不悉纪。今校是经，宁详毋略，用郑氏家法也。"③是清人体此，亦多能运用礼例以说明郑《注》取舍之标准。

如《燕礼》："射人纳宾。"郑《注》："今文曰摈者。"

此处仪节为燕礼当日，君臣各就位次之后，射人向国君请宾，国君命

---

① 沈文倬：《菿闇文存》，商务印书馆2006年版，第665页。

② 杨天宇：《郑玄〈三礼注〉研究》，中国社会科学出版社2008年版，第303–313页。

③ 阮元：《仪礼注疏校勘记·序》，见郑玄注，贾公彦疏：《仪礼注疏》，艺文印书馆1976年版，第9页。

宾之后，射人重新纳宾之礼："射人纳宾。宾入，及庭，公降一等揖之。"
郑《注》："射人为摈者也。今文曰'摈者'。"面对"射人"抑或"摈者"
的今古文差异，徐养原以为：《大射》作"摈者"①。

徐氏只指出《大射》异文，未下判断。然推测其语气，似有从"今
文"之义。其所据《大射》云云，实则贾《疏》已言之，曰："案《大射》
大射正摈，此云射人为摈，与上'射人请宾'义同，还是小射正也。"②后
胡承珙《仪礼古今文疏义》曰：

> 案郑云"射人为摈者也"，此经"请宾""命宾"皆射人，若如今
> 文云"摈者纳宾"，则嫌异人，故郑从古文。③

可见，胡氏从关于《燕礼》请宾、命宾皆射人为之的礼例出发，以为
此处若如今文所谓"摈者纳宾"，则予人以其他角色为之，启人疑窦，故
认为郑玄从古文的理由正是从全经的体例考虑，显然较徐养原仅从比对他
篇异文的角度更为详证。后王关仕结合武威汉简本，曰：

> 郑《注》："射人为摈者也，今文曰摈者。"《大射》："摈者纳宾。"
> 甲本同。郑此不从者，以燕礼无射人兼摈者之文，如《大射》"射人
> 请摈，……遂为摈者"，故此不从今文。实今文非是，本篇甲本以下
> 皆称射人。④

王氏于此，同样引用《大射》简本与今本之对比，指出《燕礼》之中
无明确表示"射人兼摈者"的文字，凸显郑玄注经时的慎重。从简本亦可
证，凡"摈者"皆称"射人"，同于古文，可为胡氏之说张本。

---

① 徐养原：《仪礼古今文异同》卷二，见《续修四库全书》编纂委员会：《续修四库全书》第90册·经
部·礼类，上海古籍出版社2002年版，第298页。

② 郑玄注，贾公彦疏：《仪礼注疏》卷十四，艺文印书馆1976年版，第161页。

③ 胡承珙：《仪礼古今文疏义》卷六，湖北崇文书局光绪三年（1877）刻本，第1页下。

④ 王关仕：《仪礼汉简本考证》，学生书局1975年版，第63页。

（三）辨正旧说

文本流传，脱误难免，幸赖有古注存其面目。然注者毕竟属一家之言，其中观念又潜伏其中，如未能独学深思，往往受其误导。而规则的必然性，适可提供辨正旧说的切入角度。

如《士冠礼》："若杀，则特豚，载合升。"郑《注》："凡牲皆左胖。"

此见于郑《注》《士冠礼》中夏殷冠子之法用醮礼一节。郑《注》所以用夏殷之法为说，乃为了区别上文宾与冠者以醴行礼之法，自有其三礼体系方面建构之考虑。郑氏认为用酒行醮礼，为"夏殷之礼"，"国有旧俗，圣人用焉不改者也"。贾《疏》释之为："自此（若不醴，则醮用酒）上说周礼冠子之法，自此下'至取笾脯以降，如初'，说夏殷冠子法。"①贾公彦作《疏》，主阐郑学，不得不沿袭郑玄脉络，以醮为"夏殷之法"，区别于周礼，则牲用左胖，亦成为夏殷旧俗，与周相异。其曰：

> 案《特牲》《少牢》皆用右胖，《少仪》云："大牢则以牛左肩折九个"，为归胙用左，则用右而祭之。《乡饮酒》《乡射》主人用右体，生人亦与祭同用右者，皆据周而言也。此云"用左"，郑据夏、殷之法，与周异也。但《士虞》丧祭用左，反吉故也。②

贾公彦在此，检视《仪礼》经文，发现用牲礼例与此郑《注》所言不合，然在回护郑《注》的前提下，仍用夏殷之法作了诠释。此后宋人魏了翁、李如圭皆从其说，历代刻本此处皆作"左"字。直到清人始对郑《注》"左"字发生置疑。褚寅亮以为：

> 左字，疑右字之讹。盖诸吉礼皆升右胖，而此注言凡，则是解全经之通例，何凡背经而云左？斯不然矣。《疏》不悟其讹，乃云据夏、

① 郑玄注,贾公彦疏:《仪礼注疏》卷三,艺文印书馆1976年版,第29页。
② 郑玄注,贾公彦疏:《仪礼注疏》卷三,艺文印书馆1976年版,第29页。

殷法，曲说也。①

其他如沈彤《仪礼小疏》亦云："'凡牲，皆用左胖'，亦误。"②盛世佐《仪礼集编》："《注》左胖之左，恐是右字之讹。"③卢文弨《仪礼注疏详校》直接了断曰："凡'牲皆用左（必是'右'字误），胖'。"④凌廷堪《礼经释例》详考经文仪节，提出"凡牲皆用右胖，唯变礼反吉用左胖"的礼例，并言："窃谓注凡牲皆用左胖，当作'右胖'，'左'字盖传写之误。"⑤

盖根据礼例，如《乡饮酒礼》："宾俎，脊、胁、肩、肺。主人俎，脊、胁、臂、肺。介俎，脊、胁、肫、胳、肺。皆右体，进腠。"《乡射礼·记》："宾俎，脊、胁、肩、肺。主人俎，脊、胁、臂、肺。皆右体也。进腠。"郑《注》："右体，周所贵也。"此为嘉礼用右胖也。《少牢馈食礼》实鼎，"司马升羊右胖，髀不升"，郑《注》："上右胖，周所贵也。"又云："司士升升豕右胖，髀不升。"《有司彻》："司马枡羊，亦司马载。载右体。"此皆吉礼用右胖也。惟《既夕礼》大遣奠陈鼎："其实：羊左胖，髀不升。"注："反吉也。"《士虞礼·记》豚解，"升左肩"，是反吉用左胖，乃《仪礼》中规则。此处《士冠礼》，人道之始，属嘉礼，亦应用"右胖"。清人依据礼例，实事求是，所校比之贾公彦牵强回护之说，更为合理。

---

① 褚寅亮：《仪礼管见》卷上之一，见王云五：《丛书集成初编》，商务印书馆1935年版，第8页。

② 沈彤：《仪礼小疏》卷二，见《景印文渊阁四库全书》第109册，台湾商务印书馆1983年版，第918页。

③ 盛世佐：《仪礼集编》卷二，见《景印文渊阁四库全书》第110册，台湾商务印书馆1983年版，第112页。

④ 卢文弨著，陈东辉、彭喜双点校：《仪礼注疏详校》，"中央研究院"中国文哲研究所2012年版，第31页。

⑤ 凌廷堪撰，彭林点校：《礼经释例》卷五，"中央研究院"中国文哲研究所2002年版，第273页。

（四）后出转精，校前人所未校

礼例的运用需要对礼文的熟练为前提，越是细微之处越能见出校勘者对于经文熟识与领会的深浅。如曹元弼的《礼经校释》，其所以能在卢文弨、阮元、胡培翚之后，取得卓越校勘之成绩，端赖这一方法的运用，其中多有校前人所未校者。如：

1.《士冠礼》"乃宿宾。宾如主人服，出门左，西面，再拜。主人东面，答拜"。

贾《疏》："凡宿宾之法，案《特牲》云前期三日筮尸，乃宿尸。厥明夕陈鼎，则前期二日宿之也。《少牢》'筮吉'下云'宿'，郑注云'大夫尊，仪益多，筮月既戒诸官以齐戒矣，至前祭一日又戒以进之，使知祭日当来'，又云'前宿一日，宿戒尸'，注云'先宿尸者，重所用为尸者，又为将筮'，'吉，则乃遂宿尸'，是前祭二日筮尸讫宿尸，至前祭一日又宿尸，天子、诸侯祭前三日宿之，使致齐也。"①

在此，贾《疏》详细申发了宿宾之例。然其"前祭二日筮尸讫宿尸，至前祭一日又宿尸"明显与《少牢》所述有别，文字之间似有讹误。根据祭祀的仪节，举行祭礼的前两天，要先前往招请可以担任尸的人。第二天早晨，也就是祭前一日，再用占筮来确定用谁为尸。占卦结果如果吉利，主人再前往尸家招请。此即《少牢馈食》所谓："前宿一日，宿戒尸。明日朝筮尸，如筮日之礼。……吉则乃遂宿尸，祝摈。"据敖继公说，凡可为尸者，都宿戒之，然后通过占筮来确定谁为祭祀当日所用尸。可见，宿尸在前，筮尸在后。若占卜得吉，再往而宿尸。然无论卢文弨抑或阮元诸人皆未指出，惟曹元弼《礼经校释》曰：

> "前祭二日筮尸讫宿尸，至前祭一日又宿尸"，校曰当为是"前祭

---

① 郑玄注，贾公彦疏：《仪礼注疏》卷一，艺文印书馆1976年版，第7页。

二日宿尸，至前祭一日筮尸讫，又宿尸"。①

曹氏此处的说法，方合乎礼例。若如诸本，则显然未见贾《疏》真面。然此等，非熟读经文，详体礼例，旁人难以觉察，正可见曹氏之超卓。

2.《士相见礼》："主人请见，宾反见，退。主人送于门外，再拜。"

此记士相见之礼，郑《注》："请见者，为宾崇礼来，相接以矜庄，欢心未交也，宾反见则燕矣。下云'凡燕见于君'至'凡侍坐于君子'博记反见之燕义。"贾《疏》释之曰：

云"宾反见则燕矣"者，上《士冠》礼宾、《士昏》纳采之等，礼记皆有礼宾、飨宾之事，明此行礼，主人留必不虚，宜有燕欢，故云"则燕矣"。②

贾《疏》中"礼记"二字，文义不明。对此，卢文弨引浦镗之说，谓："下'礼记'二字，浦云衍。"③然自宋单疏本以下无异文，皆作"礼记"。阮元《仪礼注疏校勘记》未见出校。惟曹元弼指出：

礼记皆有礼宾，校曰："记"当为"讫"。④

曹元弼以为贾《疏》中"礼记"当为"礼讫"之误。核之礼文，宾主

---

① 曹元弼撰：《礼经校释》卷一，见《续修四库全书》编纂委员会：《续修四库全书》第94册·经部·礼类，上海古籍出版社2002年版，第120页。

② 郑玄注，贾公彦疏：《仪礼注疏》卷七，艺文印书馆1976年版，第71页。

③ 卢文弨著，陈东辉、彭喜双点校：《仪礼注疏详校》，"中央研究院"中国文哲研究所2012年版，第58页。

④ 曹元弼撰：《礼经校释》卷三，见《续修四库全书》编纂委员会：《续修四库全书》第94册·经部·礼类，上海古籍出版社2002年版，第148页。

人行礼既毕，必有礼宾及傧使者之礼，所以"申主人之敬也"①。《士冠礼》宾字冠者毕，"宾出，主人送于庙门外。请醴宾，宾礼辞，许"。下"冠者见君与乡大夫先生"毕，"乃醴宾以一献之礼"。《士昏礼》纳采问名礼毕，傧者"出请醴宾"。郑《注》："此醴亦当为礼。"《聘礼》聘享礼毕，"宾奉束锦以请觌。傧者入告，出辞。请礼宾，宾礼辞，听命"。是礼例，皆有礼宾之事。此处贾《疏》所引《士冠》《士昏》正是反映此一行为，故所谓"礼记"为"礼讫"，当是形近而讹，日本学者仓石武四郎《仪礼疏考正》即以为曹元弼根据礼例校正之，较浦镗所云为优长②。

3.《聘礼》："习夫人之聘享亦如之。习公事，不习私事。"贾《疏》："是又问卿讫，宾西面如觌币，入门右。"

《聘礼》仪节，自命使、授币、将行告祢、受命遂行至过邦假道之后，有"豫习威仪"之节目，其经文曰："未入境，壹肆。为坛坛，画阶，帷其北，无宫。朝服，无主，无执也。介皆与，北面，西上。习享，士执庭实，习夫人之聘享亦如之。习公事，不习私事。"意谓：将至所聘国而尚未入境时，要演习一次聘问的仪节。以堆土为坛像堂，画出堂阶，在北边帷幕，但无须标出宫的围墙。演习时，宾穿着朝服，不设主人，也不捧圭，众介皆参与。演习献享时，士介拿着礼物（庭实），演习聘问和献夫人的礼仪也一样，只演习公事，个人私下拜访的礼仪就不再演习。体现了对于所聘之事慎重的礼义。

曹氏对贾《疏》中"宾西面如觌币"的文字，指出"西"字为衍文③。对此，无论卢文弨抑或阮元，在其著作中皆未出校，而单疏本与此相同，亦留有"西"字。仔细分析，可知曹氏此处根据的实乃《聘礼》实行的礼例和前后的文例。根据贾《疏》"私事者，谓私觌于君，私面于卿大夫"可知，《聘礼》在聘享的主要仪节之后，尚有私觌和私面的仪节，而经文

---

① 凌廷堪撰，彭林点校：《礼经释例》卷六，"中央研究院"中国文哲研究所2002年版，第308页。

② 仓石武四郎：《仪礼疏考正》，崇文书局2018年版，第68页。

③ 曹元弼撰：《礼经校释》卷九，见《续修四库全书》编纂委员会：《续修四库全书》第94册·经部·礼类，上海古籍出版社2002年版，第271页。

于"宾朝服问卿"一节，曰："摈者出请事，宾面，如觐币。"郑《注》："面，亦见也，其谓之面，威仪质也。"可见，此处的"面"乃是一种礼仪的专称，并非面向之意，故前所述"宾西面如觐币"的"西"确有可能为衍文。

总之，如上举诸例，皆可见曹氏运用礼例，对于细微之处或前人所忽略方面的处理，确有胜于前贤之所在。这也提醒我们在评价曹氏《礼经校释》一书时，必须特别注意礼例法在其中的作用。

三、运用礼例校勘的问题与不足

上文所举，已足见礼例在校勘上的功效。然而，清人运用礼例校勘固然取得极大的成就，但亦存在某些问题或不足。

第一，礼例是一种解经方法，运用这种方法来校勘，它必然受到方法本身的限制。即郑雯馨所言："推次法根植于礼例的'必然性'，即同类的礼文应具有固定、一致的现象与规则，礼意、礼文二者之间应具有固定的关系。反之，若礼意、礼文与礼例不一致，将使类推产生问题。于是，礼文现象与规则的对应是否固定、一致，礼意解释是否合宜，不仅是影响礼例是否成立、推论是否合宜的关键，也会涉及礼例解经的可信度与经典的意涵。"①在这一前提上，郑氏得出"判断礼例的解经效用，当可从礼意、礼文的结构加以讨论"的观点②。其所言虽然是从解经入手，但对于校勘同样适用，即礼例常常忽视特殊情况或语境之间的细微区别从而导致判断的误差。

如《乡饮酒礼·记》："宾俎：脊、胁、肩、肺。主人俎：脊、胁、臂、肺。介俎：脊、胁、胏、胳、肺。肺皆离。皆右体，进腠。"对此，

① 郑雯馨：《论〈仪礼〉礼例研究法——以郑玄、贾公彦、凌廷堪为讨论中心》，台湾大学博士论文，2013年，第258页。

② 郑雯馨：《论〈仪礼〉礼例研究法——以郑玄、贾公彦、凌廷堪为讨论中心》，台湾大学博士论文，2013年，第258页。

郑《注》谓:"凡牲前胫骨三:肩、臂、臑也;后胫骨二:膊、胳也。尊者俎尊骨,卑者俎卑骨。《祭统》曰:'凡为俎者,以骨为主,骨有贵贱。凡前贵后贱。'"郑玄应用"尊者俎尊骨,卑者俎卑骨"的礼例,指出宾、主人、介之俎代表的是各自的身份尊卑。然而郑玄并未解释除了肺之外,何以介俎用"脊、胁、肫、胳"四体的缘故,和其所言"凡俎实之数,奇"相矛盾,且四体之数多于主人和宾,尊卑不伦,不符合礼例。对此,朱子《仪礼经传通解》曰:

> 今按,"介俎,脊、胁、肫、胳、肺",印本"胳"上有"肫"字,然《释文》无音,《疏》又云"有臑肫而介不用",明本无此字也。成都石经亦误。今据音、《疏》删去。[1]

可见朱子据贾《疏》和陆德明《经典释文》,认为此处"肫"为衍文。此后,敖继公及明监本、乾隆殿本等多依朱子所见校改。如敖继公谓:

> 《疏》云"介用胳",又云"或有肫、胳两言者"云云。又《释文》此处无"肫"音,至下乃音之。今据《释文》与《疏》之前说,则"胳"上固无"肫"字。又考《疏》之后说,则是作疏之时,或本已有两言"胳、肫"二字者矣。是盖后人妄增之,而当时无有是正之者,故二本并行。其后石经与印本但以或本为据,所以皆误。今从《通解》删之。[2]

然而卢文弨校曰:

> "肫",石经有,朱删。以《疏》云"有臑肫,而介不用",明本无此字也。金案:"《疏》又云'或有介俎肫胳,两言者,欲见用体

---

[1] 朱熹著,黄幹编:《仪礼经传通解正续编》卷七,北京大学出版社2012年版,第196页。

[2] 敖继公撰,何俊主持整理,孙宝点校:《仪礼集说》卷四,上海古籍出版社2017年版,第178页。

无常，若有一大夫，即介用肫，若有二大夫，则介用胳，故肫胳两见亦是也'。又案前经乃'设折俎下'，疏引此《记》亦有'肫'字，则贾《疏》所据之本明有'肫'字。今官本亦删之，非是。"①

卢文弨引金日追之说及自己所见，指出贾公彦作《疏》时，所见之《仪礼》已有两种不同的本子，一有"肫"，一无"肫"。贾《疏》原文作：

> 或有介俎肫胳不言者，欲见用体无常，若有一大夫即介用肫，若有二大夫则介用胳，故肫、胳两见亦是也。②

由此可见，贾公彦作《疏》时，也有作"肫胳"的本子，且其认为，"肫胳"两字并存，乃视一大夫、二大夫情境之不同，于经义上言之成理，因此无法判断二本之是非。如果照朱子所说删去"肫"字，则贾《疏》"肫胳两见"的说法就不可通了。阮元对此问题的看法，前后颇为有趣，其《仪礼石经校勘记》引朱子《通解》之说，删去"肫"字，又曰：

> 贾或本有"肫"字，益可知正本无"肫"字矣。前经乃设折俎下，《疏》引此处经文有"肫"字者，据或本也。盖用体无常，举一可概其余。故《乡射·记》云："获者之俎，折脊、胁、肺、臑。"《注》云："臑，若膊、胳、觳之折，以大夫之余体。"郑兼举者，如《疏》所言：大夫一人，获者即得膊；大夫二人，获者即得胳；大夫三人，获者即得觳也。若必肫胳兼举之，则《乡射·记》"脊、胁、肺、臑"之下何以不兼言"膊、胳、觳"乎？③

---

① 卢文弨著，陈东辉、彭喜双点校：《仪礼注疏详校》，"中央研究院"中国文哲研究所2012年版，第77-78页。

② 郑玄注，贾公彦疏：《仪礼注疏》卷十，艺文印书馆1976年版，第104页。

③ 阮元：《仪礼石经校勘记及其他二种》卷一，新文丰出版有限股份公司1984年版，第29-30页。

阮元认为，即使"兼举"，不必一一道明。以《乡饮酒礼·记》和《乡射·记》互勘，以为"肫"字可删，是从朱子之说。可是，到了《仪礼注疏校勘记》，其说法则变成：

> "胳"上，《唐石经》、徐本、《集释》、杨氏俱有"肫"字；《通解》、敖氏无。朱子曰……敖氏曰："疏云'或有肫胳两言者'云云，则是作《疏》之时或本已有两言'肫胳'二字者矣，是盖后人妄增之，而当时无有是正之者，故二本并行。其后《石经》与印本但以或本为据，所以皆误。今从《通解》删之。"○按，贾云"肫胳两见亦是也"。又前（"乃设折俎"）疏云"下有介俎脊胁肫胳"仍有"肫"字，则贾所据之本虽无"肫"字，亦不以有"肫"为非。[1]

这里圆圈后意见根据贾公彦所说，又认为"肫"不一定是衍文，似乎不认同朱子删去"肫"的做法。根据常规的礼例，介俎自然是"脊、胁、胳、肺"，然而贾《疏》当时已有"肫"、无"肫"两本，且其认为后者在经义上亦可通。胡培翚执着于郑《注》礼例，因朱子、敖继公之说，认为贾《疏》"或本"两言的说法，是后人妄增之[2]。但既然唐时已有此现象，且贾《疏》特别提出来说明，在没有其他有力证据的情况下，仅凭通常情况下的礼例，是否可以径行删去呢？

第二，礼例毕竟属于一种推论，自有其不周延性。在出现新的版本之后，很容易被证伪或推翻，乃至得出更确切的答案。

如《士相见礼》："非以君命使，则不称寡。大夫、士，则曰寡君之老。"郑《注》："谓摈赞者辞也。不称寡者，不言寡君之某，言姓名而已。大夫卿士其使，则皆曰寡君之某，《檀弓》曰：士而未有禄者，君有馈焉

---

① 阮元总纂，徐养原分校，张文整理：《仪礼注疏校勘记》卷四，见刘玉才：《十三经注疏校勘记》，北京大学出版社2014年版，第1824页。

② 胡培翚：《仪礼正义》卷七，见北京大学《儒藏》编纂与研究中心：《儒藏》（精华编四七），北京大学出版社2016年版，第341页。

曰献，使焉曰寡君之老。"

今案此句经文难明，郑《注》亦未注明，诸家校注亦纷纷难决，卢文弨《仪礼注疏详校》曰：

> 敖云："此文不可强通。或曰'君之老'与'大夫士'之文宜易处，盖传写者因'寡'字之同而误也，未审是否。"盛则以"不称寡大夫"为句，下依《玉藻》之文，改作"公士摈，则曰寡君之老"，此与注疏不相合。戴则以"士则曰"三字为衍文。文弨案：数说之中，戴说近是。①

此处，戴震以为衍文，阮元《仪礼注疏校勘记》未出校。其后王引之《经义述闻》在戴震基础之上，进一步校正曰：

> "非以君命使，则不称寡大夫"，此下《唐石经》及各本俱有"士"字。案《疏》曰："经直云'大夫'，郑兼云'士'者，经本文是'士'，则云'非以君命使'，可以兼士也。"据此，则"大夫"下本无"士"字，特以本篇是士相见礼，故《注》兼士言之耳。经文"士"字，后人所加。今依戴氏所校《集释》删正。②

又曰：

> "寡大夫"下"则曰"二字，因下文"士大夫则曰下臣"而衍也。……郑注《玉藻》"公士摈"节曰："谓聘也。大聘使上大夫，小聘使下大夫。"然则大夫以君命使，则摈者称寡大夫、寡君之老；非以君命使，则不称寡大夫、寡君之老矣。郑不悟"则曰"之为衍

---

① 卢文弨著，陈东辉、彭喜双点校：《仪礼注疏详校》，"中央研究院"中国文哲研究所2012年版，第62页。

② 王引之撰，虞思征、马涛、徐炜君点校：《经义述闻》，上海古籍出版社2016年版，第566页。

文，而读"大夫"下属，且以"不称寡"为句，非也。敖继公见俗本"大夫"下有"士"字，乃谓"君之老与大夫士之文宜易处"，尤误。①

二家从礼文义例结合文辞出发，所校似令人信服，然今武威汉简出土，取以核之，简本作"非以君命使，则不称寡。大夫则曰：寡君之恭"，无"士"字。对此，沈文倬校曰：

此节注家均依《玉藻》立解，"谓摈赞者之辞"，乃使臣之摈者对主国称其使臣之称谓。此礼主于士，上句指士为摈者，非以君命出使；如使臣为卿则不称"寡君之老"；使臣为大夫则不称"寡"，寡即寡大夫。下句连类而及大夫为摈者，今本作"大夫士"，与上句矛盾，无法通释。戴震以下，均以为文有讹舛，或说"士则曰"三字衍文；或说误"使"为"士"，迄无定论。得简本而知本无"士"字，则此大夫为摈者，使臣当为卿，仍称寡君之老。今本误衍"士"字。②

可见戴震、王引之虽发现问题，并尝试运用礼例以校正，但终因方法本身的限制，在简本出土之后，比较而观，便显得终未圆满。此正礼例不足之一例。

第三，当礼例和版本之间，皆有根据时，如何取舍的问题。如《士昏礼·记》："纳征。执皮，摄之，内文，兼执足，左首。"南昌府学本《仪礼注疏》所附《校勘记》，于"执皮者"下曰：

执皮者，《要义》同。毛本下有二人两字。③

① 王引之撰，虞思征、马涛、徐炜君点校：《经义述闻》，上海古籍出版社2016年版，第566-567页。
② 沈文倬：《菿闇文存》，商务印书馆2006年版，第82页。
③ 南昌府学本《仪礼注疏附校勘记》，见郑玄注，贾公彦疏：《仪礼注疏》卷六，艺文印书馆1976年版，第67页。

然而文选楼单行本《校勘记》则作："单疏、《要义》俱无二人两字，是也。"①此可见南昌府学本《校勘记》对于文选楼本的加工处理。然则，所谓毛本之"执皮者二人"的异文，究竟是毛本讹误，还是宋单疏本为确呢？

根据经文，纳征时"玄纁束帛、俪皮"，郑《注》："俪，两也。"可见有两张鹿皮。张尔岐《仪礼郑注句读》谓：

> 纳征之礼，宾执束帛入，别有二人执皮，以为庭实。其执之之法，襞摄之，使文在内，两手兼执其四足，首向左，二人相随入门，至庭，则并立，以西为上，三分庭之一而在其南。②

参之《聘礼》聘享仪节，"摈者出请。宾裼，奉束帛加璧享。摈者入告，出许。庭实，皮则摄之，毛在内，内摄之，入设也。宾入门左，揖让如初，升致命，张皮"。是两者仪节相似，可借以比勘。尊此礼例，当有二人执皮，则毛本作"二人执皮"反合于礼例。然则宋单疏本、宋人著作等皆无此二字。从时间上来说，宋本自然较为可靠，且有此二字者为向来被人所指摘的毛氏汲古阁本，故阮元《仪礼注疏校勘记》起先从宋本，后校刻《十三经注疏》时，虽未明确表态，但用语已然不同。显见彼已有见于礼例之规则，然囿于版本，只轻轻提出，改易用语，以待后人。此等处，正可见礼例与版本之间的冲突，校勘者作何取舍的问题。

最后，礼例作为一种方法，除本身的不周延性之外，也有赖学者本身对经文、礼例的熟悉程度如何，故在具体校勘的运用上，常会存在忽略、漏校的情况。

如《公食大夫礼》："公入门左，公再拜。宾辟，再拜稽首。"

此乃宾入拜至之仪节，郑《注》以为："左，西方，宾位也。"经文言

---

① 阮元总纂，徐养原分校，张文整理：《仪礼注疏校勘记》卷二，见刘玉才：《十三经注疏校勘记》，北京大学出版社2014年版，第1785页。

② 张尔岐：《仪礼郑注句读》卷二，学海出版社1981年版，第95页。

"公入门左",而郑玄指出西方为"宾位"。根据礼例:"凡入门,宾入自左,主人入自右。"[①]显示二者体敌,表达对宾客的尊敬。如《士相见礼》:"宾奉执,入门左。"《乡饮酒礼》:"宾厌介,入门左。"此为宾入自左。又《士相见礼》"主人揖,入门右",《有司彻》"主人揖,先入门右",此皆主人入自右也。惟"凡以臣礼见者,则入门右"[②]。如《燕礼》:"小臣纳卿大夫,卿大夫皆入门右。"《大射》:"小臣师纳诸公、卿大夫,诸公、卿大夫皆入门右。"盖为臣者不敢与君亢礼,故从门右入,以示臣属。

此处《公食大夫礼》,乃"主国君以礼食小聘大夫之礼"[③],以君臣、宾主礼而言,公为国君、主人,无入门左之理,而且此时公在"门内"候宾,不可能出现"入门左",因此经文的"公"字当为"宾"字之误。核之仪节,上言"公如宾服,迎宾于大门内。大夫纳宾",下接"宾入门左,公再拜。宾辟,再拜稽首"。前后衔接流畅。所以此处宾入"门左"者,因国君视此大夫为宾客,为之设食款待,不以臣属视之也。如此礼例明白易见,然则阮元《仪礼注疏校勘记》却未能校正,实属于漏校也。

四、结论

过去学界论清人《仪礼》校勘之特色,往往从与石经互勘、广求善本以对校、运用《经典释文》《说文》等小学校经以及长于理校等方面论述之。此类说法固然有道理,然而仔细检讨清代关于《十三经》的校勘,无不知利用唐刻石经、《经典释文》、《说文解字》,对于善本的寻访与搜求,更是校勘之先务。单纯理校之法,亦很难成为《仪礼》校勘的特色,毕竟这一方法对于所有文本的校勘都存在一定的适用性。在这些论述的基础上,如何拓展、深化,从而提炼出清代《仪礼》校勘的独有特色是本文尝试解决的一大问题。

---

① 凌廷堪撰,彭林点校:《礼经释例》卷一,"中央研究院"中国文哲研究所2002年版,第75页。

② 凌廷堪撰,彭林点校:《礼经释例》卷一,"中央研究院"中国文哲研究所2002年版,第77页。

③ 郑玄注,贾公彦疏:《仪礼注疏》卷二十五,艺文印书馆1976年版,第299页。

　　就本附录所见，清人运用礼例这一治经方法以从事《仪礼》文本的校勘，堪称其区别于其他经书校勘的一大特色，可称之为"以例校礼"。前人虽有鉴于此，但皆未暇深论。本附录从分析礼例的内涵与历史发展入手，结合清人《仪礼》校勘的实例，较为深入细致地探讨了这一现象，似可为以往之补充。就其功用而言，这一方法，在订正误字、校对衍文，对今古文之取舍，辨正旧说，于细微之处校前人所未校等四个方面，皆拥有不俗的表现。但礼例是一种解经方法，运用这种方法来校勘，它必然受到方法本身的限制，如具有对文本特殊语境的忽视、因属推论而在新出版本证据面前很容易被证伪或推翻、当礼例和版本之间皆有根据时如何取舍以及受限于学者本身的礼学素养而漏校等方面的问题。

　　总之，运用礼例在清人《仪礼》校勘中确实发挥了重要的作用，取得了显著成果的同时，也无法避免问题的存在，这提示我们必须从实例出发，辩证看待。

参考文献

一、曹元弼相关著作

［1］曹元弼：《复礼堂文集》，文史哲出版社1973年版。

［2］曹元弼：《礼经校释》，《续修四库全书》编纂委员会：《续修四库全书》第94册·经部·礼类，上海古籍出版社2002年版。

［3］曹元弼著，周洪校点：《礼经学》，北京大学出版社2012年版。

［4］曹元弼著，宫志翀点校：《孝经学》，中国社会科学出版社2018年版。

［5］崔燕南：《曹元弼友朋书札》，上海人民出版社2018年版。

［6］干春松、陈壁生：《曹元弼的生平与学术》，中国人民大学出版社2018年版。

［7］曹元弼著，复旦大学图书馆古籍部编：《复礼堂遗书》，中华书局2019年版。

［8］曹元弼著，吴小锋整理：《周易集解补释》，上海人民出版社2019年版。

［9］曹元弼著，宫志翀点校：《孝经郑氏注笺释》，中国社会科学出版社2020年版。

［10］曹元弼著，李科整理：《曹元弼日记》，凤凰出版社2020年版。

［11］曹元弼撰，刘增光整理：《曹元弼孝经学著作四种》，上海古籍出版社2021年版

［12］曹元弼著，周小龙点校：《周易学》，中国社会科学出版社2021

年版。

［13］曹元弼著，许超杰、王园园点校：《复礼堂述学诗》，中国社会科学出版社2022年版。

二、传统文献

［1］郑玄注，贾公彦疏：《仪礼注疏》，艺文印书馆1976年版。

［2］郑玄注，孔颖达正义：《礼记注疏》，艺文印书馆1976年版。

［3］何晏集解，邢昺疏：《论语注疏》，艺文印书馆1976年版。

［4］杜预撰，孔颖达正义：《春秋左传正义》，艺文印书馆1976年版。

［5］贾公彦：《仪礼疏》，上海书店1984年版。

［6］魏征等撰，曾贻芬校注：《隋书经籍志校注》，商务印书馆2021年版。

［7］李如圭：《仪礼集释》，大通书局1970年版。

［8］章锡琛：《张载集》，中华书局1978年版。

［9］程颢、程颐：《二程集》，中华书局1981年版。

［10］晁说之：《儒言》，《景印文渊阁四库全书》第698册，台湾商务印书馆1985年版。

［11］朱熹撰，朱杰人、严佐之、刘永翔主编：《朱子全书》，上海古籍出版社、安徽教育出版社2002年版。

［12］朱熹：《朱子语类》，中华书局2004年版。

［13］朱熹：《四书章句集注》，中华书局2011年版。

［14］周敦颐：《通书》，上海古籍出版社2012年版。

［15］朱熹著，黄幹编：《仪礼经传通解正续编》，北京大学出版社2012年版。

［16］朱熹撰，廖名春点校：《周易本义》，中华书局2013年版。

［17］敖继公撰，何俊主持整理，孙宝点校：《仪礼集说》，上海古籍出版社2017年版。

［18］胡承珙：《仪礼古今文疏义》，湖北崇文官书局光绪三年（1877）

刻本。

［19］张之洞：《设立存古学堂折》，《湖南官报》第 891 号，光绪三十年（1904）十二月初九版。

［20］褚寅亮：《仪礼管见》，王云五：《丛书集成初编》，商务印书馆 1935 年版。

［21］江永：《礼书纲目》，台联国风出版社 1974 年版。

［22］张尔岐：《仪礼郑注句读》，学海出版社 1981 年版。

［23］傅恒等：《御纂诗义折中》，《景印文渊阁四库全书》第 84 册，台湾商务印书馆 1983 年版。

［24］吴廷华：《仪礼章句》，《景印文渊阁四库全书》第 109 册，台湾商务印书馆 1983 年版。

［25］沈彤：《仪礼小疏》，《景印文渊阁四库全书》第 109 册，台湾商务印书馆 1983 年版。

［26］鄂尔泰等：《钦定仪礼义疏》，《景印文渊阁四库全书》第 106—107 册，台湾商务印书馆 1983 年版。

［27］盛世佐：《仪礼集编》，《景印文渊阁四库全书》第 110—111 册，台湾商务印书馆 1983 年版。

［28］毛奇龄：《春秋毛氏传》，《景印文渊阁四库全书》第 176 册，台湾商务印书馆 1983 年版。

［29］阮元：《仪礼石经校勘记》，新文丰出版公司 1984 年版。

［30］王栻：《严复集》，中华书局 1986 年版。

［31］苑书义、孙华峰、李秉新：《张之洞全集》，河北人民出版社 1998 年版。

［32］徐养原：《仪礼古今文异同》，《续修四库全书》编纂委员会：《续修四库全书》第 90 册·经部·礼类，上海古籍出版社 2002 年版。

［33］程瑶田：《仪礼丧服文足征记》，《续修四库全书》编纂委员会：《续修四库全书》第 95 册·经部·礼类，上海古籍出版社 2002 年版。

［34］凌曙：《礼说》，《续修四库全书》影印道光九年《皇清经解》本，上海

古籍出版社2002年版。

[35]凌廷堪著,彭林点校:《礼经释例》,"中央研究院"中国文哲研究所2002年版。

[36]张之洞:《劝学篇》,上海书店出版社2002年版。

[37]胡培翚著,黄智明点校:《胡培翚集》,"中央研究院"中国文哲研究所2005年版。

[38]黄宗羲:《黄宗羲全书》,浙江古籍出版社2005年版。

[39]段玉裁著,赵航、薛正兴整理:《经韵楼集:附补编·两考》,凤凰出版社2010年版。

[40]黄以周撰,王文锦点校:《礼书通故》,中华书局2010年版。

[41]陈澧著,钟旭元、魏达纯校点:《东塾读书记》,上海古籍出版社2012年版。

[42]李慈铭撰,刘再华校点:《越缦堂诗文集》,上海古籍出版社2012年版。

[43]万斯大撰,温显贵校注:《经学五书》,华东师范大学出版社2012年版。

[44]胡承珙撰,郭全芝校点:《毛诗后笺》,黄山书社2014年版。

[45]皮锡瑞著,周予同注释:《经学历史》,中华书局2014年版。

[46]卢文弨著,王文锦点校:《抱经堂文集》,中华书局2015年版。

[47]王引之撰,虞思徵、马涛、徐炜君校点:《经义述闻》,上海古籍出版社2016年版。

[48]胡培翚:《仪礼正义》,北京大学《儒藏》编纂与研究中心:《儒藏》(精华编四七、四八),北京大学出版社2016年版。

[49]阮元总纂,徐养原分校,张文整理:《仪礼注疏校勘记》,刘玉才:《十三经注疏校勘记》第四册,北京大学出版社2016年版。

[50]陈奂撰,滕志贤整理:《诗毛氏传疏》,凤凰出版社2018年版。

[51]皮锡瑞:《经学通论》,中华书局2018年版。

[52]秦蕙田撰,方向东、王锷点校:《五礼通考》,中华书局2020年版。

［53］盛世佐撰，袁茵点校：《仪礼集编》，浙江大学出版社2022年版。

三、学术著作

［1］王关仕：《仪礼汉简本考证》，学生书局1975年版。

［2］顾颉刚著，王煦华辑：《苏州史志笔记》，江苏古籍出版社1987年版。

［3］邹昌林：《中国古礼研究》，台北文津出版社1992年版。

［4］王叔岷：《斠雠学》，"中央研究院"历史语言研究所1995年版。

［5］王欣夫：《吴县曹先生行状》，卞孝萱、唐文权：《民国人物碑传集》，团结出版社1995年版。

［6］钱穆：《中国文化史导论》，商务印书馆1996年版。

［7］钱玄：《三礼通论》，南京师范大学出版社1996年版。

［8］陈垣：《校勘学释例》，上海书店出版社1997年版。

［9］钱穆：《国学概论》，商务印书馆1997年版。

［10］罗素著，靳新国等译：《罗素文集》，内蒙古人民出版社1997年版。

［11］林素英：《丧服制度的文化意义——以〈仪礼·丧服〉为讨论中心》，台北文津出版社2000年版。

［12］蒋秋华：《乾嘉学者的治经方法》，"中央研究院"中国文哲研究所2000年版。

［13］吴展良：《中国现代学人的学术性格与思维方式论集》，五南出版社2000年版。

［14］陈寅恪：《陈寅恪集：诗集》，生活·读书·新知三联书店2001年版。

［15］钱穆：《现代中国学术论衡》，生活·读书·新知三联书店2001年版。

［16］林存阳：《清初三礼学》，社会科学文献出版社2002年版。

［17］钟彩钧：《朱子学的开展——学术篇》，汉学研究中心2002年版。

［18］冯浩菲：《历代诗经论说述评》，中华书局2003年版。

［19］李泽厚：《论语今读》，生活·读书·新知三联书店2004年版。

［20］倪其心：《校勘学大纲》，北京大学出版社2004年版。

［21］彭林：《中国古代礼仪文明》，中华书局2004年版。

［22］陈来：《宋明理学（第二版）》，华东师范大学出版社2005年版。

［23］梁漱溟：《中国文化要义》，上海人民出版社2005年版。

［24］王启发：《礼学思想体系探源》，中州古籍出版社2005年版。

［25］邓声国：《清代〈仪礼〉文献研究》，上海古籍出版社2006年版。

［26］黄侃著，黄延祖重辑：《黄侃国学文集》，中华书局2006年版。

［27］罗检秋：《嘉庆以来汉学传统的衍变与传承》，中国人民大学出版社2006年版。

［28］沈文倬：《菿闇文存》，商务印书馆2006年版。

［29］艾森斯塔特著，旷新年、王爱松译：《反思现代性》，生活·读书·新知三联书店2006年版。

［30］杨天宇：《郑玄〈三礼注〉研究》，中国社会科学出版社2008年版。

［31］陈致著，吴仰湘、黄梓勇、许景昭译：《从礼仪化到世俗化——诗经的形成》，上海古籍出版社2009年版。

［32］罗义俊：《生命存在与文化意识——当代新儒家史论》，学林出版社2009年版。

［33］吴震：《明末清初劝善运动思想研究》，上海人民出版社2016年版。

［34］张祥龙：《孔子的现象学阐释九讲》，商务印书馆2019年版。

［35］刘炜：《六艺与诗——马一浮思想论衡》，中国社会科学出版社2010年版。

［36］牟宗三：《人文讲习录》，吉林出版集团有限责任公司2010年版。

［37］欧阳哲生：《二十世纪中国文化》，北京大学出版社2010年版。

［38］叶国良：《礼学研究的诸面向》，台湾清华大学出版社2010年版。

［39］李江辉：《晚清江浙礼学研究》，陕西人民出版社2011年版。

［40］邓声国：《曹元弼〈礼经学〉礼学价值探微》，赵生群、方向东：《古文献研究集刊》第5辑，凤凰出版社2012年版。

［41］马楠：《比经推例——汉唐经学导论》，新世界出版社2012年版。

［42］林庆彰：《中国经学研究的新视野》，万卷楼图书股份有限公司2012

年版。

[43]刘巍:《中国学术之近代命运》,北京师范大学出版社2013年版。

[44]乔秀岩:《义疏学衰亡史论》,万卷楼图书股份有限公司2013年版。

[45]藤井伦明:《朱熹思想结构探索:以"理"为考察中心》,台大出版中心2013年版。

[46]黄进兴:《从理学到伦理学:清末民初道德意识的转化》,中华书局2014年版。

[47]林庆彰、蒋秋华:《变动时代的经学与经学家——民国时期(1912—1949)经学研究》,万卷楼图书股份有限公司2014年版。

[48]章太炎:《章太炎全集·太炎文录初编》,上海人民出版社2014年版。

[49]梁启超:《饮冰室合集·专集》,中华书局2015年版。

[50]陆胤:《政教存续与文教转型——近代学术史上的张之洞学人圈》,北京大学出版社2015年版。

[51]虞万里、许超杰:《唐文治致曹元弼书札编年校录》,上海交通大学经学文献研究中心:《经学文献研究集刊》第13辑,上海书店2015年版。

[52]顾红亮:《儒家生活世界》,上海人民出版社2016年版。

[53]潘斌:《二十世纪中国三礼学史》,南京大学出版社2016年版。

[54]吴丽娱:《礼与中国古代社会·先秦卷》,中国社会科学出版社2016年版。

[55]吕妙芬:《成圣与家庭人伦:宗教对话脉络下的明清之际儒学》,联经出版社2017年版。

[56]柯雄文著,李彦仪译:《君子与礼:儒家美德伦理学与处理冲突的艺术》,台大出版中心2017年版。

[57]彭启福:《理解、解释与文化——诠释学方法论及其应用研究》,人民出版社2017年版。

[58]种村和史:《宋代〈诗经〉学的继承与演变》,上海古籍出版社2017年版。

[59]吾妻重二著,傅锡洪等译:《朱子学的新研究——近世士大夫思想的展开》,商务印书馆2017年版。

[60]叶国良:《礼学研究的诸面向续集》,台湾清华大学出版社2017年版。

[61]叶国良:《中国传统生命礼俗》,上海书店出版社2017年版。

[62]郑宪仁:《野人习礼:先秦名物与礼学论集》,上海古籍出版社2017年版。

[63]许倬云:《中国文化的精神》,九州出版社2018年版。

[64]仓石武四郎:《仪礼疏考正》,崇文书局2018年版。

[65]吴震:《朱子思想再读》,生活·读书·新知三联书店2018年版。

[66]陈功文:《胡培翚〈仪礼正义〉研究》,中华书局2019年版。

[67]吴飞:《南菁书院与近世学术》,生活·读书·新知三联书店2019年版。

[68]吴震:《孔教运动的观念想象:中国政教问题再思》,复旦大学出版社2019年版。

[69]杨儒宾:《儒家身体观》,上海古籍出版社2019年版。

[70]朱贞:《清季民初的学制、学堂与经学》,社会科学文献出版社2019年版。

[71]瓦尔登费尔斯著,谢利民译:《生活世界之网》,商务印书馆2020年版。

[72]郭超颖:《〈仪礼〉文献探研录》,人民出版社2020年版。

[73]何益鑫:《成之不已:孔子的成德之学》,复旦大学出版社2020年版。

[74]桑兵、关晓红:《"教"与"育"的古今中外》,上海人民出版社2020年版。

[75]桑兵、关晓红:《分科的学史与历史》,上海人民出版社2021年版。

[76]段炼:《危机与转机:清末民初的道德、政治与知识人》,九州出版社2022年版。

［77］彭国翔：《身心修炼：儒家传统的功夫论》，上海三联书店 2022年版。

四、学术论文

［1］沈文倬：《曹元弼〈古文尚书郑氏注笺释〉》，《文献》1980 年第 3 期。

［2］韩碧琴：《仪礼张氏学》，《兴大中文学报》1996 年第 1 期。

［3］彭林：《论清人〈仪礼〉校勘之特色》，《中国史研究》1998 年第 1 期。

［4］康金村：《郑玄〈仪礼注〉凡言例句之研究》，玄奘人文社会学院中国语文研究所硕士论文，2003 年。

［5］张敬煜：《曹元弼礼学思想研究——以〈礼经学〉为考察重点》，江西师范大学硕士论文，2009 年。

［6］张文：《严州本〈仪礼〉考论》，《中国典籍与文化》2011 年第 4 期。

［7］张付东：《曹元弼的〈孝经学〉研究》，《湖北工程学院学报》2012 年第 6 期。

［8］郑雯馨：《论〈仪礼〉礼例研究法——以郑玄、贾公彦、凌廷堪为讨论中心》，台湾大学博士论文，2013 年。

［9］邓声国：《吴廷华〈仪礼〉学研究浅析》，《井冈山大学学报（社会科学版）》2014 年第 1 期。

［10］罗健蔚：《郑玄会通三〈礼〉研究》，台湾大学博士论文，2015 年。

［11］朱一、周洪：《曹元弼〈礼经学〉对张惠言"丧服表"之校正》，《南昌师范学院学报（社会科学版）》2015 年第 1 期。

［12］朱一、周洪：《曹元弼〈礼经学〉对张惠言〈仪礼图〉图表引用之概述》，《东华理工大学学报（社会科学版）》2015 年第 1 期。

［13］付粉鸽：《修己·执事·体天：儒家"敬"观念的形而上考察》，《人文杂志》2015 年第 11 期。

［14］毕研哲：《曹元弼〈礼经学·丧服例〉述义与特色辨析》，《文教资料》2015 年第 29 期。

［15］毕研哲:《曹元弼〈礼经学〉研究》,南京师范大学硕士论文,2016年。

［16］蒋鹏翔:《论曹元弼校勘〈仪礼〉的成绩及其意义》,《经学文献研究集刊》2016年第2期。

［17］毕研哲:《曹元弼〈丧服例〉疑义辨正》,《唐山师范学院学报》2016年第3期。

［18］邓国光:《曹元弼先生〈经学文钞〉礼说初识》,《湖南大学学报(社会科学版)》2016年第5期。

［19］许超杰、王园园:《孙德谦致曹元弼书札七通考释》,《文献》2017年第2期。

［20］陈壁生:《追寻六经之本——曹元弼的〈孝经〉学》,《云南大学学报(社会科学版)》2017年第4期。

［21］杨立华:《敬、慕之间:儒家论"孝"的心性基础》,《江苏社会科学》2017年第5期。

［22］林秀富:《析论郑玄正礼说——以〈仪礼〉进行开展》,辅仁大学博士论文,2018年。

［23］邓国光:《道济天下——唐文治、曹元弼二先生经学大义比论》,《中国经学》2018年第2期。

［24］李洛旻《〈士丧礼疏〉分节法探微》,《中国典籍与文化》2018年第3期。

［25］孙玉文:《中国古典学之我见》,《江苏师范大学学报(哲学社会科学版)》2018年第5期。

［26］杜以恒:《贾公彦〈仪礼〉分节探微》,《中国典籍与文化论丛》第21辑,凤凰出版社2020年版。

［27］邓国光:《曹元弼先生〈尚书〉学初识》,《中国经学》2019年第1期。

［28］林秀富:《试论〈仪礼〉礼典文本辨识礼文献场合的功能》,《历史文献研究》2019年第2期。

［29］李科:《曹元弼与黄以周学术异同考论》,《北方民族大学学报(哲学社会科学版)》2019年第4期。

［30］李科:《曹元弼致王欣夫书札考释上篇》,《版本目录学研究》第十一辑,国家图书馆出版社2020年版。

［31］李科:《曹元弼日记系年考辨》,《中国典籍与文化》2020年第1期。

［32］张文:《曹元弼〈礼经校释〉学术价值探微》,《中国经学》2020第2期。

［33］杜以恒:《朱熹〈仪礼经传通解〉分节探析》,《孔子研究》2020年第5期。

［34］林秀富:《吴廷华〈仪礼章句〉在〈仪礼〉分章上的继承与创新》,《新经学》第8辑,上海人民出版社2021年版。

［35］李科:《曹元弼会通“汉宋”的路径与方法探析》,《儒家典籍与思想研究》第十三辑,北京大学出版社2021年版。

［36］李科:《曹元弼致王欣夫书札考释下篇》,《版本目录学研究》第十二辑,国家图书馆出版社2020年版。

［37］邓国光:《会通与知类:唐文治与曹元弼“经教”法要初探》,《国际儒学(中英文)》2021年第1期。

［38］吴从祥:《诗经〈二南〉考辨》,《淮北师范大学学报(哲学社会科学版)》2021年第1期。

［39］廖娟:《曹元弼的易学传承与思想辨正》,《周易研究》2022年第1期。

［40］林秀富:《从曹元弼〈礼经校释〉“妻为夫”条谈婚礼的成礼》,《历史文献研究》2022年第1期。

［41］陈壁生:《两种“六经皆礼”》,《中国哲学史》2022年第2期。

［42］李科:《曹元弼〈尚书〉学民本思想论析》,《中国典籍与文化》2022年第4期。

［43］刘增光:《〈春秋〉与〈孝经〉相表里——曹元弼〈孝经〉学管窥》,《云南大学学报(社会科学版)》2023年第1期。